はじめての
NPO論

INTRODUCTION TO
NON-PROFIT ORGANIZATIONS

著・澤村　明
　　田中敬文
　　黒田かをり
　　西出優子

有斐閣ストゥディア

はしがき

　私がNPO論担当教員として教職に就いたのは2001年4月です。赴任地で「ご専門はなんですか」と質問され、「NPO論です」と答えたところ、「じゃあ中近東にはお詳しいでしょうね」と返されて、言葉に窮したことがありました。PLO（パレスチナ解放機構）と誤解されたのです。21世紀冒頭でのNPOに対する理解は、その程度でした。それから15年以上が過ぎ、アルファベット3文字の略語はいろいろありますが、もはやNPOを他の概念と誤解する人は見かけません。

　学問分野にも流行り廃りがあり、20世紀から21世紀への変わり目にかけてNPOやボランティアの研究に携わる人が増え、研究成果も積み上がってきました。そうした中で、NPO論の教科書も出揃ってきたと書きたいところですが、実際には、そうでもないのです。変化が速く、研究成果が次々と出てくる分野ということもあって、出版から数年経つと内容が古くなったり、著者の視座によって偏りが感じられたり、定番と呼べる入門書は少ないと感じます。

　NPOをテーマとした最近の出版としては、『N女の研究』（中村安希［2016］フィルムアート社、巻末の参考文献一覧を参照）や『あなたのキャリアのつくり方——NPOを手がかりに』（浦坂純子［2017］筑摩書房〔ちくまプリマー新書〕）のように、就職先としてNPOを取り上げた書籍も見かけます。NPOに勤め、企業や行政と較べても遜色がないといえるかもしれないレベルの給与を手にできる時代になったのでしょう。かつて市民運動に携わる人、NPOやNGOに勤める人というのは、少し変わった人と見られることが多かったと記憶しています。それが、NPOに勤めようという人も増えている時代に変わってきました。

　そうした世界へ進むかもしれない人々への入門書という面も意識して企画したのが、本書です。

　したがって読者は大学生を想定していますが、退職後にNPOで働くため、あるいはキャリアの途中でNPOに転じることを考えている、そういう読者にも応えられる内容だと自負しています。以下、その内容を紹介しましょう。

　本書は、序章も含め10章と4つのショートストーリーで構成しています。

i

それぞれの概要は以下のようになっています。なお，本書は書名を『はじめてのNPO論』としているように入門書です。本書を読んで，さらに理解を深めたいという読者に向け，巻末に「学習ガイド」を用意しました。また各章とも冒頭に **CASE** として事例を紹介しています。必ずしも実在の事例とは限りませんが，抽象的な概念説明だけでなく，事例の紹介を通じ，理論と実際の両方を学ぶことを意図しています。さらに各章には，**By the way** として，本文に関連するトピックスを多く取り上げ，読者により深くNPOを理解してもらえるように解説を加えました。

序章では，NPOについて学ぶ意義について紹介します。その魅力，意外な広がり，背景，そして価値観が多様化した時代にNPOの果たす役割を簡単に説明しています。

第 **1** 章は，NPOの概説です。NPOというとイメージされる「市民のボランティア団体」だけがNPOなのではなく，意外な組織も含めた広がりがあること，その経緯，また世界的な広がり，英米独仏の状況まで紹介しています。

第 **2** 章・第 **3** 章は，理論と制度の解説です。市場経済を基本とした社会で，儲けることを第一義としない民間組織がなぜ存在するのか，これはとくに経済学的な課題です。その問いに対する回答となる理論の紹介が第 **2** 章，そして日本のNPOに関する法人制度の紹介が第 **3** 章になります。理論と法制度は一体で理解する必要がありますから，この2つの章はあわせて読むことを勧めます。なお合間にショートストーリー1として「NPOの4つの機能」を挟みました。NPOはさまざまな活動を行っていますが，その大きな1つ，アドボカシー（弱者のための代弁活動）の紹介です。なぜNPOが存在するのか，そして法制度はどうなっているのかとあわせて，その存在理由の一例を紹介したいと考えました。

第 **4** 章はNPOと行政の関係を取り上げます。社会的な問題への対処はお役所の役割，だから税金を払っているのだ，という感覚はいまだ根強いでしょう。ならばNPOは何をするのか，行政とは協力し合うのか反目しているのか，現状はどうなっていて，どういう関係が望ましいのかを考えるのが，第 **4** 章です。

行政との関係を考える際，地域社会では，その人間関係が大きな役割を果た

します。その人間関係と地域社会の関係を分析する鍵概念が，ソーシャル・キャピタルと呼ばれる概念です。第4章の後ろに，このソーシャル・キャピタルを紹介するショートストーリー2を入れました。

第5章では，ひと昔前の感覚では敵対していたNPOと営利企業の関係を考えます。今でも営利企業が社会的な問題を引き起こすことは少なくありません。とくに国際的な企業間の競争で，先進国の企業が発展途上国で公害や人権面で問題視される事例は後を絶ちません。そうした中，NPOやNGO（この違いも本文中で説明します）の果たす役割，新しい姿を紹介します。

第5章と第6章の間に，ショートストーリー3「大災害におけるNPOの役割」を載せました。日本でNPOやボランティアに注目が集まったのは，1995年の阪神・淡路大震災です。以来，何度かの大災害での救援や復旧復興の過程で，日本のNPOは成長してきました。その様子を，2011年の東日本大震災までを取り上げ，考えていきます。

第6章では，第5章で考えるNPOと営利企業の関係を超え，NPOと営利企業のハイブリッドとでも呼ぶべき，社会的企業，そうした事業を始める社会的起業家を考えます。この「はしがき」冒頭で，NPOへの就職という現象に触れました。NPOであれ企業であれ，既存の組織への就職だけが社会参加ではありません。自ら業を起こす，それも社会的な問題の解決をめざして，ということも決して非現実的ではなく，いくらでも前例がある，と紹介します。

第7章・第8章では，NPOのマネジメントと資金調達を考えます。営利企業や行政体の経営というのは単純で，前者は「入るを量りて出るを制す」，つまり収入を上げ，支出を考えればいいですし，後者は予算の範囲内で職務遂行すれば済みます（もちろん，これは原理で実際は難しいのですが）。ところがNPOには非営利という大きな制約があり，また日本のNPOの実情は小さくて経営基盤の弱い組織が多い，という難問を抱えています。とくに難しいのが資金調達ですので，独立した章にしました。

第9章は，大学の授業で教科書として使うことを想定し，「NPOをつくってみよう」というワークショップを行うためのマニュアルになっています。筆者が勤務先の授業で実践した内容に基づいて作成しました。大学生がNPOについて知るには，座学だけでなくインターンシップ等でNPO活動に参加するこ

とが望ましいでしょう。が，通常の大学の授業では，活動参加を学期中に含めるのが難しいため，ワークショップというアクティブ・ラーニングによって講義内容の理解を深めるのが趣旨です。

最後に，ショートストーリー **4**「NPO で働くということ」を載せました。東京や関西では，組織として自立した NPO がいくつも活動し，就職先として候補にあがるでしょう。が，地方はそうでもありません。ここでは，ある地方の県庁所在地で，NPO 勤務経験者にインタビューした結果を紹介します。

本書の企画について相談を受けたのは，2013 年 3 月末でした。以来，執筆者の選定，構成の検討などを経て執筆したのですが，著者それぞれの事情によりスムーズに進みませんでした。4 年の間，辛抱強く編集を続けてくれた，有斐閣の柴田守さんのおかげで，ようやく出版に至りました。

本書が NPO を学ぶにあたって読者に有用であれば，望外の幸せです。

2017 年 3 月　春の色に変わりつつある日本海を眺めながら

著者を代表して　澤村　明

著者紹介

澤村　明（さわむら あきら）
新潟大学理事・副学長（NPO 論，文化経済学，まちづくり論）
慶應義塾大学大学院経済学研究科修士課程修了，博士（学術，新潟大学）
主要著作：『草の根 NPO 運営術』ひつじ書房，2006 年；『まちづくり NPO の理論と課題』増補改訂版，松香堂，2009 年；『文化遺産と地域経済』同成社，2010 年；『遺跡と観光』同成社，2011 年；『〈政府〉の役割を経済学から問う』（分担執筆）法律文化社，2012 年；『アートは地域を変えたか』（編著）慶應義塾大学出版会，2014 年；『文化経済学』（分担執筆）有斐閣，2019 年
担当：序章，第 1 章，第 4 章，第 6 章第 1〜4 節，第 7 章，第 8 章，第 9 章，ショートストーリー 2，4

田中　敬文（たなか たかふみ）
東京学芸大学教育学部研究員（公共経済学，家族経済学）
早稲田大学大学院経済学研究科博士後期課程修了
主要著作：『非営利団体の経済分析』（訳，E. ジェイムズほか著）多賀出版，1993 年；『創造的コミュニティのデザイン』（分担執筆）有斐閣，2004 年； "Current State of Non-Profit Organizations and the 'New Public Commons'," Y. Adachi, S. Hosono and J. Iio eds., *Policy Analysis in Japan*, Policy Press, 2015.；『NPO・NGO データブック 2015』（共編）日本公共政策研究機構 NPO 研究情報センター，2015 年
担当：第 2 章，第 3 章

黒田かをり（くろだ かをり）
一般財団法人 CSO ネットワーク顧問
ハーバード大学教育大学院修士課程修了
主要著作：『社会的責任の時代』（分担執筆）東信堂，2008 年；『東日本大震災と NPO・ボランティア』（分担執筆）ミネルヴァ書房，2013 年；『公共経営学入門』（分担執筆）大阪大学出版会，2015 年
担当：第 5 章，第 6 章第 5 節

西出　優子（にしで ゆうこ）
東北大学大学院経済学研究科教授（非営利組織論，ソーシャル・キャピタル論）
大阪大学大学院国際公共政策研究科博士後期課程修了，博士（国際公共政策，大阪大学）
主要著作：*Social Capital and Civil Society in Japan*, Tohoku University Press, 2009.；『ソーシャル・キャピタルのフロンティア』（分担執筆）ミネルヴァ書房，2011 年；『東日本大震災後設立の NPO における活動実態と今後の展望 調査報告書』（分担執筆）日本 NPO 学会，2017 年；『ソーシャル・キャピタルと市民社会・政治』（分担執筆）ミネルヴァ書房，2019 年；『ケースに学ぶ経営学（第 3 版）』（分担執筆）有斐閣，2019 年
担当：ショートストーリー 1，3

目次

はしがき ……………………………………………………………………………… i
著者紹介 ……………………………………………………………………………… v

CHAPTER 序　なぜ NPO を学ぶのか　　1

1. NPO を学ぶ理由 ………………………………………………………………… 2
   魅力の背景（2）　多種多様な NPO（3）
2. NPO が注目される理由 ………………………………………………………… 5
   時代背景（5）　価値観の多様化（7）

   By the way ❶-1　ボランティア　4

CHAPTER 1　NPO とは何か　　9

CASE● さまざまな団体　10

1. NPO って何？ …………………………………………………………………… 11
   NPO の定義（11）　日本における定義（13）
2. NPO の歴史 ……………………………………………………………………… 18
   共益的な組織の変遷（18）　非営利組織に関する制度の整備（20）
   市民運動から市民活動へ（21）　「ボランティア元年」と NPO 法（23）
3. NPO 法人数の現状と変遷 ……………………………………………………… 26
4. 規模と構造 ……………………………………………………………………… 28
5. 国際的な広がり ………………………………………………………………… 31
   世界における NPO の実態（31）　欧米を中心とした NPO 法人制度（33）

   By the way ❶-1　「市民」とは　15

By the way ❶-2　報徳社──現存する日本最古の NPO 的組織　19
By the way ❶-3　清掃登山に必要なこと　22
By the way ❶-4　協同組合と NPO　25
By the way ❶-5　労働組合は NPO か　36

CHAPTER 2　NPO はなぜ求められるのか　39
存在理由を考えよう

CASE●　札幌チャレンジド　40

1　「第4の経済主体」としての NPO の位置づけ …………… 41

2　NPO のさまざまな理論 ……………………………………… 42
「市場の失敗」理論（42）　「政府の失敗」理論（44）　「非営利の失敗」理論（45）　企業家理論（46）

By the way ❷-1　公共財　43
By the way ❷-2　負の外部効果　44
By the way ❷-3　中位投票者　45

SHORT STORY 1　NPO の4つの機能　48
オックスファムを事例に

1　NPO をめぐる理論 …………………………………………… 48

2　オックスファムのアドボカシー活動 ………………………… 49

3　NPO の4機能 ………………………………………………… 49

By the way 1　アドボカシー　51

CHAPTER 3　法・制度を学ぼう　53

CASE●　「飛んでけ！車いす」の会　54

1　日本の主な非営利組織と団体数 …………………………… 55
主な非営利組織（55）　NPO 法人と公益法人（57）

2　特定非営利活動促進法（NPO 法）とは ……………………… 58
NPO 法の制定（58）　NPO 法の改正（59）

3 民法改正と新しい公益法人制度 ………………………………… 60
　　公益法人制度の改革（60）　一般法人と新しい公益法人（60）

4 NPO法人と公益法人にかかる税 ……………………………… 63
　　NPO法人に対する税（63）　公益法人に対する税（63）

5 寄付税制の仕組み ………………………………………………… 64
　　所得控除と税額控除（64）　所得控除と税額控除の税額の差（64）

6 非営利法人制度の課題 …………………………………………… 65
　　NPO法人の立地（65）　公益法人改革の利点とNPOの認知度
　　（66）　NPOをめぐる改善すべき課題（67）

　　By the way ❸-1　医療法人制度改革　57
　　By the way ❸-2　一般法人のダークサイド　61
　　By the way ❸-3　準則主義　62
　　By the way ❸-4　社会福祉法人制度改革　68

CHAPTER 4　行政との関わりを考えよう　69

CASE● 新潟絵屋　70

1 市民が担う公共 …………………………………………………… 71

2 行政とのパートナーシップ ……………………………………… 73
　　行政機関による公的な業務（73）　パートナーシップ（74）

3 PPPとは …………………………………………………………… 75

4 指定管理者制度 …………………………………………………… 77

5 市民協働条例 ……………………………………………………… 80
　　「協働」という言葉（80）　市民協働条例制定の背景と趣旨（81）
　　参加と協働の課題（82）

　　By the way ❹-1　指定管理者の悲哀　79
　　By the way ❹-2　共同，協同，協働　80

SHORT STORY 2 ショートストーリー ソーシャル・キャピタルとは　　84

1. パットナムによる提唱 …………………………………… 84
2. ソーシャル・キャピタルの分類 ………………………… 86
3. 日本における広まり ……………………………………… 86
4. 地縁と NPO の関係 ……………………………………… 88

CHAPTER 5 企業との関係を知ろう　　91

CASE● シティ・イヤーとティンバーランド社の連携　92

はじめに …………………………………………………… 94

1. 進化・深化する企業と NPO の関係 …………………… 94
2. CSR 要請への高まりと NPO ………………………… 95

「対峙型」から「アドボカシー・協働型」へ（96）　CSR のルールづくり──行動規範・基準づくり（97）　企業の人権尊重，子どもの権利とビジネス原則（100）

3. 企業と NPO の戦略的連携 …………………………… 101

企業と NPO の連携の３段階（102）　商品の売上からの寄付（103）　連携の留意点（104）　マルチ・ステークホルダー・プロセス（106）

4. 現代の重要課題に取り組むための NPO と企業の関わり合い … 107

By the way ❺-1　CSR, CSV, SRI　98
By the way ❺-2　持続可能な地域づくりに向けた企業と NPO の新しい連携のカタチ　105

SHORT STORY 3 ショートストーリー 大災害における NPO の役割　　109

はじめに …………………………………………………… 109

1 災害とNPO ……………………………………………………… 109
2 海外における災害対応 ………………………………………… 112
3 東日本大震災におけるNPOの活動 …………………………… 112
4 学生によるボランティアおよび団体活動 …………………… 113
5 災害におけるNPOの役割 ……………………………………… 114
6 事例：震災直後に立ち上がった2つのNPO ………………… 116
　　アスイク──復興後にやってくる，明日のために教育を（116）
　　みやぎ連携復興センター──多様な団体が連携して復興する
　　（117）
7 今後に向けて …………………………………………………… 119
　　By the way 1　中間支援組織（インターミディアリ）　111

CHAPTER 6　社会的起業家・社会的企業とは　121

CASE● マザーハウス　122

1 ミッション追求 ………………………………………………… 123
2 社会的起業家と社会的企業 …………………………………… 125
　　社会的起業家，社会的企業という概念（125）　韓国や日本の動向
　　（126）　本書における定義（129）
3 NPOと収益事業 ………………………………………………… 130
4 日本の事例 ……………………………………………………… 131
　　株式会社大地（131）　株式会社スワン（133）　（特非）フローレン
　　ス（136）
5 社会的企業の世界的潮流 ……………………………………… 138
　　アメリカの事例（138）　イギリスの事例（140）

　　By the way ❻-1　企業家と起業家　124
　　By the way ❻-2　社会的起業家──ETIC.のたゆみなき挑戦　127
　　By the way ❻-3　起業家の特徴　130

CHAPTER 7 マネジメントを理解しよう　143

CASE● NPO法人の職員Aさんの事例　144

1 NPOのマネジメント ……………………………………………… 146
科学的管理としてのマネジメントとガバナンス（146）　組織としての特徴（147）　NPOマネジメントの基本（149）

2 NPOの戦略 ………………………………………………………… 151
小さなNPOのマネジメント（151）　解散，転進と撤退（153）　NPOのマーケティング——選択と集中，SWOT分析とME分析（154）

3 NPOの意思決定 …………………………………………………… 157
NPOによる意思決定の問題点（157）　リーダーシップ（160）

4 事務局の確立と官僚制 …………………………………………… 162
官僚制の必要性と問題点（162）　事務局長の孤独（164）　情報の共有と情報の公開（165）

5 人的資源管理 ……………………………………………………… 168

6 互助的なNPOと外郭団体のマネジメント …………………… 171

By the way ❼-1　Dさんのケース　163
By the way ❼-2　NPOのコンプライアンス　167
By the way ❼-3　NPOにおけるキャリア形成　170

CHAPTER 8 どのように資金調達するのか　173

CASE● プラン・インターナショナル・ジャパン　174

1 NPOの資金調達 ………………………………………………… 175
NPOの財源構成（175）　会費収入（176）　事業収入（176）　寄付金（177）　補助金・助成金（178）　委託費（179）　借り入れと債券発行（179）

2 資金調達の課題 ………………………………………………… 181

3 NPOの会計税務 ………………………………………………… 183
会計業務（183）　税務処理（184）

目　次 ● xi

4 NPO の評価 ……………………………………… 186
自己評価と第三者評価（186）　ドラッカーによる自己評価手法（188）

By the way ❽-1　寄付の新しい形　177

CHAPTER 9　NPO をつくってみよう　191

1 ワークショップ開催の手順 ……………………………………… 192
ワークショップ開催にあたって（192）　このワークショップでつくる「参加呼びかけ文」とは（193）

2 受講者数が 50 人を超える大クラス ……………………………………… 194
(1) 0 回：ガイダンス（194）　(2) 初回：ミッション選びグループワーク（195）　(3) 2 回目（場合によっては 3 回目まで）：グループワーク（196）　(4) 発表会（197）

3 受講生が 20 人を超え 50 人以下の中クラス ……………………………………… 198
(1) 0 回：ガイダンス（198）　(2) 初回：ミッション選びグループワーク（199）　(3) 2 回目（場合によっては 3 回目まで）：グループワーク（200）　(4) 発表会（201）

4 受講生が 20 人以下の小クラス ……………………………………… 202
(1) 0 回：ガイダンス（202）　(2) 初回：ミッション選びグループワーク（202）　(3) 2 回目（場合によっては 3 回目まで）：グループワーク（204）　(4) 発表会（205）

By the way ❾-1　NPO 法人の定款に書かなければならない内容（NPO 法第 11 条）と，特定非営利活動分野（NPO 法別表 2）　206

SHORT STORY 4　ショートストーリー　NPO で働くということ　208

はじめに ……………………………………… 208

1 A さん（当時 40 代，女性） ……………………………………… 208

2 B さん（当時 20 代，女性） ……………………………………… 210

3 C さん（当時 20 代，男性） ……………………………………… 212

4　NPOで働きたい人へ …………………………………… 215
　　　　おわりに …………………………………………………… 216
学習ガイド …………………………………………………………… 219
引用・参考文献一覧 ………………………………………………… 223
索　　引 ……………………………………………………………… 231

本書のコピー，スキャン，デジタル化等の無断複製は著作権法上での例外を除き禁じられています。本書を代行業者等の第三者に依頼してスキャンやデジタル化することは，たとえ個人や家庭内での利用でも著作権法違反です。

CHAPTER 序章

なぜNPOを学ぶのか

CONTENTS

- ● 本章で学ぶ内容
- 1　NPOを学ぶ理由
  - 魅力の背景
  - 多種多様なNPO
- 2　NPOが注目される理由
  - 時代背景
  - 価値観の多様化

1 NPOを学ぶ理由

魅力の背景

　教育学部で卒業を目前にした女子学生が悩んでいました。就職をどうしようかと悩む一方で，小中学校間の学力格差問題が気になっていました。同級生と話していても，教育学部だけに教師になりたいけれど，やむなく企業に就職するという話も出ます。

　そんな彼女がある日，NPOをつくって低学力に悩んでいる小学校や中学校に教育学部生をインターンとして派遣するというアイデアを思いつきました。実現可能性を検討した結果をまとめて卒業論文にした彼女は，指導教員の薦めもあり，在席していた大学から助成を受け，実現に向けて動き出します。

　彼女はNPOをつくり，さまざまな財団や企業から寄付を募り，仲間を集め，そして学生を募集し，やがて各地の小中学校へ派遣するという夢を実現させました。紆余曲折はあったものの，このNPOは成長し，2012年現在で予算総額3億2000万ドル弱（うち寄付が2億2000万ドル弱），NPOから学校へ派遣された経験者が3万2000人（2013年の数値，うち9000人が現役），大学生が希望する就職先のベストワンに選ばれ，2012年には4万8000人以上がエントリーしています。

　この話は，ほぼ実話です。ただしアメリカのNPO，「ティーチ・フォー・アメリカ」(Teach for America) の事例です（Kopp [2001] 参照）。および上記数値などは，ティーチ・フォー・アメリカの年次レポート2012〜13年版，https://www.teachforamerica.org/sites/default/files/teach_for_america_fy12-13_annual_letter.pdf，2017年2月24日閲覧）。なんだアメリカの話か，と思った人もいるでしょう。しかし，これほど華やかではないにせよ，日本でも学生が社会問題を解決したいとNPOを設立し，軌道に乗せて安定した運営を続けている事例はいくつもあります（第6章 By the way ❻-2 参照）。

　ティーチ・フォー・アメリカの事例から，NPOを学ぶ理由が浮かび上がり

ます。個人的な理由と社会的な理由，そしてその両者が結びついた理由です。まず個人的な理由としては，個人の夢を実現する手段の1つであることと，企業戦士でも役人でもない就職先があるということ，そしてマネジメントについて考える好例であるということです。社会的な理由は，社会問題を解決する組織として，行政でも営利企業でもない分野がある，ということです。

最後に，個人と社会の結びついた理由としては，NPOに参加するだけでなく，新たにNPOをつくって社会問題に対処することもできるからです。さらにNPOへの参加も，ボランティアとして汗を流したり，寄付をして活動を支えたり，会員になってNPOの経営に参加するなど，多様な参加方法があります。

このように紹介すると，NPOは理想的で魅力的な組織のようですが，けっしてそれだけはありません。行政や営利企業と同じくさまざまな問題を抱えています。組織として維持していくうえでの問題を解決することがマネジメントであり，前述の「マネジメントについて考える好例」という理由は，経営学者ピーター・ドラッカーが書いているようにNPOのマネジメントは営利企業より難しいことを指しています（Drucker／田中訳［1995］5頁）。さらにいえば，営利企業も収益のことだけを考えていれば良い時代ではなく，社会的な視野も求められています。そのためNPOに近い形で社会貢献を行ったり，NPOとパートナーシップを結んだり，さらに社会問題の解決を目的とする企業が生まれるなど，NPOと営利企業の違いも小さくなってきています。

多種多様なNPO

さて，NPOといっても多種多様であり，すべてが社会問題に取り組んでいる組織ではありません。互助的なNPOもありますし，見方によっては問題視されるようなNPOもなくはないのです。またNPOというと，市民のボランティア団体のようなイメージがあるでしょう。そうした組織もありますが，アメリカには上記のティーチ・フォー・アメリカのような大組織もありますし，日本でも何百億円の財産を所有しているNPOがあります。経団連（(一社) 日本経済団体連合会）もNPOに含まれるのです。このあたりは，第1章で概要を説明するほか，各章で事例としてさまざまなNPOを紹介していきます。

2013年8月に公表された内閣府による「NPO法人に関する世論調査」を見ても，NPO法人を知っていると答えた人は全体の89％ですが，意味がわかっている人は20％を切ります（内閣府「NPO法人に関する世論調査」，http://survey.gov-online.go.jp/h25/h25-npo/，2017年2月24日閲覧）。つまり8割以上の人が，NPOを知らないか，NPOという言葉を聞いたことがあるだけです。NPOについて学ぶと，NPOの定義だけでなく，市民，ボランティア，組織という何気なく使っている用語それぞれについて，いかに誤解が多いかがわかります。NPOやボランティアといった言葉の正確な意味を知ることで，NPOだけでなく，社会そのものを正確に観察できるようにもなっていきます。このことも，第1章以降でそれぞれ説明します。

By the way ⓪-1　ボランティア

　「ボランティア＝無償労働」というイメージがありますが，必ずしも正しくありません。ボランティア（volunteer）という言葉が使われるようになったのは，イギリスが清教徒革命（1638～1660年）で内乱状態になった際，自警団を結成した人々のことを指すことからだといわれています。つまり「志願兵」で，今でも英語では軍隊に志願して入隊する人をvolunteerと呼びます。これが広がり，「自由な意志にもとづく，自発的な労働や奉仕活動」という意味合いになりました。
　日本では第二次世界大戦前は「奉仕」という言葉が使われていたのですが，それが勤労奉仕など軍国的なイメージとつながるため，戦後，ボランティアとカタカナを使うことが広まりました（仁平［2011］参照）。
　なお「ボランティアとは無償」というイメージは，実は日本だけなく世界的にも確認できるという研究があり（桜井［2007］3～20頁），「有償ボランティア」という存在への反発も聞きます。ただ，上述のような志願兵ならば無償ということはありえません。また交通費などの名目で些少な額の金銭を渡すことは多く見られます。そうすると，いくらならば「有償ボランティア」となるのかは曖昧です。
　したがって「対価を目的とせず，自由な意志にもとづく，自発的な労働や奉仕活動」をボランティアと呼ぶのだ，というのが最低限の定義であり，「多くの場合は無償」という制約が付随すると考えてください。

〔参考文献〕
桜井政成［2007］『ボランティアマネジメント』ミネルヴァ書房。
仁平典宏［2011］『「ボランティア」の誕生と終焉』名古屋大学出版会。

　また，世界には貧しい国や地方も数多く存在します。そうした国には，NPO や NGO（この 2 つの組織の違いも後述します）といわれる組織がなければ文化的な生活が成り立たなかったり，そもそも生きていけないという人々もいます。それほど貧しくないところでも，自然災害などのさい，自国政府だけでは対応できず，NPO や NGO が救援活動を行うという状況も珍しくありません。共産党一党独裁の中華人民共和国にも，NPO は存在しています。ニュースなどで伝わる国情，政府発表，そして国際的に有名な企業の活動を見るだけでなく，そうした NPO がどこで何を行っているのかを知ることで，世界についてより深く理解できるでしょう。

　このように，NPO について学ぶ理由は，個人と社会の関係を考え，自分が働く理由を考えることにつながるのです。大学で学生に進路を尋ねると，「安定しているから役人をめざす」「親が勧めるから大企業がよい」「テレビ CM で知ってる会社だから」という答えが返ってきます。しかし，役所も財政状況が厳しくなり，任期付職員の割合が増えているようです。また大企業もいつ潰れるかわかりませんし，CM などで知られている企業も実は「ブラック企業」かもしれません。自分の仕事は自分で決める。そのためには社会情勢を把握する必要があります。そのときに，社会問題の解決をめざしている NPO について知ることが，役に立つでしょう。

 NPO が注目される理由

| 時代背景 |

　日本で NPO が広く知られるようになったのは，1995 年 1 月の阪神・淡路大震災がきっかけです。新聞の見出しなどを見ても，1995 年以前はほとんど登

場しません。阪神・淡路大震災が起きた後，誰が声をかけたのでもないのに，被災者救援や復旧を手伝おうとボランティアが神戸の町に集まりました。それまで日本ではボランティアは根づかない，という通念があったのが，日本でもボランティア活動を行う人たちが存在するという事実が明らかになったのです。そして，そのボランティアの集まりをアメリカでは「NPO」と呼ぶということが伝わり，ボランティア団体イコールNPOと思われるようになりました。そしてこのことが，1998年に通称「NPO法」と呼ぶ法律の制定につながります。

実際には，明治時代以来存在する，社団法人や財団法人，社会福祉法人，学校法人などの公益法人もNPOの一部ですし，それらの一部は江戸時代にさかのぼって存在していました。さらに，先ほどあげたドラッカーは「世界最古のNPOは日本の寺院だ」とまで書いています（Drucker [1990]／上田・田代訳 [1991] i 頁）。これらの古くから存在する組織と外来のNPOという概念との関係などについては，第1章で整理します。

さて，日本ではボランティアは根づかないという先入観を覆した1995年の阪神・淡路大震災に続いて，1997年正月早々に日本海の隠岐島の沖合でロシアのタンカー，ナホトカ号が難破し，大量の重油が福井県を中心に日本海岸に漂着するという事件が起こりました。この重油を回収するには人手が必要で，再び多数のボランティアが活躍します。こうした積み重ねで，日本でもボランティアやNPOが定着していったのです。

これは日本国内だけの現象ではありません。1990年代から，世界的に政府でも営利企業でもない「市民」による組織的活動が広がっていることは，アメリカのジョンズ・ホプキンス大学の調査で明らかにされています。その理由の一部には，イギリスのサッチャー政権（1975〜90年），アメリカのレーガン政権（1981〜89年）が行った，「揺りかごから墓場まで」の福祉国家から「小さな政府」への大転換で，政府が行っていた福祉などを民間で代行するようになったことがあります。また，1989年以降のいわゆる東欧革命で社会主義から資本主義に移行した国々で，未熟な市場と不慣れな政府に任せられない社会問題を市民自ら解決しなければならなかったこともあげられます。

価値観の多様化

　しかし，それ以上に大きな理由として，ある程度の経済成長を実現すると人々の価値観が多様化するという現象があります。物の乏しい時代には選択肢がなかったのが，物があふれる時代になると，それぞれ自分の好きな物を選ぶようになります。また豊かになると，あくせく働かなくても済むようになり，物の豊かさより心の満足を求めるようになります。「放っておけない社会問題」が気になったとき，行政の画一的な措置では十分ではないと感じ，金儲け第一の営利企業には任せられないと感じます。自分たちで動いて何とかしようとする人たちが現れ，そうした人たち同士が知り合ってネットワークをつくり，実際に活動するための組織をつくるようになります。それがNPOといわれる組織なのです。高学歴化がなされ，民主主義社会では市民一人ひとりにそういうことを行う権利があることが知られるようになったのです。

　社会問題を解決するのは政治の役割であり，政府に頼みさえすればいいという考えも，まだまだ根強く見られます。とくに若い人が政治に関心がないという懸念，いわゆる政治離れも聞かれます。ただ，上述のように「自分たちで動いて何とかしよう」という人たちが現れているのも事実です。これらは日本だけでなく先進国で共通して見られます（若者の政治離れが先進国共通であることについては，高橋［2014］参照）。

　若者の政治離れに関していえば，18歳選挙権の実現もありますが（2015年6月成立），2011年3月の東日本大震災以降に見られるようになった，反原発などのデモの復活と，かつての組織的動員からネットを通じた呼びかけといった自主的参加へ，という「参加」方法の変化もあります。そうした社会の変化と，NPOの活躍とは通底するものがあるのかもしれません。

　日本でNPOが知られたのはバブル経済が終わった時期であり，「失われた20年」と呼ばれる期間にNPOは日本社会に定着しました。さらに将来，少子高齢化が深刻化することは明白であり，財政状況の悪化や国際事情の不透明さもあって，閉塞感が漂っています。しかしNPOは不幸な時代の申し子なのではありません。今，政府と企業だけでは社会は成立できない時代になってきていて，今後もさらに，NPOなどによって市民が立ち向かわなければならない

領域は広がっていくことでしょう。そこでは政府か企業かNPOかという三択ではなく，政府とNPOの協働や，企業とNPOの協働が不可欠ですし，さらに営利企業とNPOのハイブリッドのような組織も増えていくでしょう。

　本書では，第1章以降で，NPOについて，歴史的経緯，制度，行政や企業との関係，NPO的な営利企業，さらにNPO経営の基礎を解説していきます。上述したように，NPOへの正確な理解が深まっているとはいえません。さらにNPO法人に対して関心がある市民は，2014年秋に内閣府が行った「市民の社会貢献に関する実態調査」で見ると，「とても関心がある」「少し関心がある」をあわせて40.6％となっています（内閣府「平成27年特定非営利活動法人及び市民の社会貢献に関する実態調査」89頁，https://www.npo-homepage.go.jp/toukei/npojittai-chousa/2015npojittai-chousa，2017年2月24日閲覧）。これを少ないと見るか，案外多いと見るか。本書を読んで，NPOについて知り，関心をもつ人がよりいっそう増えることを願っています。

CHAPTER

第 1 章

NPO とは何か

KEY WORDS

● 本章で学ぶキーワード

- □ 非営利組織
- □ NPO 法人
- □ 法人格
- □ 特定非営利活動促進法
- □ 市民運動
- □ ネットワーキング
- □ NGO
- □ 市民活動
- □ 任意団体
- □ チャリティ
- □ ボランタリー・セクター
- □ 社会的企業
- □ アソシアシオン
- □ 社会的経済
- □ 登録社団
- □ 社　団

CASE
●さまざまな団体

　以下に 20 のさまざまな団体を例示しています。この諸団体の共通点は何でしょうか。法人格の略称のうち，（公財）は公益財団法人，（公社）は公益社団法人，（一社）は一般社団法人，（特非）は特定非営利活動法人です。これらの法人制度については第 **3** 章で解説します。

- (1) 独立行政法人都市再生機構（通称「UR 都市機構」）
- (2) （公財）日本サッカー協会
- (3) （公社）富山県サッカー協会
- (4) （一社）新潟県サッカー協会
- (5) （一社）日本経済団体連合会（通称「経団連」）
- (6) 国立大学法人東京大学
- (7) 学校法人日本大学
- (8) 社会福祉法人共働学舎（障害者授産施設）
- (9) 自由民主党（あるいは共産党などの政党，政治団体）
- (10) 宗教法人東大寺
- (11) 医療法人徳洲会
- (12) （特非）フローレンス（会員制の病児保育組織）
- (13) 大学生活協同組合（あるいは各地の消費者の生活協同組合）
- (14) 農業協同組合（通称「農協」，あるいは漁協などの生産者の協同組合）
- (15) 消防団
- (16) 火事のときに発生するバケツリレー集団
- (17) 労働組合
- (18) 町内会・自治会
- (19) 谷中学校など，法人格はないが，10 年以上会費や募金で活動している組織
- (20) 難病の A ちゃんがアメリカで手術を受けるのを支援する募金の会
  （注：目的を達成したら解散する予定）

この20の団体に共通しているのは、「儲けることが目的ではない」ということです。一方、本書のテーマである「NPO」は、日本語では「非営利組織」と表現します。では、上記の20団体は非営利組織といえるのでしょうか。

正解は「20団体のなかにはNPOと呼べないものもある」です。では、どれがNPOといえるのでしょうか。この疑問を解くために、NPOの定義から説明していきましょう。

1 NPOって何？

NPOの定義

NPOとは、Non-Profit Organizationを略した言葉で、日本語では「**非営利組織**」です。ここで大きな誤解があるのですが、「非営利」というのは「儲けない」という意味ではなく、利潤分配制約、つまり「儲けを山分けできない」という意味です。

たとえば学校を考えてみましょう。授業料を集めて教育を行います。1年間経営して黒字が出たときに、出資者に配当を出す仕組みだとしたら（株式会社などの営利企業が、こういう仕組みです）、どうなるでしょうか。教育コストを切り詰めて黒字を大きくしなければ出資者の期待に応えられません。ならば生徒をたくさん集め、教師の数を極力減らし、校舎にもお金をかけず、冷暖房や照明も最低限にすることになります。おそらく教育効果は上がらず、授業料に見合った満足は得られなくなるでしょう。そうしたことが起こらないよう、さまざまな分野で「利潤分配ができない」という制約が課された組織を設立するようになっているのです。もちろん、競争原理からいえば、授業料に見合わない学校は評判を落とし、やがて退出することになるのですが、それまでの間に「犠牲」になる生徒が発生しますから、社会的に好ましいことではありません。

ただ、非営利というだけなら、さまざまな組織が該当します。日本の法制度

では，後述する NPO 法での定義もありますが，この法律に基づく NPO 法人だけが非営利組織なのではありません。また国際的に見ると，それぞれの国にそれぞれの法制度と組織の実態があります。その国際比較のために，NPO という言葉で示される組織は，学術的には次の5つの条件に該当する範囲としています。

(1) 組織であること
(2) 民間であること
(3) 非営利であること
(4) 自己統治していること
(5) 自発的であること

これは，アメリカのジョンズ・ホプキンス大学が1990年から始めた，「世界的に NPO の果たす役割が大きくなっているのではないか」というテーマの研究プロジェクトでの，調査対象の範囲です（Salamon et al. [2004] pp. 9-10）。この範囲は，NPO に当てはまる組織の法的定義が国によって異なるため，横断的に比較するために考え出されました。この定義に落ち着くまでに2〜3年かかったとのことですし，この条件でいいのかという批判もありますが，今のところ，研究代表者の名前を取って「サラモンの共通定義」として使われることが多くなっています。

では順番に詳しく見ていきましょう。まず「組織であること」です。法的な位置づけや法人格の有無は関係なく，定期的会合，意思決定についての手続規定の存在などの組織的実態を条件としています。

次の「民間であること」とは，政府の一部門ではないことです。政府から補助金を受け取っていても民間の非営利組織であれば，NPO とします。

3番目の「非営利」というのは，上述のように利潤分配を行わず，利潤が得られた場合は，その組織の目的のために再投資することが求められます。

4番目と5番目の「自己統治」「自発性」とは，自己管理する能力があり外部からコントロールされているのではないこと，会員などその組織への参加が自発的であることです。

なお，サラモンの調査では，もう2つの条件がありました。政治団体でないこと，宗教団体でないこと，です。なぜなら，国際比較をするうえでは，政教分離していない国のNPOが膨大な数になる可能性があるからです。ただ，日本でも政治団体と宗教団体はそれぞれ特別な法律があるため，NPOについて論じる場合には外すこともあります。

　もっとも，2番目の「民間」に関しては，民間組織とはいえ政府出資で設立され，毎年のように補助金が出ていて天下りが経営している場合はどうなのか，というグレーゾーンもあります。また4番目と5番目に関しても，政府がつくった組織，あるいは企業が出資してつくった社会貢献財団のような組織もあります。これらについては，活動内容や経営の実態がどの程度自主的なのかで判断することになります。たとえば国立大学法人や独立行政法人は実態としても政府のコントロール下にあるだけでなく，法律に基づいて設置されているため，自らの意思で解散することができません。解散について定める内容の法改正を国会で成立させないと解散できませんから，これは自己統治とはいえないのです。

日本における定義

　では，日本の組織でNPOに当てはまるのは，どのような組織でしょうか。そもそも「組織」という概念自体，定義が難しいのですが，一時的な集まりは対象外とする，ということです。たとえば火事のときに自然発生したバケツリレーで消火する人の集まりは組織とはいえません。消防団になれば，これは組織です（日本の消防団は，消防組織法で規定された常設の消防署と並ぶ非常設の組織です。各自治体の条例で設置され，消防団員は非常勤公務員ですから，政府の一部と見るべき存在で，NPOとはいえません）。同じように，難病の子どもが海外で手術を受けるための募金活動は，その子どもが助かって終わるなら運動であり，組織ではありません。そうした難病の子どもたちを支援し続けるために永続的な活動になれば，組織といえます。日本のNPOの場合でいうと，次の3つの要件を満たしていれば，組織と見なします。

　（1）会則や定款が定められていること

(2) 事務局があること
(3) 財務の存在

　まず，何を目的とし，何を行うのか，といった存在理由を明文化していることが求められます。そして，どこに連絡すればいいのかが明確であること，最後に会費制なり，寄付，あるいは財産の運用といった継続するための経済的基盤があること，の3つです。

　また，組織としての実体があっても，事務局を置くための部屋を借りるとか，コピー機をリースするとか，他の組織から業務を委託されるためには，契約をしなければなりません。契約をするためには法人格が必要になります。人間は生まれたときから契約などを交わす権利をもっていますが，組織という人間集団は，何らかの法律に基づいて確実な存在であることが保証されなければ，その構成員の誰が最終的に責任を負うのかがわからず，契約の当事者にはなれません。そのために，法律の要件を満たすことで法によって人格が与えられます。これを「**法人格**」と呼びます。たとえば，株式会社は会社法という法律に基づいた法人格です。人間の身分証明として住民票や戸籍を登録するように，法人は法務局で登記を行います。

　前述したように，NPOの「利潤分配できない」という決まりは，自分たちで決めることもできます。しかし，そのように決めたとしても後から変えることができます。そのため非営利でなければならないと社会的に制約するのであれば，法律で定めなければなりません。日本の場合，明治時代に整備された法人制度のなかに非営利法人制度もあり，改正されて今日に至っています。後述するように，NPOという概念が日本に伝わってきたときには，すでにそうしたさまざまな法人が存在していたものの，市民運動などには対応できない面もありました。そのために，古くから存在する非営利の法人をNPOに含めたり，ボランティアなどの市民運動団体をNPOと呼んで，その法人化をめざす動きがありました。NPOという概念の範囲には，曖昧なところがあります。非営利であることを条件として法人格を付与する現在の法律と法人名称については，第3章で紹介します。

　NPOと聞くと「市民のボランティア団体」というイメージが通用していま

す。また，ボランティアというと世のため人のため，つまり「公益」というイメージもあるでしょう。通称でNPO法と呼ばれている**特定非営利活動促進法**は，「ボランティアなどの市民運動団体をNPOと呼んで，その法人化をめざす動き」の結果として制定された法律です。この法律で法人格を取れるNPOの要件は，下記となります。

(1) 法に定める市民活動（法では「特定非営利活動」）を行うことが主目的
(2) 営利を目的としない
(3) 会員になったり辞めたりするのに不当な条件がない

　その他，報酬を受けられる役員比率の制限，宗教活動や政治活動が不可である，暴力団と無関係，10人以上の会員がいることなどの要件が定められています（これらについても第**3**章で説明します）。したがって，NPO法でも非営利以外の要件を求めていることになり，上述のサラモンの条件よりも狭い範囲のカテゴリーになります。このように，NPOイコール「市民のボランティア団体」，公益目的という理解は必ずしも間違ってはいません。このことは，次の歴史を解説する節で説明しましょう。
　サラモンたちの調査（Nonprofit Sector Project）は，当初は非営利ということを重視していましたが，次第に非営利であることよりも市民セクターであることに重きを置くようになり，「Civil Society Study」という名称を前面に出すようになっています。ただ日本では，市民セクターを構成するさまざまな集団や組織の代表的な組織形態が，NPOという概念で包み込めるという実態があります。

By the way ❶-1　「市民」とは

　「市民」という日本語には3つの使われ方があります。まず地方自治体の住民としての呼び方で，千葉市民などという場合で，これについての説明は不要でしょう。次は歴史用語としての「市民」，最後はNPOなどの議論で使われる，今生きている同時代のわれわれを指すときの「市民」です。歴史用語としての「市民」は，古代ギリシャのポリス国家に端を発する市民階級，

またはブルジョアであって，王侯貴族や農民とは別の階級を指します。

歴史用語としての階級を指す「市民」に対して，「市民運動」などという場合の「市民」は，規範的な，つまり理想像としての「市民」をイメージしています。この「市民」は，戦後日本の政治学では，労働者を指しています。労働者，すなわち労働力を売っている商品としての人間存在なのですが，労働力を売りながらも，身分や階級的な貧富の格差から解放されているとみなし，その自由・平等な個人というところに重きを置いています。

戦後，日本を含めて世界は大衆社会になっていきます。歴史的な市民階級が溶けてなくなり，本来は市民階級と，その下にいた大衆すなわち労働者階級は別のものでしたが，差がなくなって，大衆が主役になる大衆社会が，世界全体に到来したのです。そうした情勢のなか，日本の革新陣営は，「市民」がいるはずだと，あるいはつくっていかなければならないと考えていました。「市民」という言葉に左翼的ニュアンスがあるのは，革新陣営が「市民」がいるはずだと考え，革新運動を市民運動と呼んでいたことに原因があります。

それに対して，1980年代末になると，欧米から新しい考え方が入って来ました。「civil society」という考え方です。civil societyを「市民社会」と訳すことが多いのですが，実際は「自由な意思で結合される非国家的・非経済的団体や領域」のことで，本書のテーマであるNPOを指します。これは1980年代当時社会主義であった東欧諸国で結成され，やがて民主化革命の主役となる市民組織に対し，政府でもなく営利企業でもないために「civil society」と呼んだこともあります。

civil societyが一番よく認知されている国はアメリカです。市民団体が各種の運動をしていると，ときには政治的な動きをしなければならない場合が出てきます。そうしたcivil societyとしてのアメリカの市民運動の歴史は，黒人差別と闘った1960年代に始まるといわれています。黒人差別をなくそうという公民権運動を行った人たちは，その運動過程で目標を実現するテクニックを身につけました。その人たちが次に取り組んだのが，ベトナム反戦運動だといわれています。政府が行うことに対して，それはおかしいのではないかと異議を突きつける運動を行う人たちが出てきたのです。黒人公民権運動にしてもベトナム反戦運動にしても，政府に対して「なんとかしろ，そんなことするな」と主張する，あるいは環境問題であれば企業に対して「公害出すな」とクレームを付けるという風に，相手に対して要求する市民

運動が多かったのです。

　それに対して，1980年代から，たとえば環境問題であれば政府に規制を求めるとか，企業に出ていけというのではなくて，自分たちでエコロジカルな世の中をつくる実践をしようという動きが出てきました。そして，個別にそうした新しい運動を行っている人たちが手を結びネットワークをつくることによって，今あるアメリカではない「もう1つのアメリカ」が実現するのではないかという考えがもたれるようになりました。そのような連帯に注目した『Networking（ネットワーキング）』というルポルタージュが1982年に出版されています。

　そういう civil society の考え方が日本に紹介され，改めて「市民」について考え直す言説が出てきます。代表的なものに，1997年に総合雑誌の『世界』（岩波書店刊）に，政治学者の坂本義和が書いた文章があります。

　「（市民社会とは）人間の尊厳と平等な権利を認め合った人間関係や社会を創り支えるという行動をしている市民を指しており，そうした規範意識をもって実在している人々が市民なのである。……自立的で自発的（ボランタリー）に行動する個人や，また行動をしていないが，そうした活動に共感をいだいて広い裾野を形成している市民をも含んでいる」（『世界』1997年1月号）。

　ここでもやはり「市民」とは，「規範意識をもって実在している人々」だとされています。ただし，やや広い概念になっており，「自立的で自発的（ボランタリー）に行動する個人」「行動していないが，そうした活動に共感をいだいて広い裾野を形成している市民」も含んでいます。

〔参考文献〕
植村邦彦［2010］『市民社会とは何か』平凡社新書。
佐伯啓思［1997］『「市民」とは誰か』PHP新書。
坂本義和［1997］「相対化の時代」『世界』1997年1月号，35～67頁。
山口定［2004］『市民社会論』有斐閣。

2 NPOの歴史

共益的な組織の変遷

　序章で述べたように，日本でNPOという言葉が広く知られるようになったのは，阪神・淡路大震災が起きた1995年以降です。ただし，非営利とまでいかなくても，営利，すなわち「儲けの山分け」を目的としない組織は古くから存在していました。先述のとおり，ドラッカーは「最古のNPOは奈良の古寺だ」と記していますが（Drucker [1990]／上田・田代訳 [1991] i頁），これは日本人読者へのリップ・サービスだとしても，人々がお互いに助け合う，共益的な団体は江戸時代には存在していたことが確認できます。

　たとえば「講」と呼ばれる共同金融があります。伊勢講とか善光寺講という，参詣旅行の参加者を募って旅行資金を積み立てる仕組みです。さらに無尽講というシステムになると，参加者が定期的に金品を出して積み立て運用し，利息を集めた後，抽選で払い込んだ以上の給付を受けます。同様の共同金融は海外にも存在していますし，現代の日本でも，現存する地方銀行のなかには，この無尽講が母体という会社もありますし，日本住宅無尽株式会社という会社も残っています。こうした講は運用益を出資者で分配しますから営利目的ですが，そうした利潤分配を行わない自然災害の被災者救援や孤児救済を目的とした講が江戸時代に存在したことも確認されています（そのような事例である大分の慈悲無尽講，秋田の秋田感恩講については，今田編著 [2006] 12-14頁参照）。また田植えや萱葺屋根の葺き替えを手伝いあう共同労働の「結」は，講ほど組織的ではありませんが，相互扶助の仕組みです。

　講や結は自然発生したものと考えられていますが，意識的に組織されたNPOのような組織としては，二宮尊徳の教えを引き継ぐ報徳社（**By the way ❶-2**参照）が幕末に誕生しています。町内会や自治会は自然発生的な集まりと人為的に組織されたものがあります。後者としては，京都の町会は応仁の乱（1467〜77年）後に，暴力に対抗し生活の安全を守るために相互扶助・団結する

地域団体として成立していますから、相当に古くから存在していることになります。町内会・自治会の多くは自然発生的につくられましたが、1940（昭和15）年から法制化され、第二次世界大戦の国防体制の一翼を担いました。敗戦後の1947（昭和22）年にGHQによって解散を命令されますが、敗戦下の食糧配給等の必要性のために名を変えて存続し、今日に至っています（岩崎ほか[2013]4頁参照）。

By the way ❶-2　報徳社────現存する日本最古のNPO的組織

　報徳社は、二宮尊徳（金次郎、1787〜1856年）が始めた「報徳運動」を実践する結社です。二宮尊徳は現在の神奈川県小田原市に生まれた農民で、生家は富農でしたが、父母が相次いで死んだため没落し、兄弟たちは引き離されてそれぞれ親戚に引き取られます。金次郎は寸暇を惜しんで勉強し、夜間に勉強するために菜種を育て菜種油商に売って油を買うなど、商才も発揮します（ちなみに、薪を背負って本を読んでいる立像は、この勉強熱心な姿を現したものですが、明治以降に勤勉を奨励するためにつくられた虚像だといわれています）。少しずつ財産をつくり、やがて生家を再興し、さらに給料を目当てに他家へ奉公に出るなかで、蓄財の才能が知られるようになり、近隣の農村復興に呼ばれ、さらに小田原藩の立て直しにも参画します。

　18世紀の日本は小氷河期だったともいわれ、飢饉が度重なっただけでなく、封建体制ながら貨幣経済が発展し、社会的な矛盾が大きくなっていました。そうした情勢のなか、ついには江戸幕府に雇われ、水野忠邦の天保の改革を手伝い、水野失脚後も10年以上、幕吏として関東一円の地域復興に携わりました。

　報徳とは、この二宮尊徳の唱えた思想で、簡単にいうと「道徳と経済の両立」をめざします。ただし、この「経済」とは農家や農村、あるい幕藩の経営のことで、今日の社会科学でいう「経済」ではありません。至誠、勤労、分度、推譲という4つのキーワードで表現されます。至誠と勤労は道徳で、分度と推譲が経済とされています。分度は、各人の財力に合わせた予算を立てて生活を守ることで、推譲とは、分度から余った財貨を他人や将来に譲ることです。

　推譲によって、地域の経済循環が巻き起こされ（この経済は現代的意味です）、個人だけでなく地域全体が潤っていくことが期待されます。その仕組

みを講によって確立しようとしたのが，報徳社という組織です。この目的の講は，1820年に二宮自身が設立し（当初は五常講と名づけられましたが，同名の講を先立つ1814年につくってみたものの，持ち逃げが相次ぎ，失敗しています），小田原だけでなく関東の何カ所かで同じ講がつくられます。現存する最古の報徳社は，1843年に設立された小田原報徳社です（当初は小田原仕法組合と称していました）。報徳社は，社員（従業員という意味ではなく，出資者という意味）が出資し，それを運用して地域改善を実施します。一方，出資金は退社時に返還されますし，ほかに預けた金に利息が発生する普通預金のような貯金制度をもつ報徳社もあり，NPOというより，協同組合（By the way ❶-4参照）の原型といったほうが正確です。報徳社は，江戸期には藩が設立しコントロールするようなものもあり，また明治以降は富国強兵策の一翼を担うことを期待されるなど，純粋に民間の運動とは言い切れない部分もあります。

　現在でも，神奈川県・静岡県を中心に，日本全国に数百の報徳社が残っており（法人格をもたないところもあるので，正確な数は不明），総本山である大日本報徳社は2012年に公益社団法人に認定されています。静岡県掛川市に存在するこの法人の入り口左右に立つ門柱には，「道徳門」「経済門」と刻まれています。

非営利組織に関する制度の整備

　日本の近代化に伴って，非営利組織が制度として整備されるのは，1898年に施行された民法によります。この第34条に，非営利で公益活動を行う組織は，官庁の許可によって法人格を取得できると定められました。この民法第34条に基づいて設立していたのが，社団法人，財団法人と名乗る「公益法人」でした（社団とは，ある目的のために人々が集まってつくる組織のことで，財団とは，財産を運用して目的を実現する組織です）。2008年12月に新たな制度に移行するまで存在していたこれらの公益法人は，全国に約2万6000ほど存在していました。上述のさまざまな法人格を付与する法律もすべてこの民法を根拠にして，第二次世界大戦後につくられた法律です。

　2006年に公益法人制度の改革に合わせて民法も改正され，現在の条文では

第33条第2項に「学術，技芸，慈善，祭祀，宗教その他の公益を目的とする法人，営利事業を営むことを目的とする法人その他の法人の設立，組織，運営及び管理については，この法律その他の法律の定めるところによる」と定めてあり，この条文を根拠として各法人について個別の法律が定められてます。

市民運動から市民活動へ

　第二次世界大戦後の日本社会で生まれた，労働運動や政党による動員ではない**市民運動**には，2つの源泉があります。ここでいう「市民運動」とは，生活上の利害に直結した「住民運動」ではなく，平和や人権，環境問題といった普遍的な価値観の実現をめざす運動のことです（長谷川［1993］104頁）。その市民運動の源泉の1つは反公害運動，もう1つがベトナム反戦運動です。これら以外に有名な社会運動としては，原水爆への反対運動や日米安保条約への反対運動がありましたが，政党による動員が中核を占めていました。一方，反公害運動は，当事者である公害被害者の住民運動を，地理的に離れた都市部の市民も応援したという形です。後の環境運動にも影響を与えていますが，直接的なつながりは少ないようです。

　自らの利害に関係のない問題の解決をめざした市民運動の始まりは，アメリカのベトナム戦争に反対する，通称「ベ平連」です。通称「ベ平連」，正式名称「ベトナムに平和を！　市民連合」は1965年4月に，作家の開高健や小田実らが呼びかけて始まった運動です。この運動には，綱領もなければ会員制度もなく，その全体像はつかめません。反戦の声を上げるデモ活動を行うだけでなく，市民から募金を集めて『ニューヨーク・タイムズ』紙と『ワシントン・ポスト』紙に意見広告を出したり，脱走した米兵を匿って第三国へ逃したり，積極的な活動を行っていました。運動の初期には，アメリカの公民権運動などから，非暴力・不服従という運動方針を学んでいたといわれています。

　もっとも，脱走米兵を国外へ逃すために，当時アメリカと対峙していたソ連から支援を受けたとか，次第に左翼系のメンバーの声が大きくなり政治に関心のない人たちが離脱するなど，やはり当時の党派性からは逃れられなかったようです。とはいえ，1974年，前年にベトナム戦争が終結したことを受けて解散した後，このベ平連で運動方法を知った人々が，さまざまな社会問題を解決

しようという市民運動に携わりました。

　一方，アメリカにおける市民運動の歴史は，黒人への人種差別と闘った1960年代に始まり，ベトナム反戦運動に続きます。(1980年代から) 社会問題は自分たちで行動して解決しようという運動が実践されるようになり，それらが連帯することで「もう1つのアメリカ」を実現しようというネットワーキングがもたれるようになりました (**By the way ❶-1** 参照)。

　日本でもべ平連の解散後，運動のノウハウを身につけた人々のなかには，それぞれ関心のある領域で市民運動を続けていた人たちもいました。1984年，アメリカのネットワーキングに関するルポルタージュが翻訳され (Lipnack and Stamps [1982])，ネットワーキングを知った日本の市民運動家たちの間でも，自分たちも役所や企業に何とかしてくれといってばかりいては駄目だ，環境問題や社会的弱者の問題を，自分たちで解決するにはどうしたらいいのかを考えようという動きが出てきました。国際的には，いわゆる **NGO** が自助解決活動を行っていましたが (たとえばシャプラニールは1972年から始めたバングラデシュ支援が母体となって結成されました。同組織は，2001年にNPO法人格を取得しています)，他の分野でも行政や企業に陳情や要求，反対を突きつけるのではない動きを模索するようになったのです。

　そのときに，役所や企業に要求や陳情をするのが今までの市民運動なら，自分たちで解決しようというやり方はそれとは違う，だから違ういい方をして区別しようということになりました。それで，市民運動ではなくて，「**市民活動**」といういい方をするようになったのです (市民運動から市民活動への変化については，高田 [1998] 参照)。

By the way ❶-3　清掃登山に必要なこと

　野口健という有名な登山家がいます。当初，7大陸の最高峰を世界最年少で登頂したという記録をもっていることで知られていましたが (最年少記録は後に破られています)，今，彼を有名にしているのはエベレストや富士山などでの「清掃登山」でしょう。

　彼が清掃登山を始めたきっかけは，エベレスト登頂をめざす国際登山隊に参加したときです。すでに6大陸最高峰を制覇し，最後のエベレスト登頂

で記録をつくる予定だった野口さんは，その登山隊がベース・キャンプで体調を整える間，ゴミを拾い出したのに渋々参加しました。その際に外国人登山家から日本人登山者のゴミが多いことを指摘され，さらに「日本人はエベレストをマウントフジにしたいのか？」と非難され，初めて富士山が登山者の捨てるゴミと，不法投棄ゴミにまみれたゴミだらけの山であることを知ります。

　帰国後，富士山周辺の自治体関係者や，有力企業，NPOなどと接触し，何ができるかを模索し始めたのですが，そこで野口さんは不思議なことを体験します。富士山は広いので，複数の自治体，企業，NPOなどさまざまな団体が協力しなければ，清掃はおろか自然保護も実現しません。ところが，その団体同士，仲が悪かったのだそうです。「河口湖に住むなら富士吉田は協力しない」などといわれ，さらにある団体と接触していると，敵対する団体から「野口は敵に回った」と陰口をいわれる。

　そうしたなか，富士山クラブと連携が取れるようになりました。このクラブは1998年に富士山が抱える環境問題を広く知ってもらい，解決を図ろうと結成された市民団体で，翌99年にNPO法人となりました。バイオ・トイレの設置や清掃活動を続けているこのNPOに野口さんは2000年から参加します。その後，野口さんは知名度を活かし，テレビCMでも清掃活動を訴えたりするなど，汗を流しています。

　富士山は，2013年に世界文化遺産に登録されました。しかし，実は以前に，世界自然遺産で登録しようとしたときに，早い段階で断念せざるをえませんでした。その理由は2つあって，1つは世界的にコヨーデ型火山は珍しくないことで，もう1つが，「ゴミだらけ」であるため自然保護が不十分だということでした。2013年に登録できたのは，富士山クラブや野口さんの貢献も一助となっているのでしょう。

　〔参考文献〕
　野口健〔2008〕『富士山を汚すのは誰か』角川oneテーマ21。
　NPO法人・富士山クラブ　ウェブサイト（http://www.fujisan.or.jp/index.html）。

「ボランティア元年」とNPO法

　こうして，1980年代半ばから日本でもそれまでの市民運動とは違う新しい

動きが出てきました。ただ1990年代半ばまでは社会的にはあまり知られていませんでしたが、広く知られるようになったのが、前述のとおり、1995年1月17日に発生した阪神・淡路大震災でのボランティア活動です。この年が「ボランティア元年」といわれるように、日本でもボランティアをする市民が出てきたのだと認識されるようになりました。

とはいえ、多くの市民のボランティア団体が法人格をもたない**任意団体**（法律上の呼び方では「人格なき社団」「権利能力なき社団」）に留まっていました。銀行口座を開いたり事務所を借りるといった契約は結べませんから、代表者が個人として契約するのがほとんどでした。ところがこうしていると、その代表者が死去した際、団体の財産も故人の名義ですから相続税の対象になったり、遺族が知らずに団体の財産も遺産として受け取ってしまうことがあって、しばしばトラブルになっていました。

やむをえず営利企業の法人格を取ったところや、協同組合になったところ、あるいは補助金などで一時的に資金が豊かになったタイミングに、比較的法人格を取得しやすい社会福祉法人になったところもありましたが、ほとんどは任意団体で運営を続けていました。

日本には公益法人制度があったとはいえ、市民のボランティア団体などにとっては使いにくい制度でした。法人格を取得するのに役所の許可が必要ですし、その許可基準が不透明でした。さらに設立するには数億円の資金を求められることが多かったようです。また公益法人は役人の天下り組織であるとか不透明な官民癒着というイメージがあったことから、敬遠する雰囲気もありました（猪瀬［1997］参照）。実際には、純粋に民間主導で不特定多数の人々の利益になる活動を行っている公益法人も多く、いわゆるNGOでも公益法人格を取得しているところも少なくありませんでした。

阪神・淡路大震災をきっかけに、ボランティア団体のことをNPOとアメリカでは呼ぶことが知られるようになり（厳密には違うのですが）、日本でもNPOをつくろう、法人格をとろうという、ボランティアやNPOを法制化しようという動きが出てきます。紆余曲折を経て1998年12月に通称「NPO法」、正式名「特定非営利活動の促進に関する法律」が施行され、今ではNPOといえば、この法律による法人格を取ったNPO法人と、類似の活動を行っている任意団

体を指すことが一般的になりました。このNPO法制度については，第**3**章で説明します。

By the way ❶-4　協同組合とNPO

協同組合は，1844年にイギリスのロッチデールで28人の紡績工によって結成された「ロッチデール公正開拓者組合」から始まります。以後，協同組合運動の広がりによって，さまざまな形態がみられるようになりました。1995年にイギリスのマンチェスターにおいて開催された国際協同組合連盟で決議された「協同組合とは何かの宣言」によれば，以下のように定義されています。

　「協同組合は，共同で所有され，民主主義的に運営される企業体を通じて，共通の経済的・社会的ならびに文化的な必要と要望に応えるために自発的に結びついた人びとの自治的な結合体である」

また，1995年には以下の7つの原則からなる「協同組合原則」も定められました。

- 第1原則：自発的で開かれた組合員制
- 第2原則：組合員による民主的管理
- 第3原則：組合員の経済的参加
- 第4原則：自治と自立
- 第5原則：教育，訓練および広報
- 第6原則：協同組合間協同
- 第7原則：コミュニティへの関与

日本における協同組合の歴史は，1880年代に政府側が制度化した，漁業組合や蚕糸業組合などの同業組合制度から始まります。以後，1900年に設立された産業組合法によって，信用・販売・購買・利用の4種類についての協同組合が制度としてスタートしました。1919年に賀川豊彦が大阪に設立した購買組合共益社のほか，1921年の神戸消費組合（現在のコープこうべ）などが早い例です。1930年代には全国的に広まりました。総力戦体制下で統制されましたが，戦後，アメリカ軍による占領政策下，農地改革と関係して農業協同組合を独立させる際に再整理が行われ，農協・水産業協同組合・生協・中小企業等協同組合（信用組合，信用金庫）といった職能原理による縦割りの協同組合制度になっています。

2014年度末における主な協同組合の数は，農協が681，漁協が960，森林組合が644，生協が562組合とされています。組合員数は，個人・団体，正組合員・準組合員を含めてのべ4000万人弱にのぼります。生協は組合員数が2700万人を上回り，年間総事業高は3兆円を超えるという一大セクターです。

　協同組合はNPOに含まれません。NPOが利潤分配を行わないのに対し，協同組合は，出資金を出すことで組合員となり，出資金に対して配当が行われるからです。欧米の協同組合では資金調達のために高配当を優先的に払うが議決権のない優先株を発行している事例もあります（川口 [1994] 74頁）。

　近年の日本国内での新しい動きとしては，ワーカーズ・コレクティブ（労働者協同組合）の法制度化をめざす運動がみられます。参加者が出資し自ら経営と労働に携わる協同組合で，スペインの地域振興で成功した事例がよく知られています（Thomas and Logan／佐藤訳 [1986]）。日本には労働者協同組合にあたるものとして企業組合がありますが，他の協同組合のような税制優遇がないうえ，その名称から営利企業の同業者組合と混同されることもあって，あまり数が多くありません。日本のワーカーズ・コレクティブについては，法制化の動きも含め，全国組織であるワーカーズ・コレクティブ ネットワーク ジャパンのウェブサイトが参考になります（http://www.wnj.gr.jp/）。

〔参考文献〕

川口清史 [1994]『非営利セクターと協同組合』日本経済評論社．

Thomas, H. and C. Logan [1982] *Mondragon: An Economic Analysis*, Harper Collins.（佐藤誠訳 [1986]『モンドラゴン』御茶の水書房）．

3　NPO法人数の現状と変遷

　NPO法施行後，NPO法人の設立第一号は北海道の「ふらの演劇工房」で，1999年2月に北海道庁の認証を受けています。その後増え続け，2016年12月末現在，全国で5万1431法人が認証されています。ただし，解散した法人，

認証取消しも1万3006法人あり，3万8425法人が現存しているとされます。図1.1は受理された認証数の推移です。また解散するNPO法人も増えており，その多くは自ら総会で解散を選択していますが，認証取消しによる解散もあり，2016年2月末現在で解散した1万3006法人のうち2921件と解散数の約4分の1を占めています。そのほとんどは事業報告書などの定期提出を怠ったもので，休眠状態に陥って事務能力もなくなったと推測されています。

新たに設立して認証されるNPO法人の数と，解散するNPO法人の数を年別に示しているのが図1.2です。近年，急速に解散が増え，NPO法人の実数は横ばいになりつつあります。このようなNPO法人の現状については，内閣府NPOホームページで情報が得られます (https://www.npo-homepage.go.jp/)。

法人格をもたない任意団体は把握のしようがありませんが，2000年に当時の経済企画庁が市民活動団体の数を推計したことがあり，そのときに全国の自治体が把握している団体の総計が約8万8000となっています（内閣府国民生活局［2001］）。自治体が把握できていない団体も含めれば，ゆうに10万団体を超えるでしょう。

なお，一般社団法人，一般財団法人をはじめ，非営利組織に含まれる各種法

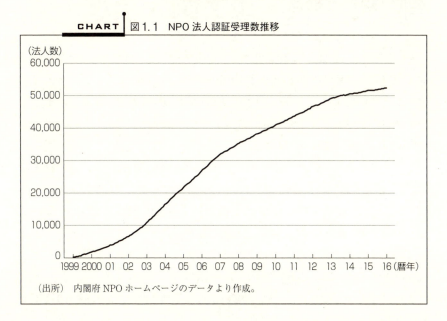

図1.1 NPO法人認証受理数推移

(出所) 内閣府NPOホームページのデータより作成。

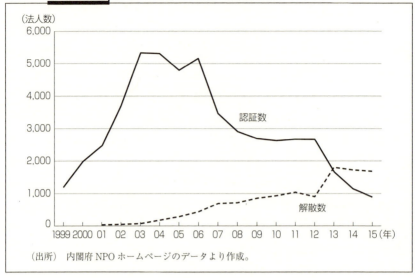

図1.2 NPO法人認証・解散数推移
(出所) 内閣府 NPO ホームページのデータより作成。

人の数などは，第 **3** 章で説明します。

4 規模と構造

　5万を超える NPO 法人の実態はどうなっているでしょうか。2011 年 1〜2月と12年 2〜3月，13年 8〜9月に内閣府が全国の NPO 法人にアンケート調査を行っています。その報告書から，NPO 法人の規模と構造を見てみましょう（内閣府大臣官房市民活動促進課 [2011]，内閣府 [2012] [2013]。サンプル法人数はそれぞれ，2410，7748，1万3130）。

　まず，どのような分野で活動する NPO 法人が多いでしょうか。NPO 法人は NPO 法に列挙された活動分野のどの分野で活動するかを定款で決めなければなりません。法制定時は 12 分野でしたが，2 度の法改正で現在は 20 分野になっています。そのうちの 1 つは「都道府県政令市の条例で定める分野」となっていますので，全国的には 19 の分野で活動する NPO 法人が存在することになります（活動分野は複数を選べます）。

　2013 年 9 月現在認証されている NPO 法人の活動分野で，最も多いのは「保

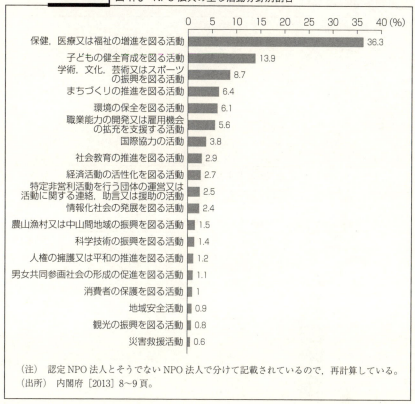

図1.3 NPO法人の主な活動分野別割合

分野	割合(%)
保健，医療又は福祉の増進を図る活動	36.3
子どもの健全育成を図る活動	13.9
学術，文化，芸術又はスポーツの振興を図る活動	8.7
まちづくりの推進を図る活動	6.4
環境の保全を図る活動	6.1
職業能力の開発又は雇用機会の拡充を支援する活動	5.6
国際協力の活動	3.8
社会教育の推進を図る活動	2.9
経済活動の活性化を図る活動	2.7
特定非営利活動を行う団体の運営又は活動に関する連絡，助言又は援助の活動	2.5
情報化社会の発展を図る活動	2.4
農山漁村又は中山間地域の振興を図る活動	1.5
科学技術の振興を図る活動	1.4
人権の擁護又は平和の推進を図る活動	1.2
男女共同参画社会の形成の促進を図る活動	1.1
消費者の保護を図る活動	1
地域安全活動	0.9
観光の振興を図る活動	0.8
災害救援活動	0.6

(注) 認定NPO法人とそうでないNPO法人で分けて記載されているので，再計算している。
(出所) 内閣府［2013］8〜9頁。

健，医療又は福祉の増進を図る活動」で，全体の58.1％が選んでいます。続いて「社会教育の推進を図る活動」が47.1％，「(NPO法人への) 運営又は活動に関する連絡，助言又は援助」が45.3％，「まちづくりの推進を図る活動」が43.3％，「子どもの健全育成を図る活動」が42.8％となり，ここまでが上位5つです。活動分野は複数選べますので，主な活動分野で見ると順位は変わります。主な活動分野を示したのが図1.3です。「保健，医療又は福祉の増進」が36.3％でもっとも多く，「子どもの健全育成」が13.9％，「学術，文化，芸術又はスポーツの振興」が8.7％，「まちづくりの推進」が6.4％，そして「環境の保全」が6.1％となります。

次に，法人の規模を見てみましょう。NPOの趣旨に賛同し支える会員 (NPO法の用語としては「社員」)，意思決定する役員，実際に働く職員などの人

CHART 表 1.1　内閣府調査による NPO 法人の規模

指　　標	中央値	平均値	最大値	出典の年度
個人正会員数	16	75	190,223	2013
理事数	6	7.7	—	2011
職員数 （うち常勤有給）	5 (1)	10 (4)	696 (504)	2013
年間のボランティア数	10	336	1,000,000	2013
特定非営利活動事業収入（万円） 同　支出	689 643	3,691 3,527	9,792,009 9,791,909	2013

（出所）　内閣府大臣官房市民活動促進課［2011］，内閣府［2013］より作成。

CHART 図 1.4　NPO 法人の正会員数別分布

区分	割合(%)
20人未満	50.1
20〜29人	14.6
30〜49人	14.4
50〜99人	10.7
100人以上	10.2

（出所）　内閣府大臣官房市民活動促進課［2011］より作成。

数と，どのぐらいの収支規模なのかをまとめたのが表 1.1 です。

　表 1.1 から読み取れるのは，有給無給あわせ約 700 人の職員が働いているとか，年間の事業規模が 100 億円近いという巨大な法人の存在によって平均値が引き上げられているのですが，正会員数は 20 人もおらず，理事も 6 人，有給の職員は雇っておらず，年間 600 万〜700 万円程度の事業を行っている，という NPO 法人が標準的であるということです。図 1.4 は正会員数別の NPO 法

人割合です。約半数のNPO法人が正会員20人未満であることがわかります。

なお各年度調査とも，アンケートの回収率は15.8%, 19.0%, 29.8%と低く，アンケートを返送しなかったNPO法人は，回答するのが難しい小さな法人でしょうから，実態はさらに小さなNPO法人が多いと推測できます。

5 国際的な広がり

世界におけるNPOの実態

日本以外の国々の，NPOの実態はどうなっているのでしょうか。それを調べたのが，冒頭で紹介した，アメリカのジョンズ・ホプキンス大学が1990年から始めた「世界的にNPOの果たす役割が大きくなっているのではないか」というテーマを検証する研究です。この調査は1990年から始まり，当初は8カ国でしたが，22カ国，35カ国と拡大し，2010年以降の公表物では最大43カ国まで広げて調べられ，さまざまな知見を公表しています（43カ国の内訳は図1.5を参照）。

ただし43カ国のなかでも，NPOで働く人の割合には差があります。各国の経済活動従事者に占めるNPO従事者の割合を示したのが，図1.5です。有給職員とボランティアの両方を示し，ボランティアはフルタイム労働に換算してあります（たとえば1日4時間のボランティア2人分を足して，1日8時間フルタイム労働1人分とします）。NPO従業者の割合が最も高いのはオランダで，有給職員だけでも労働者の1割を占め，ボランティアを含めると16%弱ですから，労働者のほぼ6人に1人がNPOで働いている計算になります。ただし有給職員の約半数は，病院などの民間医療機関に従事している人たちです。

なお，日本では8%弱ですから，同じく労働者のほぼ12人に1人がNPOで働いていることになります。これは，NPO法人で働いている人たちだけではなく，いわゆる公益法人なども統計に含まれているからです。

国による違いは，財政面や主たる活動分野にも見られます。日本と，次項で紹介する米英仏独の差を見てみましょう。まず財政面の収入構造は，主たる収

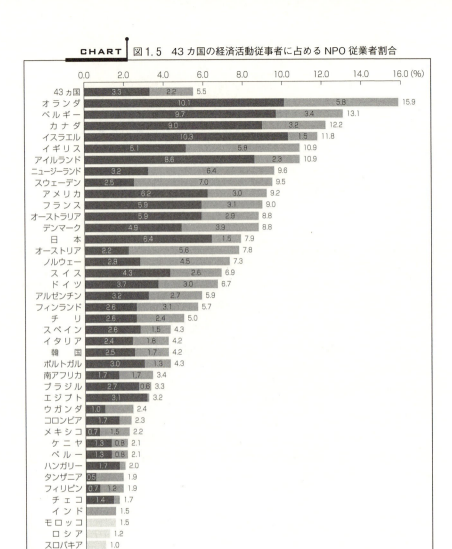

CHART 図1.5 43カ国の経済活動従事者に占めるNPO従業者割合

（注）インド以下は有給・ボランティアの割合が明記されていないため，総数で表示している。
（出所）Johns Hoplins Center for Civil Society Studies［2010］より調整。

　収入源を事業収入，政府補助，寄付の3つに分けると，5カ国で表1.2のように，どれが主たる収入源かで分かれます（ただし1995年のデータですので，現在は変わっている可能性もあります）。

CHART 表1.2 5カ国のNPOの収入源構成比

(単位：%)

種別	国	事業収入	政府補助	寄付
事業型	日本	47.8	41.5	10.7
	アメリカ	47.4	25.6	26.9
補助型	ドイツ	21.3	42.5	36.2
	イギリス	34.8	36.4	28.8
寄付型	フランス	20.0	33.4	46.6

(出所) Salamon et al. [2004] p. 37 より再構成。

また主な活動分野についても1990年の支出ベースで，アメリカは保健・医療分野が過半を占め，ドイツも保健・医療分野が3割，イギリスは教育・研究が4割，フランスは福祉が3割で初等教育が25％と，違いを見せています（Salomon and Anheier／今田監訳［1996］61頁以降）。

欧米を中心としたNPO法人制度

日本以外の非営利法人制度として，アメリカ，イギリス，フランス，ドイツの制度を説明しましょう。まずはNPOという概念が日本にもたらされるもととなったアメリカです。アメリカは連邦国家で州ごとに法人制度が異なり，多くの州では一般の法人法のなかで非営利法人を定義しますが，カリフォルニア州のように非営利法人法を別に定めている州もあります。また連邦の内国歳入法には501(c)条で各種の免税団体を定めていて，各種団体が25種類列挙されている3番目に「宗教，慈善，科学，文学，教育，アマチュア・スポーツ振興，児童・動物虐待防止を目的とする」非営利団体という定義があります。そのため，この501(c)(3)団体をアメリカのNPOとして取り上げることがあります。したがって，この501(c)(3)団体が狭義のNPOであり，これに各州の法律で非営利法人格を取っているNPOを含めたものが広義のNPOです。

法人数は，2012年で501(c)(3)団体が96万強，その他の内国歳入庁に登録されているNPOも含めると144万になります。2002年にはそれぞれ74万強，132万団体でしたから，増えつつあるということです。（Urban Institute ［2014］参照）。さらに法人格をもたないNPOや，地縁的な団体まで含めると，1990年現在でおそらく750万団体存在するのではないか，という推計もあります

(Smith［1997a］［1997b］)。日本の市民活動団体は10万以上で，町内会と自治会のような団体まで含めればもっと多くなりますが，アメリカの人口が3億人であることを考慮しても，その差は大きなものです。アメリカにNPOのような団体が多いのは，建国の事情にも由来するといわれています。

　アメリカはヨーロッパから植民した人々がつくりました。当初は国家も政府もないのですから，植民者たちは社会的な問題を解決するのに政府に頼れず，自分たちで解決するための団体をつくって対処しなければなりませんでした。そういう空気であったことは，独立直前のアメリカを観察したフランスの思想家，トクヴィルが書き残しています（Tocqueville／松本訳［2008］）。今でもアメリカ社会を論じる際には彼の著書が引用されるぐらいですから，アメリカの本質をとらえていて，自分たちで団体をつくって問題を解決するという，植民地時代以来の根強い習慣があるのです。

　ヨーロッパの状況は，アメリカとは異なります。ヨーロッパ諸国それぞれの状況や制度がありますが，ここでは，階級社会の時代に上流階級が行った慈善活動の伝統があるイギリスと，政府が広範囲をカバーしていた大陸国家の代表的なフランスやドイツを紹介します（以下の英仏独のNPOについての説明は，経済企画庁国民生活局［1999］，久塚・岡沢［2006］，公益法人協会［2013］［2015］を参照して，新しい情報に修正しています）。

　イギリスでは，NPOという言葉は一般的でなく，非営利で公益活動を行う組織をチャリティ（charity）と呼びます。歴史的に，王室，貴族，教会が貧困者や病人，孤児などへの慈善行為を行っていました。17世紀初め，エリザベス女王の時代に最初のチャリティ法が制定され，歴史的な社会変化に伴い変転を重ねながら今日まで続いています。第二次世界大戦後，「揺りかごから墓場まで」といわれた福祉国家志向による「大きな政府」の登場によって，このチャリティを中心とした「ボランタリー・セクター」と呼ばれる非営利分野は縮小しましたが，サッチャー政権で「小さな政府」路線となったのを機に，ボランタリー・セクターが息を吹き返します。とくに労働党のブレア政権下では，ボランタリー・セクターの役割を評価した合意文書「コンパクト」（compact）を政府とボランタリー・セクターの間で締結し，社会的に重要な存在であると公的に認められることとなりました。

イギリス国内でも，イングランド，ウェールズ，スコットランド，アイルランドで多少制度が異なります。うちイングランドとウェールズは同一の制度で，チャリティ団体をつくり，チャリティ委員会という政府の独立機関による「公益テスト」という審査を経て登録されると，登録チャリティとして，税制優遇などの公的支援を受けることになります。チャリティ委員は内務大臣に任命され，公益テストのほか，取り消す権限も有しており，それに対する異議申立ても制度化されています。

　チャリティは，チャリティ法によって非営利であることを条件とされているほか，その目的は貧困救済，教育振興など13分野が定められています（http://www.legislation.gov.uk/ukpga/2011/25，2013年11月26日閲覧）。

(a) 貧困の防止・救済
(b) 教育振興
(c) 宗教振興
(d) 救命・健康の振興
(e) 地域開発・市民社会の振興
(f) 芸術・文化・遺産・科学の振興
(g) アマチュア・スポーツの振興
(h) 人権，紛争の解決・調停，宗教・人種の調和，平等・多様性の推進
(i) 環境保護改善の推進
(j) 青少年，高齢者，病人，障害者，経済的困難者など社会的弱者の救済
(k) 動物福祉の推進
(l) 軍隊の効率推進，警察・消防・救急・救命の業務改善
(m) その他，旧法により認められた目的

　イングランドとウェールズは同じチャリティ委員会が管轄しており，その範囲のチャリティは2013年9月末現在で約18万団体が登録されています（https://www.gov.uk/government/organisations/charity-comission/，2017年2月24日閲覧）。チャリティ以外に，共益的な団体が存在するほか，公益活動を行う営利企業，いわゆる**社会的企業**（第6章参照）もあり，会社法のなかにも「コミュ

ニティ利益会社」(Community Interest Companies, 略称 CIC)という規定が定められています。

　フランスはフランス革命を経て平等や人権といった概念を提唱した国家ですが，19世紀末までNPOなどの結社を認めていませんでした。もともとはイギリス同様，キリスト教会などの慈善活動があったのですが，フランス革命後，反革命の源泉となる，同業者，とくに事業主による結社を禁止するという名目で（実際には労働者の団結を禁じるためだったとも考えられています），1791年にシャプリエ法という団結を禁じる法律が成立します。19世紀末になり，労働組合が認められ，1901年に非営利の社団，アソシアシオン (association) の結社が認められます。そのため現代のフランスでは，法人格をもたない任意団体以外に，この法的に認められた届出非営利社団 (association déclarée) と，それらのうち国家によって公益性が認められた公益社団 (association reconnue d'utilité publique) が存在します。届出非営利社団の多くは共益的な結社で，解散しても申告しない法人が多いために全国的な数は把握されておらず，推計では約100万と見られています。公益社団はこの数年，2000弱で留まっているといわれていて，2015年10月の統計では1938団体となっています (http://www.interieur.gouv.fr/A-votre-service/Mes-demarches/Associations/Obligations-administratives-des-associations/Partenariat-d-une-association-avec-les-pouvoirs-publics/Associations-reconnues-d-utilite-publique の公益社団リスト。2016年3月9日閲覧)。届出非営利社団，公益社団とも原則的に法人税は課税されませんが，役員が給与を受けているとか，企業と競合する商業的な活動を行っている場合は課税されることがあります。なお，非営利の公益財団は1987年に法律で認められるようになりました。

　フランスではアソシアシオン以外に，共済組合，協同組合，労働組合を含めて**社会的経済**（écomonie sociale）という1つのセクターとして把握されることが多いのですが，共済組合と協同組合は制限付きとはいえ配当がありますので，本書で定義するNPOとはいえません。

> **By the way ❶-5　労働組合はNPOか**
>
> 　労働組合がNPOに含まれるかは国によって異なります。日本の場合，労

働組合法に非営利の規定がありません。通常の組合活動で利潤分配を行うことは考えにくいのですが，解散時の残余財産をどうするかは，組合員が決めることですので，分配することも可能です。なお以前は，法人格を有する労働組合の場合は民法の旧社団法人の規定を準用していたため，残余財産の分配が不可能とされていました（国庫に帰属）が，法改正によってこの規定は廃止されています。つまり，労働組合は法人格があっても規約で定めれば分配可能になったと解釈されています。

ドイツでは英仏同様に，古くは教会の慈善活動などがありましたが，帝政，共和国，ナチス体制と変わるなかで，政府部門が担当するようになりました。第二次世界大戦後の西ドイツが福祉国家政策をとっていたため，1970年代までNPOのような市民活動は目立ちませんでした。連邦国家ですので州によって制度が異なる点がありますが，連邦共和国基本法に結社の自由が記されており，それらのなかでNPOに近いのが**登録社団**（eingetragener Verein）です。これは**社団**（フェライン，Verein）が地方裁判所に登録することで成立します。非営利であることが求められ，課税庁から公益性が認められると税制優遇が受けられます。ただし登録社団だけでなく，協同組合や有限会社も公益性が認められれば税制優遇を受けることができます（「有限会社」とは株式会社の小規模なもので，かつて日本にも制度として存在しました）。登録社団は2014年には約59万弱の法人数とされており，3年前より微増しています（http://www.npo-info.de/vereinsstatistik/2011/ および http://www.npo-info.de/vereinsstatistik/2014/，2016年3月9日閲覧）。また財団制度は州法で定められています。

もちろん，他の諸国にもNPOは存在します。新興国でも市民社会や経済発展を担う不可欠な存在であり，すでにインドはアメリカに次いで多いという説もあります。日本の町内会・自治会のような自然発生した互助的な団体も含めれば，世界中すべての国に存在するといえます。それぞれの国情によって法人制度や実態は異なりますが，たとえば社会主義を標榜する中華人民共和国にもNPOやNGOは存在します（中国のNPOやNGOについては，李［2012］参照）。

> **EXERCISE ●チャレンジ課題**
>
> ① 章冒頭 CASE の 20 団体について，NPO に含まれるもの，含まれないものに分類してみましょう。
> ② 内閣府 NPO ホームページで，身近な NPO 法人を探し，どのような活動を行っているか調べましょう。
> 　　https://www.npo-homepage.go.jp/
> ③ 上記で調べた NPO 法人がホームページをもっていたら，どのようなきっかけで結成されたか，どのような理念をもっているのか，活動実態はどうなっているのかを調べましょう。

CHAPTER

第 **2** 章

NPO はなぜ求められるのか

存在理由を考えよう

KEY WORDS

● 本章で学ぶキーワード
- □ 市場の失敗
- □ 情報の非対称性
- □ （準）公共財
- □ 所得分布の不平等
- □ 負の外部効果
- □ 契約の失敗
- □ 非排除性
- □ 非競合性
- □ 監視コスト
- □ 政府の失敗
- □ 中位投票者
- □ 非営利の失敗
- □ 社会的企業

CASE
● 札幌チャレンジド

　（特非）札幌チャレンジド（略称，札チャレ）は，ITを活用して，自立をめざす障がいのある人（チャレンジド）の社会参加を促し，就労を支援するNPO法人です。

　活動を始めた2000年当時，パソコン（PC）は高価であり，小さな団体が所有することは困難でした。そこで，まずは大学の教室を借りて障がい者向けのPC教室を開きました。PC購入のためにさまざまな助成金を活用したり，札幌市への提案により，障がい者ITサポートセンターというNPOと行政との協働事業を行ったりしてきました。2006年，障がい者自立支援法が制定され，札チャレが「障がい福祉サービス事業所」となったことで，財政基盤が安定し，事業が拡大することになりました。

　動画サイトの監視や海外航空券予約サイトのデータ登録業務など，企業からの受託業務などにより，年間事業規模は1億円に達する勢いです。支援者の寄付により新聞に全面感謝広告を出したり，スタッフや障がい者・ボランティアらが出演するラジオ番組を実現したりするなど，広報も充実させています。社会的企業の1つとして，高校「政治・経済」の教科書（実教出版）にも掲載されました。

　札チャレは活動開始から15周年を迎える2015年に，ミッションを「ITでマザル・ハタラク・拓き合う」と再構築して，ロゴも新しくしました（図参照）。創設時からのメンバーが理事長ただ1人だけとなり，職員が同じ想いで共通の判断基準をもつ必要性に迫られたのです。NPO法が制定されて20年近くが経過しました。今後，活動を継続するために，このようにミッションの再構築を求められるNPO法人もあるでしょう。

　札チャレの事務所は，一時期，地元の札幌通運（株）のビルのなかにありました。駅に近い一等地にNPOが事務所をもてたことは異例です。こうし

 →

た企業のCSR（企業の社会的責任；第**6**章参照）がNPOの活動を支えたことも，特筆に値します。

〔参考：加納尚明理事長へのインタビューと資料から作成。http://s-challenged.jp/〕。

1 「第4の経済主体」としてのNPOの位置づけ

どうしてNPOが求められるのでしょうか。この章ではNPOが存在する理由を考えてみましょう。ここでのNPOの範囲には，NPO法人だけではなく，財団や私立学校など広い意味での民間非営利組織が含まれます。つまり，「活動目的が利潤追求ではなく，利益の分配を法的に禁じられた民間組織」のことです（James and Rose-Ackerman [1986]）。

経済学では，家計，企業，政府を3つの経済主体として相互の経済的な結びつき（経済循環）を考えます。ここでは，さらにNPOを家計，企業，政府と並ぶ「第4の経済主体」として位置づけることができます。

たとえば，一人暮らしの高齢者へ昼食の弁当を安価で届けるNPOを考えてみましょう。まず，有償で食料という（私的）財を提供する点で，企業と似た行動です。高齢者を対象とする福祉サービスの提供という観点から，NPOは政府のように（準）公共財・サービスを供給しています。もちろん，NPOが提供する財・サービスは，企業や政府が提供するものとは中身（＝質や量）が異なるでしょう。さらに，食料を配ることでNPO自身（＝経営者や会員）が達成感や満足感（効用）を得る，という家計と似た行動原理ももつと考えられます。このように，NPOは3つの経済主体すべての特徴を兼ね備えていることがわかります。

図2.1は，NPOを「第4の経済主体」として経済循環図に位置づけたものです。たとえば，家計がNPOの活動に参加することを考えてみましょう。家計は，NPOで働いて賃金を得ることも，無償でボランティアを行うこともあります。また，家計はNPOへ寄付によって資金を提供することもあります。家計は代金を支払うことでNPOから財やサービスを購入しています。そして，

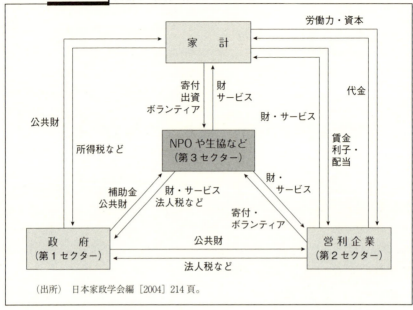

図2.1 経済主体としてのNPO

(出所) 日本家政学会編［2004］214頁。

NPOが営利企業から寄付を得たり，政府から補助金を獲得したりすることによって，財やサービスの価格を安くできるかもしれません。

2 NPOのさまざまな理論

「市場の失敗」理論

　企業の行動原理は営利の追求です。営利を追求するあまり，企業の自由な活動によって失業者が生まれたり，環境破壊が引き起こされたりすることなどを「市場の失敗」といいます。「市場の失敗」にはさまざまあります。企業が供給する財・サービスについての「情報の非対称性」，企業では（準）公共財の供給が困難であること，企業の自由な活動により「所得分布の不平等」や「負の外部効果」が生じることなどがあります。

　企業が家計に供給する財・サービスには，その品質（＝中身）を企業は知っ

ている一方で家計にはよく知られていない「情報の非対称性」という特徴があります。生産者と消費者との間に，財・サービスについて「情報の非対称性」のある場合，消費者は生産者と対等な契約を結ぶことが困難です。これを「契約の失敗」といいます（Hansmann [1987]）。

家計が欲する財・サービスのうち，とくに「情報の非対称性」の程度が大きいのは，福祉や教育などの（準）公共財です。公共財は**非排除性**と**非競合性**という2つの特徴をもちます。消費者が準公共財の品質をチェックするためには，多くの時間と労力（＝監視コスト）がかかってしまうでしょう。

このように「情報の非対称性」がある場合や監視コストがかかる場合，営利を追求する企業には準公共財の品質を向上させたり，価格を引き下げたりするインセンティブが働きにくくなります。これに対して，NPOが追求するのは営利ではなくミッション（＝社会的使命）ですから，NPOが営利企業より信頼され，選好されるのです（James and Rose-Ackerman [1986]）。

さらに，自由な企業活動によって失業者が生じるという「所得分布の不平等」や，環境破壊などの「負の外部効果」へ対応できるのも，営利を追求しないNPOです。たとえば，NPOのなかには失業者向けに無償で食料や住居を供給するものもあります。また，環境破壊を未然に防ぎ，環境保全に尽力するNPOがあります。このように，NPOは「市場の失敗」を補完する存在と考えられています。

By the way ❷-1　公共財

公共財とは経済学の用語です。経済学の「財」とは，辞書による定義は「人間のニーズ・欲求を満足させる物やサービス」ですが，財のなかには，誰かが使用していても他の人も一緒に使える，使用が競合しない非競合性と，対価を払わない人の使用を排除できない非排除性とをあわせもつ特殊な財があります。これを公共財と呼びます。対価を取れませんし，1つあれば大勢の人が利用できるのですから，営利企業が商品として供給することは考えにくいでしょう。すなわち市場では十分な数量が供給されないので，政府が関与しなければなりません。公共財の反対語は「私的財」です。

ただ，完全な非競合性と非排除性をもっているのは，国防や外交といったぐらいで（純粋公共財と呼びます），非競合性と非排除性のどちらか片方を

備えていたり，ある程度の非競合性や非排除性に留まる公共財もあります（準公共財と呼びます）。

> **By the way ❷-2　負の外部効果**
>
> 　人間や企業の効用（財の消費から得る満足のこと）が，市場取引を通さずに他の人・企業などから影響を受けることを「外部効果」と呼びます。影響を受ける側にとって有利な外部効果と不利な外部効果があり，後者の不利な外部効果を「負の外部効果」と呼びます。
> 　たとえば工場で財を生産する場合に，汚水や排気ガスといった公害が発生すると，周辺の住民には悪影響を及ぼします。負の外部効果の一例です。

「政府の失敗」理論

　ここでいう政府には，中央政府や地方自治体だけではなく，広く官僚や議員も含まれるとして考えてみましょう。政府行動の原則は「公平，平等，一律」と「手続きの厳正さ」です。政府が特定の人々や特定の地域だけに，また特定のサービスだけを提供することはあってはならないでしょう。政府の財政支出の原資は国民の税金ですから，その支出に際して厳正なルールを設けるのもやむをえません。しかし，政府が「公平，平等，一律」や「手続きの厳正さ」にこだわるあまり，的確な行動をとれないことがあります。家計が必要とする福祉や教育などの（準）公共財・サービスを政府が十分には供給できないことを**「政府の失敗」**といいます。

　限られた財源のもとで政府が（準）公共財を供給しようとするとき，カギを握るのが**中位投票者**です。たとえば，病気の子どもを預かる保育施設の設置を考えてみましょう。1000人の投票者のうち501人以上が同意すれば，おそらく施設が設置されるでしょう。他方，過半数の同意が得られない場合，施設は設置されないでしょう。このように，政府が提供する（準）公共財は，投票者の過半数が望むものに限られてしまい，それ以外の人が望むものがまったく供給されないか，過少にしか供給されないという「政府の失敗」が生じてしまい

ます。

　家計が欲する（準）公共財を政府が供給しない場合，または政府が供給してもその内容（質）などに満足できない場合，同様の選好をもつ人たちが組織をつくって自ら供給することがあります。この組織がNPOです（Weisbrod [1975]）。このように，NPOは「政府の失敗」を補完すると考えられます。政府自らは（準）公共財を提供せず，（準）公共財を提供するNPOへ運営資金を補助することがあります。

> **By the way ❷-3　中位投票者**
>
> 　民主主義政治の場で，極左から極右までの選択肢があるとすれば，真ん中の中道の立場を，政府は反映することになりがちだ，という主張で使われる用語です。仮に極左から極右まで1番から99番の選択肢があると，中位数（中央値ともいいます）の50番に投票する人を中位投票者と呼びます。
>
> 　ただし，これはすべての投票者の志向が単峰性をもつという前提です。つまり上記の50番を選ぶ人の好む優先順位は50番が最も高く，前後の49, 48, 47……あるいは51, 52, 53……と低くなっていく，山は1つというのが単峰性です。仮に「極左が好きだけれど，その次に極右が好きだ」という風に山が2つある投票者がいると，成り立ちません（「極右と極左は似ている」という話もありますが）。

「非営利の失敗」理論

　NPOは「市場の失敗」や「政府の失敗」を補完することができるものの，けっして万能ではありません。NPOにも，できないことやうまく行かないこと（「非営利の失敗」）があります。

　NPOは，とくに活動初期には，財・サービスの供給や社会問題の解決がうまくできるものの，ある時点でそれらがうまく行かなくなる状況に直面することがあります。NPOへの要望がその能力を超える場合や，NPOが持続可能となるように資源を有効利用できない状況などがありえます。

　「非営利の失敗」として，L. サラモンは次の4つを提示しています（Salamon [1995]）。

(1) NPOは財・サービスの提供が質・量ともに不十分。
(2) NPOは特定の人々を対象。
(3) NPOは特定の財・サービスを提供。
(4) NPOは専門的な知識に乏しい。

たとえば、このうち(2)(3)は政府にはないNPOの長所ともいえます。これらを活かすように、またNPOが「政府の失敗」を補完できるように、NPOと政府とは適切なパートナーシップ（協働）が築かれなければなりません（田中[2002]）。

企業家理論

NPOの役割は、「市場の失敗」や「政府の失敗」を補完することだけではありません。もっと積極的に、リスクをかけて新事業に乗り出したり、自らの信念を強く押し進めたりする企業家の1つの型として、NPOを位置づけることができます（James and Rose-Ackerman／田中訳［1993］、Young［1986］）。

NPOは人々の生き方にも関わっていて、財・サービスの供給に際して、独特の宗教的・イデオロギー的なメッセージを発することもあります。このとき、NPOが求めるのは利益ではなく、顧客からの信頼の獲得や会員数の増加などの「非金銭的収益」です。

さらに、NPOは、一定の利益を得ながら社会貢献を行う組織（**社会的企業**）へと発展することができます（第**6**章参照）。企業家の議論の起源はJ.シュンペーターにあります。彼は、生産過程における「新結合の遂行」こそが経済発展の原動力であると説き、企業家を支える資金市場の役割を強調しました。NPOが社会的企業へと発展するためには、NPOへ融資する金融システムの構築も欠かせません。

NPOの存在理由を説明する理論は、このほかにいくつかあります。これらは「さまざまな理論は競合的ではなく補完的」（Anheier［2005］p.131）ですから、どれか1つに固執することなく、状況に応じて判断すべきといえます。

EXERCISE ●チャレンジ課題

① 「市場の失敗」を補完するNPOの活動例をあげてみましょう。
② 「政府の失敗」を補完するNPOの活動例をあげてみましょう。
③ 「非営利の失敗」がなぜ生じるのか，それをどのように解決するかを考えてください。

ショートストーリー 1

NPOの4つの機能
オックスファムを事例に

1 NPOをめぐる理論

　第2章では，NPOがなぜ存在するのかについて，主に2つの理論を紹介しました。市場の失敗説，政府の失敗説です。章の終わりに「ほかにいくつかある」としましたが，この2つの理論が主流であり，他の理論の多くは，この2つの発展か対抗です。その理由は次のとおりです。

　市場メカニズムを基本とする資本主義の世界では，生産者も消費者も自らの利益を追求すれば良いことになっています。その意味では，出資を募って事業を実施し，利益から配当を配る，すなわち利潤分配を行う組織である営利企業は，資本主義を体現しているといえます。それなのに，なぜ，利潤分配を行うことができないNPOが存在し，序章や第1章でも説明したように西側諸国で広がっているか，その説明には，市場の失敗説，政府の失敗説がシンプルで汎用性があります。

　以下では，この2つの理論を拡充しながらNPOには4つの機能があるとする，ピーター・フラムキンの説明を紹介しましょう。

オックスファムのアドボカシー活動

　2010年5月14日午前10時，カナダのモントリオールにいた人々は自らの目を疑いました。それは，若い男女が道路に大挙し，いっせいに同じ振付で踊り始めたからです。踊る若者の数はおよそ1万人にも達しました。1万人が踊るその光景は傍から見ているととても奇妙です。彼らはなぜこのようなことをしているのでしょうか。

　この謎を解くカギは，「アドボカシー」という活動です。アドボカシーとは，声を上げることができない人々や組織に代わって代弁・発言・擁護したり，政策提言したりすることをいいます。実をいうと，若者たちが踊っていたモントリオールでは，G8サミットとG20サミットが開催されていました。若者たちはそのG8・G20サミットに参加している各国の代表に対して，以前のサミットで交わされた約束を思い出させることを目的に，アドボカシーの一環として踊っていたのです。

　このアドボカシー活動にはオックスファムというNPOが関わっていました。オックスファムは1942年にイギリスで設立された，国連憲章で協議資格を与えられた非政府組織（NGO）で，現在世界90カ国以上で活動しています。日本でも2003年にNPO法人オックスファム・ジャパンが設立されています（NPOのなかでもとくに公益性が高くて税制の優遇がされている認定NPO法人として認定されていました。認定NPO法人については第3章参照）。オックスファムでは，貧困に生きる人びとがその貧困から抜け出そうとする努力をサポートし，また貧困そのものを根本的になくそうとする活動を行っています。

 NPOの4機能

　このオックスファムが行っている活動を例に，ピーター・フラムキンが唱える「NPOの4つの機能」について説明をします（表1）。

CHART 表1 NPOの4つの機能

	需要サイド志向	供給サイド志向
手段としての存在理由	サービスの提供 必要とされるサービスの提供および政府の失敗，市場の失敗への対応	社会的起業精神 社会的起業精神の原動力の提供および商業的・慈善的目的を組み合わせた社会的企業の創造
表現としての存在理由	市民的・政治的積極的関与 政治参画，アドボカシー，地域におけるソーシャル・キャピタルの創出	価値と信念 ボランティア，スタッフ，寄付者による，仕事を通じた価値観，コミットメントと信念の表現

（出所）Frumkin［2002］より作成。

　まず1つ目の機能として，「市民的・政治的積極的関与」があります。この機能を果たしているのが，オックスファムが大勢の市民を巻き込んで行った今回のようなアドボカシー活動です。
　2つ目の機能には，「価値と信念の表現」があります。オックスファムは市民に対してボランティアや寄付を募っています。「何かしたい」「役立ちたい」という思いもつ市民は，オックスファムが募っているボランティアや寄付を通して，彼らの価値観，コミットメントや信念を表現することができます。
　さらに3つ目の機能には，「サービスの提供」があります。オックスファムでは，自然災害や戦争・内戦などの武力紛争の結果，人間としての基本的な生活が保障されない人々に対し，緊急人道支援を行うことで，政府の失敗や市場の失敗に対応しています。
　最後に4つ目の機能には，「社会的企業精神の提供」があります。オックスファムではCHANGE Initiativeという事業を展開し，日本各地の学生たちとともに，貧困のない公正な社会の実現をめざして活動をしています。CHANGE Initiativeでは，学生たちにオックスファム・ジャパンがトレーニングを行い，貧困の構造に対する理解やそれぞれの問題意識を深めてもらったり，課題解決のために必要なスキルやムーブメントのつくり方を学んでもらったりします。それによって学生は，キャンパスや地域から貧困のない公正な社会をめざして，周囲の人々を巻き込みながら活動し，地域における変化の担い手（チェンジ・リーダー）となります。この事業を通じて，多くの若者が自分自身

や周囲の人々に変化をつくってきました。団体を立ち上げ，キャンパスや地域から変化をめざして活動を始め，オックスファムのキャンペーンに数百名を呼び込んだメンバーもいます。このように，社会的企業精神をもつ人材を育成する機能がNPOにはあります。

> **By the way 1　アドボカシー**
>
> 　アドボカシーとは，声を上げることができない人々や組織に代わって代弁・発言・擁護したり，政策提言したりすることです。たとえば，第6章でも取り上げる病児保育に取り組んでいるNPO法人フローレンスは，自らが行ってきた事業のモデルが，国や自治体で制度化・法制化するように働きかけてきました。その結果，東京都の複数の区における，病児保育利用料金助成制度の実現につながりました。また，NPO法人気候ネットワークは，地球温暖化対策基本法の制定に向けた働きかけを行ってきました。

CHAPTER

第 3 章

法・制度を学ぼう

KEY WORDS

● 本章で学ぶキーワード

- □ 地縁団体
- □ 自治会
- □ 宗教法人
- □ 社会福祉法人
- □ 医療法人
- □ 学校法人
- □ 更生保護法人
- □ NPO 法人
- □ 一般社団法人
- □ 一般財団法人
- □ 認定 NPO 法人
- □ 特定非営利活動促進法（NPO 法）
- □ 公益法人制度
- □ 一般法人法
- □ 準則主義
- □ 公益認定法
- □ 公益法人
- □ 本来事業
- □ 収益事業
- □ みなし寄付金
- □ 損金算入
- □ 特定公益増進法人
- □ 所得控除
- □ 税額控除

CASE
● 「飛んでけ！車いす」の会

　(特非)「飛んでけ！車いす」の会（以下，「飛んでけ」）は，札幌を拠点として，日本で使われなくなった車いすを集め，修理をし，海外旅行をする旅行者の手荷物として，発展途上国の病院や施設に直接送り届ける活動をしています。「飛んでけ」のロゴ（図参照）では，車いす利用者を含むいろいろな国の人が丸い地球の上で両手を挙げている様子がほのぼのと描かれています。また，ホームページでは，Go! Fly! Wheelchairs として，英語でも情報発信しています。

　「飛んでけ」は1998年5月に設立され，2000年6月に法人格を取得しました。2010年7月には認定NPO法人に認定されています（期間は15年6月30日まで）。

　重い車いすを運ぶのは骨の折れる仕事です。設立当初から，車いすを集荷し，保管倉庫を提供し，海外に車いすを運ぶ際の新千歳空港までの輸送を担当しているのが，札幌通運株式会社です。この協働により，両者は2002年6月，NPOと企業が協働を通じて社会にインパクトを与える特色ある事業を表彰する第1回パートナーシップ大賞（NPO法人パートナーシップサポートセンター主催）を受賞しました。

　2005年5月に1000台目がペルーへ，11年8月2000台目がベトナムへ運ばれました。「飛んだ」車いすは2592台に達します（2016年6月末現在）。ベトナム556台，タイ307台，フィリピン220台，インドネシア106台，マレーシア100台など合計78カ国にも及びます。近年は，地震で甚大な被害を受けたネパールへの支援に尽力しています。

　「飛んでけ」はこれまで数多くの賞を受賞しています。たとえば，2008年10月，北海道新聞社より第7回「北のみらい奨励賞」，09年6月，札幌市よ

NPO法人
「飛んでけ！車いす」の会
〒064-0822
札幌市中央区北2条西28丁目2-8
電話／FAX 011-215-8824

り第1回「さっぽろ環境賞（循環型社会形成部門）」市長賞，そして15年12月，読売福祉文化賞を，それぞれ受賞しました。また，NHKをはじめ，マスコミにも多く取り上げられています。

〔参考：http://tondeke.org/〕

1 日本の主な非営利組織と団体数

主な非営利組織

　第1章冒頭のCASEでは，いろいろな非営利組織（NPO）の名前が列挙されていました。表3.1は，日本の主な非営利組織とその根拠法令や団体数などを示しています。ひと口に非営利組織といってもさまざまあることに驚かれるでしょう。表3.1のうち，数が多いのは**地縁団体**（町内会・自治会等）です。地縁団体を非営利組織に含めることには疑問もありますが，海外の専門家によって日本独特の市民組織として認識されています（Pekkanen／佐々田訳［2008］）。ペッカネンは，**自治会**は「バイタリテイあふれる」「独立した市民社会団体」であるものの，「公共領域のあり方や政策決定に影響を与える」ことのない「政策提言なきメンバー」（members without advocate）として捉えています。

　地縁団体の次に数が多いのは**宗教法人**です。第1章で述べたNPO国際比較プロジェクトでも，広い意味で宗教団体を非営利組織に含めています。宗教法人を母体とするNPO/NGOも少なくありません。表3.1の宗教法人は，礼拝の施設を備えた「単位宗教法人」を示しています。信者を合計すると約2億人（文化庁『宗教統計調査』2012年）になり，総人口を超えることがわかります。

　社会福祉法人は，保育所や高齢者施設の経営など社会福祉事業を行うことを目的とし，社会福祉法第22条により設立された法人です。設立等の認可は，厚生労働大臣もしくは地方厚生局長，都道府県知事または政令指定都市長もしくは中核市長が行います。社会福祉法人は，事業の高い公共性から，社団・財団法人等の公益法人に比べて，組織，基本資産と運用資産，事業，情報開示等

CHART 表3.1　日本の主な非営利組織と団体数

法人格	根拠法令	団体数	調査年	出所
公益法人	公益認定法	9,153	2014年4月	公益法人協会
一般法人	一般法人法	31,900	2014年4月	公益法人協会
特定非営利活動法人（NPO法人）	特定非営利活動促進法	50,882	2016年2月	内閣府
所轄庁認定・仮認定NPO法人	特定非営利活動促進法	1,029	2016年11月	内閣府
国税庁旧認定NPO法人	特定非営利活動促進法	189	2015年3月	国税庁
医療法人	医療法	47,825	2012年3月	厚生労働省
社会福祉法人	社会福祉法	19,636	2013年3月	厚生労働省
学校法人	私立学校法	7,806	2013年4月	文部科学省
更生保護法人	更正保護法	165	2012年10月	法務省
宗教法人	宗教法人法	181,855	2013年	文化庁
地縁団体		298,700	2013年	総務省
認可地縁団体		44,008	2013年	総務省

（出所）　各種資料より作成。

が厳しく規制・監督される一方，手厚い公的支援や補助があり，税制上もさまざまな優遇措置があります。民間の社会福祉施設の約7割は社会福祉法人が経営しており，福祉施設の主な担い手です。施設の約6割が児童福祉施設です（By the way ❸-4参照）。

　医療法人は，「病院，医師若しくは歯科医師が常時勤務する診療所又は介護老人保健施設」の開設を目的として設立された法人のこと（医療法第39条）であり，「医療法人は，剰余金の配当をしてはならない」（同第54条）と定められています。医療法人にはいくつかの類型があり，一定の条件を満たすと法人税が軽減されます（By the way ❸-1参照）。

　学校法人は，私立学校法第3条により，私立学校の設立を目的として設置された法人です。設立する学校種別により，文部科学大臣または都道府県知事によって認可されます。同法第1条では「この法律は，私立学校の特性にかんがみ，その自主性を重んじ，公共性を高めることによって，私立学校の健全な発

達を図ることを目的とする」とあり，また，同法第30条第3項，第51条第1項第2項で解散時の残余財産の配分が禁止されていることから，私立学校，ならびにその設立者の学校法人をNPOとみなすことができます。学校法人は，私立学校振興助成法により経常費助成を受けることができ，税制上もさまざまな優遇措置があります。

更生保護法人は，更生保護事業を営むことを目的として法務大臣の認可を受けて設立された法人です（更生保護事業法第2条第6項）。事業には，受刑者が刑期を終えた後の社会復帰を支援することなどがあります。

By the way ❸-1　医療法人制度改革

　医療法人は，個人営業の医者が法人格を取得したり，複数の人々が出資金を出し合って社団として設立することがあります。そのため，清算時の残余財産の分配や，社団から脱退する際の持分払い戻しが可能になっていました。こうしたことから完全な非営利とはいえない面があり，法人税制上も営利法人と同じ扱いを受けていました。

　2007（平成19）年度，この医療法人制度が改正され，非営利性の徹底，公益性の確立などを基本方針として，社会医療法人，財団医療法人，社団医療法人の3法人に再編することとなりました。社会医療法人は一定の公益性を確保することで，税制優遇を受けられます。従来の医療法人は財団医療法人か社団医療法人に移行するのですが，社団医療法人は出資持分を定められなくなり，解散時の残余財産は国か地方自治体，他の医療法人に帰属することになります。

　なお，出資持分を定めた社団型の医療法人は「当分の間」そのままでいいこととされていますが，2016年末現在に至っても，いつまでか決まっていません（実質無期限という説もあります）。ちなみに表3.1の医療法人数4万7825のうち4万以上が，この旧来の持分あり社団型の医療法人です。

NPO法人と公益法人

　NPO法の制定以降，NPO法人の数は増え続けてきたが，近年その数は伸び悩んでいます。代わって伸びが著しいのが，一般法人法に基づく**一般社団法人**

や**一般財団法人**です。一般法人の設立は NPO 法人よりも容易であるといわれ，今後も増え続けることが予想されます。

NPO 法人のうち，一定の条件を満たしたものが自治体によって**認定 NPO 法人**と認定されます。認定 NPO 法人に寄付した個人は，一定の条件を満たせば所得税を少なくすることができる（所得控除と税額控除のどちらかを選択できる）ため，寄付金を獲得するためには NPO 法人よりも認定 NPO 法人が有利です。

この章では，さまざまな非営利法人のうち，とくに NPO 法人と公益法人に焦点を当て，NPO 法の制定と改正，民法改正と新しい公益法人制度の創設，それらにかかる税や寄付税制を学び，市民社会を発展させるための課題を議論していきましょう。

 特定非営利活動促進法（NPO 法）とは

NPO 法の制定

特定非営利活動促進法（以下，NPO 法）は，阪神・淡路大震災（1995 年）の復興・救援に貢献したボランティアや市民団体の要望と働きかけによって誕生した法律です（1998 年施行）。法律の制定に市民団体が積極的に関わり，法案を競ったことは記憶にとどめておきたいものです。議員立法により，衆参両院とも全会一致で可決されました。

NPO 法は，特定非営利活動を行う団体に法人格を与えることで，「ボランティア活動や市民の自由な社会貢献活動としての特定非営利活動を促進し公益の増進に寄与する」（要旨）ことを目的とします（第 1 条）。NPO 法人の設立要件として，営利を目的としない，社員の資格の得喪に関して不当な条件を付けない，役員として理事 3 人以上・監事 1 人以上置く，報酬を受ける者が役員の 3 分の 1 以下などがあります。また，NPO 法人は「不特定かつ多数のものの利益の増進に寄与する」（第 2 条）ため，特定の政党や宗教団体を支援したり，暴力団に関わったりしてはなりません。

NPO法の改正

　NPO法は2012年4月に改正され，①認証にかかる制度の見直し，②所轄庁の変更，③認定特定非営利活動法人（以下，認定NPO法人）の認定基準の改定などが行われました。

　①認証にかかる制度の見直しでは，活動分野の追加（3分野），手続きの簡素化，未登記法人の認証取り消し，NPO会計基準の導入による会計の明確化，理事の代表権の範囲または制限に関する登記について行われました。

　②所轄庁の変更に関しては，複数の都道府県に事務所を所有する法人の所轄庁が，内閣府から主たる事務所の所在地の都道府県に移管され，また，1つの政令指定都市の区域のみに事務所を有する法人の所轄庁が，都道府県から政令指定都市に移管されました。

　③認定NPO法人の認定基準の改定では，認定要件の1つである「パブリック・サポート・テスト」（public support test，以下PST）について，これまでの相対値基準（収入に占める寄付金等の割合が5分の1以上）に加え，絶対値基準（年3000円以上の寄付者の数が100人以上）や条例個別指定基準が導入されました。また，PST基準を免除した特例認定制度が新たに導入され，欠格事由のない法人（設立後5年以内）が特例認定を申請する際には，PST基準が免除されることとなりました。

　特例認定に必要な要件は，設立後1年経過していること，組織・経理が適切であること，情報公開を行い，事業報告書を提出していることなどです。NPO法改正により，NPO法人が認定NPO法人となることは以前よりも容易になりましたが，法改正についてNPO法人側の認識は乏しいようです（内閣府［2013］）。

3 民法改正と新しい公益法人制度

公益法人制度の改革

　公益法人制度改革関連3法（一般法人法，公益認定法および整備法）が2008年12月1日に施行され，旧民法による**公益法人制度**が抜本的に改革されました。旧民法第34条では「祭祀，宗教，慈善，学術，技芸其他公益ニ関スル社団又ハ財団ニシテ営利ヲ目的トセサルモノハ主務官庁ノ許可ヲ得テ之ヲ法人ト為スコトヲ得」とされていました。非営利組織に公益性があるかどうか，また当該組織に法人格を付与するかどうかの判断が主務官庁の許可（自由裁量）に委ねられていたことが，市民による自発的な組織の結成を阻んできました。

一般法人と新しい公益法人

　一般法人法により，非営利団体（剰余金の分配を目的としない社団または財団）は，その行う事業にかかわらず，**準則主義**により法人格を取得できるようになりました。一般法人には3つの類型があります。非営利性が徹底された法人（残余財産の国・地方公共団体又は一定の公益団体への帰属を定款で定める等を満たす法人）と，共益的活動を目的とする法人（会員共通の利益を図る活動を行う等を満たす法人）の両者は非営利型法人であり，それ以外は特定普通法人です。
　また，**公益認定法**により，団体が公益認定基準を満たし，民間有識者からなる公益認定等委員会や都道府県の合議制機関から認定されれば，新たに**公益法人**となることができるようになりました。公益認定基準には，公益目的事業の実施を主たる目的とする，公益目的事業の収入が費用を超えないと見込まれる，公益目的事業比率が100分の50以上と見込まれる，などがあります。このように，新制度は，法人格の取得と公益性の判断が分けられ，一般法人が1階に，公益法人が2階に相当する2階建構造と考えられます。

By the way ❸-2　一般法人のダークサイド

　公益法人制度改革で新たな法人制度となった，一般社団法人・一般財団法人（あわせて一般法人）は，法務局への登記だけで設立でき，監督官庁もありません。内閣府の公益認定等委員会の一人が「究極の結社の自由だ」と語ったこともありますし，（公財）公益法人協会の太田達男理事長は「法人のるつぼ」と呼んでいます。営利企業，公益法人，NPO法人でも不祥事を起こしますし，そもそも法人としての存在理由に疑問を感じる組織があります。「究極の結社の自由」である一般法人はどうでしょうか。

　現在，問題視されているのは，一般法人を設立して財産を移し，子々孫々がその法人の理事を務めることで，相続税を回避するのではないかということです。税理士向けの情報誌『旬刊速報税理』（ぎょうせい刊）2012年8月21日号は，その名もズバリ「総特集号　Q&A 一般社団・財団法人，信託の賢い利用と周辺の税務」です。一般法人を設立することで節税をするためのノウハウが記事になっており，なかには「資産家は一家に一社の一般社団法人」という見出しの記事まで並んでいます。NHKの『クローズアップ現代』でもこうした資産家が節税目的で一般非営利法人を設立するという現象を問題視した特集を放映しました（2014年5月27日放映）。

　ほかに筆者らが聞くのは，一般法人といえどもある程度の法人税などが課税されることを知ってか知らずか設立し，税務署から申告の通知がきて慌てふためき，場合によっては解散してしまう，というパターンです。なかには自治体等から助成金を受けながら結果を果たさずに解散して雲隠れ……という事例もあるそうで，こうなると悪意を感じます。

　もちろん，どのような法人制度でも悪用する事例はあり，制度的・社会的にどう対応していくかは問われます。たとえば上記の相続対策の租税回避については，現行税法でも想定して課税対象となる部分もあります。それでも不十分であれば今後の改正として，ドイツが行っている，一家あるいは一族の利益のために設立された「家族財団」には30年ごとに相続税を課すという制度などが，参考になるでしょう（渋谷［2004］）。

　また助成金を受け取って逃げるケースは，一般非営利法人に限ったことではありませんから，助成金の審査や交付の段階で厳しくチェックし，追跡することも求められます。

ごく一部の不正義のために全体の印象が悪くなるのは，どこにでもあることかもしれません。問題視される法人がある一方で，一般法人の多くが家産保全等の私益追求の道具ということでなく，学術団体など公益性も備えながら法人格は一般法人となっている組織も少なからずありますし，一般法人の多くは共益集団なのです。

〔参考文献〕

　渋谷雅弘［2004］「ドイツにおける相続税・贈与税の現状」『日税研論集』56号，155〜185頁。

By the way ❸-3　準則主義

　法人を設立する場合，行政の許認可等が必要な場合と，法律に則って手続きを行えば設立できる場合があります。後者の場合，法律の規定に則っていれば良く，行政の裁量の余地はありません。これを準則主義といいます。

　なお法人の設立における許可とは，その法人を設立して良いかどうかを行政の裁量によって決めることです。認可とは，法律の要件を満たせば行政は必ず認めるもので，許可より緩やかといえますが，どちらも行政の許認可なしには設立できません。

　NPO法人（特定非営利活動法人）の設立は「認証」が必要で，これは認可と準則主義の中間に位置し，法律の要件を満たすか確認することです。ただ行政側は「限りなく準則主義に近い」と感じ，NPO側は「限りなく許認可に近い」と感じているようです。

　旧公益法人（社団法人，財団法人）は許可制，学校法人や社会福祉法人は認可制，NPO法人は上述の認証性，一般法人（一般社団法人，一般財団法人）は準則主義です。公益社団法人・公益財団法人が求められる公益認定とは，公益性について行政が確認することです。

4. NPO法人と公益法人にかかる税

NPO法人に対する税

　NPO法人の活動と税について，NPO法では，特定非営利活動は**本来事業**として非課税（原則）とされ，その他の活動は**収益事業**として課税されます。しかし，課税・非課税はNPO法ではなく，税法によって規定されるため，特定非営利活動であっても収益事業として課税されることがあります。この点がNPO経営者の不満の種となっています。

　たとえば，福祉分野で介護サービス事業を行うNPO法人にとって，この事業は特定非営利活動で非課税のはずです。しかし，この事業は法人税法では収益事業に該当するため，利益（収入－支出）が課税されます。ところが，同様の事業を行う社会福祉法人は非課税です。

　また，芸術・文化分野のNPO法人にとって音楽や演劇の公演は特定非営利活動であり，公演から得た利益は非課税のはずです。しかし，この事業は法人税法では収益事業に該当するため，利益が出れば課税されます（第**8**章第3節「税務処理」の項参照）。ところが，芸術・文化分野の公益財団・社団は非課税です。こうした法人格の違いによって法人税の課税非課税が異なるのは，健全な市民社会の発展のために望ましくないと考えられます。

公益法人に対する税

　公益法人については，公益目的事業と認定された事業については，仮にそれが法人税法の収益事業に該当するものであっても非課税です。さらに，収益事業の所得を公益目的事業に繰り入れる場合（**みなし寄付金**）は，所得金額の50％まで**損金算入**が認められます。

　また，公益法人は**特定公益増進法人**として扱われるので，公益法人へ寄付した個人は寄付額を所得控除できます。ただし，個人が寄付額を税額控除するためには，公益法人もPST基準等を満たさなければなりません。

⑤ 寄付税制の仕組み

　個人が認定NPO法人へ寄付する場合，①所得控除と税額控除のどちらかを選択することにより所得税を少なくすることができ，②相続人が遺産を認定NPO法人へ寄付するときには相続税が非課税となります。

所得控除と税額控除

　所得税の軽減額は，**所得控除は寄付額×(限界)所得税率**，**税額控除は寄付額×40%** です。税額控除は，住民税の軽減10%とあわせると，寄付額の50%にまで及びます。実際に計算してみよう。

　所得控除は寄付金を課税所得から控除できる仕組みです。たとえば，(限界)所得税率10%のTさんが認定NPO法人へ10万円寄付するとしましょう(下限2000円を無視します)。

　所得税の軽減額は，

　　　寄付額×税率＝10万×10%＝1万

となり，実際の寄付額は，10万－1万＝9万で済みます。

　これに対して，税額控除は，(寄付金額－2000円)×40%を所得税額から控除できる仕組みです。たとえば，(限界)所得税率10%のTさんが認定NPO法人へ10万円寄付するとしましょう(下限2000円を無視します)。

　所得税の軽減額は，

　　　寄付額×40%＝10万×40%＝4万円

となり，実際の寄付額は，10万－4万＝6万で済むことになります。

所得控除と税額控除の税額の差

　それではどちらがどれだけ税額が少なくなるでしょうか。

　所得控除は所得税額が1万円少なくなり，税額控除は所得税額が4万円少なくなることから，

　　　4万円－1万円＝3万円

図 3.1　所得控除と税額控除

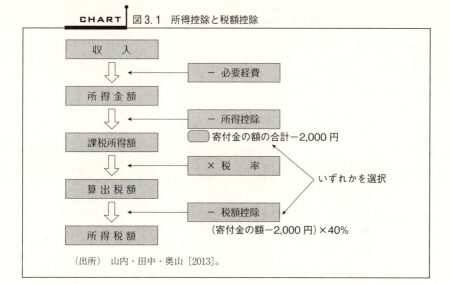

(出所)　山内・田中・奥山 [2013]。

となり，所得税額は，税額控除が所得控除より 3 万円少なくなります。つまり，税額控除を選択したほうが所得税をより少なくすることができるといえます。

また，認定 NPO 法人と同様に，PST 要件を満たす公益法人へ個人が寄付すると，税額控除または所得控除のいずれかを選択して控除を受けることができます。ただ，公益法人は，すでに公益認定等委員会によって公益性が認められ，税法によって特定公益増進法人とされていますので，さらに PST 要件を課すのは屋上屋を架すことに等しく，負担が重いと考えられます。

非営利法人制度の課題

NPO 法人の立地

　NPO 法人の立地には，地域的な偏在と集中がみられます。NPO 法人全体の約 2 割が東京都にあり，神奈川県，京都府，大阪府などの都心部に集中しています。人口 1000 人当たりでみると，東京都は NPO 法人数が 0.7 法人であり，全国で最も多くなっています (図 3.2)。このように，NPO 法人の分布には地

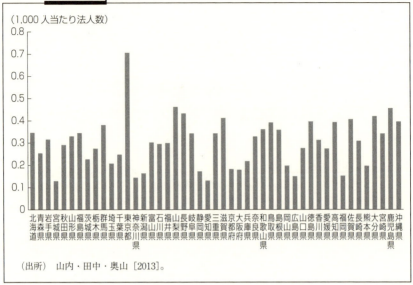

図3.2 人口1000人当たりNPO法人数

(出所) 山内・田中・奥山 [2013]。

域差があり，地域によってNPO法人が果たす役割も大きく異なると考えられます。

公益法人改革の利点とNPOの認知度

新公益法人制度に対して，当事者の団体はどのように意識しているのでしょうか。公益法人協会による会員団体へのアンケート調査（2012年，回答法人3441法人）によると，一般法人の選択理由（複数回答）は，「一般法人のほうが運営が比較的自由」（52.3％），「目的・事業から見て一般法人のほうが適している」（45.7％），「公益認定申請や移行後の事務負担が過大」（33.2％）でした（山内・田中・奥山 [2013]）。アンケート結果を見ると，公益法人改革が市民による公益活動の発展にどこまで貢献できたのか，疑問も残ります。

インターネットによるアンケート調査（2011年12月，株式会社インテージ実施，$n=5110$）によると，「あなたがNPO（非営利組織）だと思うもの」を15のNPOから選ぶ（複数回答）問いに対して，全体では，認定NPO法人41.0％，NPO法人40.6％，ボランティア団体36.6％，市民活動団体28.4％の順でした（図3.3）。他方，社会福祉法人7.7％，社団法人7.0％，財団法人6.7％，学校法

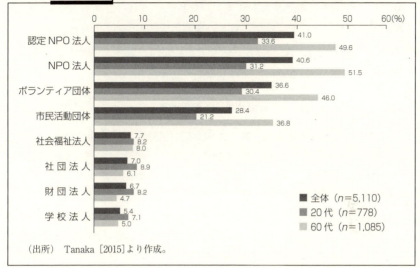

図3.3 NPOの認知度（NPOだと思う団体・組織）

(出所) Tanaka [2015] より作成。

人5.4％と10％にも満たず，旧来のNPOの認知度がとくに低いことが明らかとなりました。また，「わからない・ひとつもない」が39.7％もありました。

さらに，NPOの認知度は若い人ほど低くなっています。回答者のうち10代（$n=342$）と20代（$n=778$）は，それぞれ，認定NPO法人33.4％と33.6％，NPO法人27.8％と31.2％，ボランティア団体32.2％と30.4％，市民活動団体21.7％と21.2％でした。「わからない・ひとつもない」は，それぞれ50.2％と48.6％と，約半数がNPOを知らないと回答しました。

これに対して，60代（$n=1085$）は，認定NPO法人49.6％，特定非営利活動法人（NPO法人）51.5％，ボランティア団体46.0％，市民活動団体36.8％と，年齢が高くなるほどNPOの認知度が高まることがわかります。

NPOをめぐる改善すべき課題

2014年の衆議院選挙において，政党の公約やマニフェストではNPO関連項目はほとんど見られませんでした。これは，NPOに対する期待が薄れたからではなく，NPO自身の要望によるNPO支援の法制度・税制度が一応整ったからではないかと考えられます。NPOが「政府の失敗」や「市場の失敗」にどこまで対応できるのか，今後はその成果が問われるでしょう。

もちろん改善すべき課題はあります。たとえば，NPO 法人と社会福祉法人の税制不平等の解消など，首尾一貫した税制の構築が求められます。さらに，公益法人や NPO 法人，社会福祉法人など，わが国に数多く存在する非営利法人制度の統合についても議論しなければなりません。

By the way ❸-4　社会福祉法人制度改革

　2017（平成29）年より，福祉サービス供給体制の整備充実をめざし，社会福祉法人制度が変わります。大きく２つの目的があり，１つは経営組織のガバナンス強化，もう１つが福祉人材の確保の推進です。NPO として見る場合は，前者が注目されます。同族経営で理事が法人を私物化して不祥事を起こす事件が見られたため，そうしたことを防ごうという側面があります。

　具体的には，理事等を選任・解任する評議員会の設置，親族等を理事に選ぶことの制限，一定規模の法人には会計監査人を導入，さらに財務諸表等を公表することなどが定められています。簡単にいえば，公益法人制度改革で新しくなった公益財団法人に準じた法人制度になります。

EXERCISE ●チャレンジ課題

① 　日本相撲協会がなかなか公益財団になれなかったのは，なぜでしょうか。考えてみてください。
② 　神奈川フィルハーモニー管弦楽団がなかなか公益財団になれなかったのは，なぜでしょうか。考えてみてください。
③ 　所得税の（限界）税率 10％の X さんが認定 NPO 法人へ 3 万円寄付するとき，ⓐ所得控除の場合の実質寄付額，ⓑ税額控除（寄付額の 40％）の場合の実質寄付額，をそれぞれ求め，ⓒ所得控除と税額控除とを比べて，どちらがどれだけ税額が少ないかを計算してください。寄付額の下限と上限は無視していいです。
④ 　NPO 法人・公益法人の経営を持続させるために，どのような社会的支援が必要でしょうか。考えてみてください。

CHAPTER

第4章

行政との関わりを考えよう

KEY WORDS

● 本章で学ぶキーワード

- □ 新しい公共
- □ 行政機関
- □ 請 負
- □ パートナーシップ
- □ PPP
- □ 公民連携
- □ 官民連帯
- □ PFI
- □ NPM
- □ VFM
- □ アウトカム
- □ ソーシャル・インパクト
- □ 指定管理者制度
- □ 公の施設
- □ 協 働
- □ 市民協働条例
- □ 市民参加条例
- □ 自治基本条例

CASE
●新潟絵屋

　（特非）新潟絵屋は一言でいうとNPO画廊です。画廊というのは営利で開設されるのが通例ですが，それでは「売れる絵」を扱うのが中心になり，あとは場所貸しで賃借料を払う人の絵を並べることになります。

　新潟絵屋は会員制度によって会費・寄付金を集めることで，自由に構想できる企画展を開催し，人々に美術品に触れてもらうことを目的としています。もちろん作品販売も行います。

　新潟在住の美術評論家，建築家，デザイナーなどが集まり，2000（平成12）年に大正時代の町屋（新潟では町家を町屋と書きます）を借り，活動を始めました。2005（平成17）年に特定非営利活動法人格を取得しています。

　さて，この章で新潟絵屋を紹介するのは，このNPOが指定管理者として新潟市の施設を運営しており，その運営方法がユニークだからです。

　新潟絵屋が指定管理を受託している新潟市の施設は，旧日本銀行新潟支店長役宅で，通称「砂丘館」と呼ばれています。この役宅は1933（昭和8）年に建てられたもので，戦前の日銀支店長役宅で現存するのは，この新潟支店のほかには福島支店だけです（福島のものも「御倉邸」として保存利用されています）。中廊下・縁側に挟まれていくつも座敷が配置されるという少し変わった間取りで，一説には「商談にきた来訪者同士が顔を合わさずに行き来できるようにした」ともいわれています。

　1999年に日銀が手放すことになったさい，市民の間で保存運動が起こり，新潟市が取得しました。この保存運動には新潟絵屋の主立ったメンバーも参加していました。その後，新潟市の施設として公開されていましたが，2005年から指定管理者として，新潟絵屋とビル管理会社の共同企業体（いわゆるJV＝joint venture）が受託し，今日まで継続しています。

　ユニークなのは，ビル管理会社とNPO画廊がJVとなることで，施設のメンテナンスや事務的な業務はビル管理会社が担当し，施設を活かした展示やイベントをNPOが企画運営していることです。

　絵画の展示，彫刻の展示といった画廊のような企画や，三味線の演奏会，日本舞踊の解説会，神楽実演といった伝統的な催し，各種のワークショップ

など，さまざまな催事を実行しています。また，貸室として市民の利用にも供しており，冬季以外は利用者が絶えません。

また，この砂丘館が立地する一帯は歩いて回れる範囲に7つの文化施設があり，それらの連携企画なども砂丘館（新潟絵屋）が中心になって行っています。行政との関係でいえば，形式上は一施設の指定管理者の片割れにすぎませんが，実態としては，新潟市の文化的な政策にコミットすることが多く，新潟市が新潟絵屋の企画力に依存する面も見られます。実質的なパートナーシップといえます。新潟絵屋は企業と協働し，行政のパートナーとなっているのです。

〔参考：新潟絵屋ウェブサイト（http://niigata-eya.jp/），砂丘館ウェブサイト（http://www.sakyukan.jp/）〕。

1 市民が担う公共

「公共」という言葉で思い浮かぶのは，どういうものでしょうか。公共施設，公共団体，公共料金，公共事業……，どれも行政（役所）に関係しているイメージがあるのではないでしょうか。しかし，これらの公共○○がすべて行政，すなわち政府部門の管轄ではありません。

日本語で「公」の対置概念は「私」であり，並行した対置概念が「官」「民」です。公，公共に携わるのは政府部門の領域が広いとはいえ，すべてではありません。本書のテーマであるNPOが担当する分野もありますし，営利企業が担当する事業もあります（電気ガスなどの「公」益事業）。

公共部門のなかで民がカバーする部分を広げようというのが後述するPPP（public private partnership）であり，民主党政権期（2009年9月～12年12月）に唱えられた「新しい公共」です。そもそもNPO法人にせよ，公益法人にせよ，根拠となる法律は民法ですし，公益信託を預かり運用するのは営利企業である銀行です。公といえば官という固定観念は捨てたほうがいいでしょう。

ちなみに英語でもpublic = governmentとは限りません。たとえば，イギリ

スのパブリック・スクールは私立学校であって，公立を意味するのではありません。元来は家庭教師を雇って私的に教育できない家庭の子弟を集めて教育するために始まった学校なので，パブリックと冠されています。

さて，民間，あるいは市民が担う公共について確立しようとしたのが，先にも述べた2009（平成21）年に成立した民主党政権の「新しい公共」です。10月の国会で，当時の鳩山由起夫総理は所信表明演説のなかで，次のように述べています。

「私が目指したいのは，人と人が支え合い，役に立ち合う『新しい公共』の概念です。『新しい公共』とは，人を支えるという役割を，『官』と言われる人たちだけが担うのではなく，教育や子育て，街づくり，防犯や防災，医療や福祉などに地域でかかわっておられる方々一人ひとりにも参加していただき，それを社会全体として応援しようという新しい価値観です。

国民生活の現場において，実は政治の役割は，それほど大きくないのかもしれません。政治ができることは，市民の皆さんやNPOが活発な活動を始めたときに，それを邪魔するような余分な規制，役所の仕事と予算を増やすためだけの規制を取り払うことだけかもしれません。しかし，そうやって市民やNPOの活動を側面から支援していくことこそが，21世紀の政治の役割だと私は考えています」(http://www.kantei.go.jp/jp/hatoyama/statement/200910/26syosin.html，2017年2月28日閲覧)。

ここに記されているように，従来は政府部門が供給していたサービスを，市民やNPOの活動によって担うことをめざそうとしていました。この展望の実現に向け，「新しい公共」円卓会議が設置され，8回の会議を経て2010年6月に取りまとめられました。その結果，NPOへの寄付税制の充実など金融面の支援，NPOや大学・企業が連携した人材育成などの提案と制度化が発表されました。この円卓会議には，第6章で取り上げるフローレンスの駒崎弘樹や，同章で取り上げる社会的起業家も参加しています。

この「新しい公共」の実現については，他の政治的要素がいろいろあり，マスコミ等では，あまり大きく取り上げられなかったようです。当時の最大の政治的問題は沖縄の普天間基地の移転問題で，鳩山総理は「最低でも県外」と明言していましたが，2010年5月にそれを撤回しています。総理の座は鳩山か

ら菅直人へ移ったものの,「新しい公共」の取りまとめの翌月, 2010年7月の参院選では過半数を失い, 党内の派閥争いの激化, 尖閣諸島中国漁船衝突事件 (2010年9月), 翌11年3月には東日本大震災が起こりました。こうした社会情勢の下,「新しい公共」理念に基づく実際にどのような施策によって, 市民やNPOが公共を担うようになったのか, わかりにくくなっています。

ただ, ショートストーリー3でも説明するように, 東日本大震災の救援・復旧では, NPOが大きな役割を果たしており,「新しい公共」との関係を問わずとも, すでに「市民による公共」が日本に根づいているともいえるでしょう。

 行政とのパートナーシップ

行政機関による公的な業務

再論しますが,「公」(オオヤケ) という日本語は, 本来「大きな宅」(ヤケ) を指す言葉で, 歴史的には, イエであったり, ムラであったり, クニであったり, ある集団の全体と代表とを意味していました。たとえば教育勅語では公益という用語が天皇のため, 国家のため, という文脈で使われています。これは大日本帝国という集団全体のことと, その代表である天皇のことを「公」としているからです。

一般に, この公に属することを業務として遂行する組織が**行政機関**と呼ばれます。政府ともいいますが,「政府」という言葉は立法機能も含むこともあり, 以下で紹介するのは主として公的な業務の遂行を行う主体ですので, 行政という用語を用います。いわゆる「役所」のことです。

公的な業務, いわば「みんなのための仕事」は役所が担うとはいえ, 道路の清掃を実際に公務員が行っているわけではありません。実際の業務のほとんどは民間企業に発注されています。

たとえば公共施設の建設工事を民間企業に発注するなど, 公共工事を民間企業が請け負いますし, 上述の道路清掃なども民間企業に委託します。「**請負**」は, 委託した業務の完成が目的であり, 結果に責任があります。完成しなけれ

ば代金は支払われませんし，何か欠陥が見つかれば修正するなり損害賠償をしなければなりません（法的な用語では「瑕疵担保責任」といいます）。請負について日本の建設業界では「請負（ウケオイ）と書いて，ウケマケと読む」といわれているように，発注者側が無理をいっても受注者側は完成させて責任を取らなければならない弱い立場です。

日本の行政は「お上」と呼ばれるように，民間部門より偉い存在，という通念があったこともありますが，仕事を発注した側は，満足な結果でなければ代金を支払いませんから，支払いを受ける側はどうしても発注者側におもねることになります。

パートナーシップ

それに対し，対等な立場で一緒に業務を遂行しようという考え方が，「パートナーシップ」です。日本ではパートナーシップという言葉は，1970年代に主として外交関係で使い始めたようです。その後，1990年前後からアメリカの都市開発における官民共同の事例紹介で用いられ，そのなかにはNPOも登場します（田中 [1990]）。1990年代を通じ，都市開発以外の分野でも官民や産官学の共同事業をパートナーシップと呼ぶ事例が増え，次第に定着しました。

公的な分野で官と民が上下関係から対等な関係へと変わってきたのは，時代の変化によります。明治以降の先進国へのキャッチアップ，戦後の復興というなかでは政府部門が権限を発揮しなければならない場面はいろいろとありましたが，経済発展を経て社会が成熟し，複雑化してくると，行政がすべての公的問題に対応しきれなくなります。とくに地方自治体では，行政職員に高度な専門性を求めず，広くさまざまな分野で対応できるよう訓練する傾向にあります。スペシャリストではなくジェネラリストであることを望むからです。そのため，行政だけでは対応できないことが増えているのです。

他方，民間部門は経験知識の蓄積と高度専門化により，さまざまな問題解決能力を身につけてきました。そうなると，専門的な知見や技術を必要とする分野については，行政内部では対応せず，外部の民間企業や研究機関に依頼することになります。教えを請うのですから，代金を支払う側が頭を下げるべきという状況も発生してきます。

また，さまざまな分野で行政上の施策を遂行するうえで，計画立案の早い段階から住民の参加を求め，協働で実施していくという方法も広がっています（この参加と協働については第5節で説明します）。こういう場合に，行政と住民だけでなく，たとえば工事を伴うのであれば設計業者も交えてとか，企業も入って共同で進めていくことも増え，ここでもパートナーシップという呼び方が使われるようになっています。

　ただ，行政から見ると営利企業というのは利潤追求体ですから，貴重な税金を支払う以上，代金に見合った内容の結果を出すか，監視しなければならない対象です。つまり「利潤を上げるために手を抜くのではないか」と不信感をもたなければならない相手です。その点，NPOは非営利組織ですから，利潤を追求せず，対価に見合った結果を出してくれると期待できます。そのため，行政にとってのパートナーシップの相手としては，NPOは望ましい存在となっています。

　行政が民間とパートナーシップを結ぶようになったのには，財政上の問題も大きい理由でした。多くの先進国では財政赤字が積み上がり，公共性の高い事業やサービスであっても，すべてを税金でまかなうのが困難になり，営利企業をはじめとする効率的な行動を旨とする組織に頼らざるをえなくなったのです。その動きが，次に説明するPPPと呼ばれる政策です。

3　PPPとは

　PPPは，NPO論でよく使われる概念です。先にも記したように，public private partnershipの略で，**公民連携**，**官民連帯**と訳されることもあります（本章冒頭で説明したように，訳として前者は間違いではないのですが，意味合いとしては後者が正しいといえます）。

　PPPは，1997年にイギリスのブレア政権が提唱した政策で，公的サービスの提供は公共部門すなわち行政が行うだけでなく，民間のほうが効率的に行える部分は官民で協定を結び，双方に利益をもたらすようにしようとする制度のことです。このPPPの手法の1つとして，民間資金で公の施設等を建設・運

営する PFI（private finance initiative）があります。

　歴史的には，PPP よりも PFI のほうが先に誕生しています。イギリスやアメリカは 1970 年代末から巨額の財政赤字に陥りました。その赤字対策として 1980 年代半ばから，英米，ニュージーランドなどのアングロサクソン系先進国で行政部門に大幅な民間経営感覚を導入しました。この考え方は，NPM（new public management）と呼ばれています。NPM の一環として，PFI 方式での公の施設建設などが始まりました。ただしそれ以前から，発展途上国において，日本や欧米諸国のゼネコン等が橋梁等のインフラストラクチャーを建設し，利用料収入で運営し，建設費用に見合う収益をあげた後，現地政府に譲渡するという現象はあったそうです（NPM の基本や経緯，日本での導入の状況については，大住［2003］，大住ほか［2003］参照）。

　整理すると，NPM を取り入れ，民間でできることは民間で，行政の守備範囲と考えられてきた部分でも，民間に任せられれば任せ，協力できれば協力する，という「小さな政府」路線のなかで，まず公の施設の建設と運営を民間に任せる PFI が始まり，さらに広い範囲の業務で長期的に協力しようというのが PPP なのです。概念としては，PFI は PPP の 1 つということができます。なお第 6 章で解説する社会的起業家も，この「小さな政府」路線を担うために提唱されました。

　PFI 以外の PPP の具体的な形態としては，指定管理者制度，市場化テスト，公設民営方式，その他各種行政業務の民間委託があります。日本では 1999 年に通称 PFI 法（民間資金等の活用による公共施設等の整備の促進に関する法律）が成立し，PPP が始まりました。前節で書いたように，公共工事などを民間企業が弱い立場で請け負うことは，これまでも行われていました。それと PPP は何が違うのでしょうか。

　請負に対し PPP では，基本的に発注者と受注者すなわち官と民は，前節で解説したように，パートナーシップとして対等です。さまざまなパターンがありますが，民の側から企画提案するとか，官の企画を民が実行可能かどうか査定するということもありえます。

　PFI で重視されるのは VFM（value for money），すなわち対価に見合った価値を提供できるかです。求められるのは幅広い結果で，アウトカムとされます。

つまり，投入資源量のインプットに対する生産物のアウトプットだけでなく，波及した成果としてのアウトカムが求められるのです。たとえば文化施設の建設と運営を民間法人に委託したなら，建設費・管理委託費（インプット）と文化施設の利用者数などの結果（アウトプット）だけでなく，アウトカムとして，その文化施設を利用するために移住してくるアーティストが増えたとか，その自治体がアートで有名になったというような政策目標を達成したかどうか，が問われます。またアウトプット・アウトカムをあわせ，どれだけ社会的な影響を与えたかという観点から，ソーシャル・インパクトとして評価するという考え方もあります（塚本・金子［2016］参照）。

なお本章冒頭で紹介した民主党政権の「新しい公共」は，このPPPをベースに，市民同士の助け合いやボランティアなども含んだ，より広い概念ともいえます。ただし決定的に違うのは，NPMでは市民を顧客と捉えるのに対し，「新しい公共」あるいは市民による公共では，市民は公共サービスの供給側にも位置しています。民主党政権当時の資料等では，PPPは基本的に契約を交わすのに対し，任意や暗黙の共助も想定されていました（内閣府「新しい公共の考え方」ページ，http://www5.cao.go.jp/npc/attitude.html，2017年2月28日閲覧。また，PPPと新しい公共については，根本［2010］参照）。

4 指定管理者制度

日本でもPFI法ができた1999年当時，すでにNPO法が成立していて国内にもNPOが存在していましたが，ほとんどの団体は資金力がなく，PFIの民間側パートナーとしての事例は見られませんでした。PPPがNPOにとって現実味を帯びてきたのは，2003年に地方自治法が改正され，「指定管理者制度」が導入されてからです。

それまでの地方自治法では，自治体が住民の福利のために設置する施設は，かつて公共施設とか公益施設と呼ばれていて，自治体が直営で維持管理する以外には，自治体が出資している法人でないと委託に出せませんでした。この制約を改正し，それらの施設を「公（おおやけ）の施設」と呼ぶようになり，条例で管理者

を指定する手続きや業務内容などを定め，自治体の議会で議決すれば，「法人その他の団体」に管理を委託できるようになりました。

これを「指定管理者」と呼び，NPO法人でも任意団体でも公の施設管理を受託できるようになったのです。本章冒頭 CASE の新潟絵屋も，その事例の1つです。もちろん営利企業も参入できますし，従来から受託していた，自治体出資の公益法人も権利はそのままです。ただ，公民館や公園といった，身近で小さな公の施設も管理を委託できるようになったため，NPO法人にも広く門戸が開かれたといえます。

実際にこの制度が開始されて，多くの自治体ではNPO向けのマニュアルをつくりましたし，各地でNPOが指定管理者となりました。なかには，ある公の施設の管理が指定管理者制度になるため，それを受託することを目的に設立されたNPOもあるようです。また，NPOや営利企業向けに指定管理を受託するためのマニュアル本も何冊か出版されました。

NPOが指定管理者となった事例は，インターネットでもさまざまに紹介されています。NPOが8年にわたって指定管理者となり，低迷していた利用状況を「V字回復した」，千葉県の野田市郷土博物館もその1つです（金山[2012]）。

ただし，NPOが公の施設の指定管理者になることは，よいことばかりではありません。公の施設である以上，法令に基づいた管理運営をしなければならず，NPOの都合を優先することはできませんから，本来のミッション遂行の妨げになることも起こります。また自治体の財政難で指定管理料は年々減額されることが多く，NPOは営利企業より安価に委託できるという理由で発注されるケースも多々見られますから，もともと低額なうえに毎年減っていくとなると，何を節約すべきか悩むことになります。

さらに，指定管理に携わったNPOが，発注者の自治体担当者の顔色を窺った運営を行うようになるという事例が少なくありません。いわば「役人以上に役人臭くなる」のです。そうしないと継続的に受注できないのではないかと恐れるのです（とくに指定管理のために従業員を雇うと，その人の生活がかかってしまいます）。しかし本来，民間の柔軟さを発揮して，利用する市民のために資するというのが指定管理の趣旨ですから，「役人以上に役人臭くなる」のでは本

末転倒です。

> **By the way ❹-1　指定管理者の悲哀**
>
> 　筆者が指定管理者として関わった事例から，本来のPPPや指定管理の趣旨からみて，首を傾げたくなるエピソードを2つ紹介します。
> 　まず，経営努力に水を差す発注者という話。ある自治体の文化施設の事例です。民間企業に運営を任せる指定管理方式をとっていて，その管理者は運営に必要な指定管理料を自治体から受け取るだけでなく，自主事業で収入を得ます。ところが自治体からの指定管理料のみでは運営費が足りず，自主事業収入で赤字を埋めざるをえないのですが，そうすると，自治体からの評価が下がってしまうのです。
> 　自治体側の理屈は，指定管理料を節約することを求めているのであり，指定管理料を節約して余剰を出して自治体に返納することによって，財政に寄与すべきである，ということです。ただし指定管理料を余らせた場合，翌年度の指定管理料から前年度に余った分を減額します。これで民間法人が経営努力するでしょうか。
> 　もう1つは，民間の創意工夫を活かすという制度の趣旨を理解していないという話です。ある自治体で指定管理者を公募し，A社とB社の応募案を検討することになりました。企画内容はA社のほうがいいのですが，運営費はB社のほうが安い提案でした。するとこの自治体の担当者は，安いB社に安い価格のままA社提案の内容を実行できるかと打診したのです。
> 　B社も民間企業ですから，応じないわけにはいきません。その結果，B社に委託することになりました。ですがこの件は，公正競争を阻害するモラル違反であり，A社が訴えたとしたらどうなるかわかりません。訴えないにせよ，この事実が知られたら，この自治体の指定管理者公募に真面目に応じる民間法人は減るでしょう。

5 市民協働条例

「協働」という言葉

「協働」という言葉は第二次世界大戦前から用例はありますが，現在のように地方自治やまちづくりの分野で広く使われるようになったのは，行政学者の荒木昭次郎が「市民と行政が対等の立場に立ち，共通の課題に互いが協力し合って取り組む行為システム」（荒木［1990］3頁）として用いるようになってからです。

これは，アメリカの政治学者オストロム（Vincent Ostrom）が1977年に出版した著書で用いた「co-production」という概念を荒木が紹介したさい，訳語としてあてたものです。co-productionとは，「地域住民と自治体職員が協働して自治体政府の役割を果たしていくこと」で，それを一語で表現するために造語したのが「協働」です（荒木［1990］，6頁）。紹介者の荒木も最初から「協働」と訳したのではなく，1985年の著作では「協同生産」としています（ちなみにアメリカではその後，co-productionという概念は下火になりました。若杉［2009］参照）。

By the way ❹-2　共同，協同，協働

日本語の発音では同じ「きょうどう」ですが，この3つは意味合いが少し異なります。
たとえば『広辞苑』第5版によると，以下のように解説されています。
「共同」
　2人以上の人や2つ以上の団体が一緒に仕事をすること。
　「共同戦線をはる」「共同生活を営む」「共同経営」「共同募金」「共同トイレ」。
「協同」
　2人以上の人や2つ以上の団体が役割を分担しながら仕事をすること。
　「2社が協同して製品開発にあたる」「協同一致」「産学協同」「生活協同

組合」。

「協働」

協力して働くこと。

ただし最後の協働は本文中にも記したように，まちづくりのなかで用いる場合は，オストロムの用語を荒木昭次郎が訳したニュアンスで使われることがほとんどです。

したがって英語では，順に「joint」「cooperation」「co-production」となり，徐々に協力内容に具体性を伴わせることになります。ただし，それほど明確に使い分けられているというわけでもありません。

市民協働条例制定の背景と趣旨

21世紀に入って，各地の自治体が**市民協働条例**を制定する流れになっています。以下では，その背景と趣旨について説明します。

自治体の政策や事業の立案に住民も参加するという制度は，まちづくりの分野で始まりました。1980（昭和55）年に都市計画法が改正され，ミニ都市計画ともいうべき地区計画制度が導入された時期に，住民が地区計画等の作成に参加する仕組みが，東京都世田谷区や神戸市で始められました。その後，1992（平成4）年に市町村は都市計画マスタープランをつくるよう義務づけられ，その作成には「あらかじめ，公聴会の開催等住民の意見を反映させるために必要な措置を講ずるものとする」と定められました（都市計画法第18条の2第2項）。このときに，単に公聴会などの開催にとどまらず，立案段階から住民参加で計画を立てる自治体が増えるようになりました（まちづくりの変遷については，石原・西村編［2010］第3章）。

その後，「NPO元年」の1995（平成7）年前後から日本でも市民活動が知られるようになり，98年のNPO法成立，99年の地方分権拡大といった時代変化のなかで，自治体のさまざまな施策や事業に住民が参加し，官民協働で実施することが増えました。そのためには自治体の条例によって，趣旨や範囲を定めなければなりません。そこで各地で作成されたのが，**市民参加条例**，**市民協働条例**，**自治基本条例**などと呼ばれる諸条例です。

また1999年には国土交通省が河川を管理していくうえで，関係自治体や住民との緊密な連携・協調が必要として「パートナーシップによる河川管理に関する提言」を公表しています（http://www.mlit.go.jp/river/shinngikai_blog/past_shinngikai/shinngikai/kondankai/kankyou/index.html，2017年2月28日閲覧）。前述の都市計画と同様，国家高権の象徴であった建設部門でも，参加と協働，パートナーシップが必要と認められるようになってきたのです（「国家高権」とは，全国的な公平性を保つために権限を国だけがもつことです）。その変化の根底には，市民活動やNPOが広く知られるようになったことがあったといえるでしょう。

大阪大学の調査によれば，2011年度末現在で全国の3割の自治体に市民参加・協働条例が整備されているとなっています（グリーンアクセスプロジェクト，http://greenaccess.law.osaka-u.ac.jp/。2017年2月28日閲覧。その後の調査も含めた全国の条例がデータベース化されています）。条例の内容はさまざまで，理念を定めるもの，パブリック・コメントや委員会への参加手続きを定めるもの，環境やまちづくりといった個別の分野での協働を定めるものなどがありますが，本書のテーマとの関連では，NPO・市民活動への支援，NPO支援と協働のあり方を定めたものなどがあります（大久保［2004］参照）。

参加と協働の課題

公共に関わる物事を決め実行することを行政に委ねるのでなく，市民自らも頭を使い汗を流す，という姿勢は，一言でいえば「成熟した市民社会」になったということだといえます。ただ，参加と協働がそのまま理想的なあり方であるとは言い切れません。仕事や病気で参加できない人の声はどうすればいいのか。また市民参加は参加者が増えるほど，何かを決めるまで時間がかかりますし，「わからない・まとまらない・エゴになる」という状況に陥りがちです。第7章で説明する集団浅慮という落とし穴にも嵌まりやすいのです。行政へクレームを言い募る場に終始したり，官民とも不幸な気分を抱いて終わることも見かけます。

あるいは，行政から市民への押しつけになってしまったり，NPOや営利企業の利権誘導の場になったり，行政がNPOや市民団体を都合よく下働きさせるような場面も見受けます。「NPOだからボランティアでやって」と無償労働

を強いることもあるようです。

　とくに地方では，行政職員とNPO職員，市民活動家が互いに知り合いであることも多く，第三者から見ると，言うべきことを遠慮していたり，馴れ合っていたり，不健全な印象を受けることもあります。

　官と民が協働して，1＋1が2ではなく，3や4になる結果を出すためには，条例で仕組みを整えるだけでなく，両者をうまく結びつけるコーディネーターを演じられる人間が必要です。NPOにはそうした役割も求められています。

EXERCISE ●チャレンジ課題

① NPOと行政がパートナーシップ事業を行っている事例を調べてみましょう。NPOサポートセンターで紹介してもらえます。

② あなたが住んでいる自治体（市町村や都道府県）に市民協働条例が定められているか，調べてみましょう。他の自治体の条例と比べ，違いや独自性があるかも確認しましょう。

③ 行政から「NPOだから無償ボランティアでやって」と頼まれることに関して，行政側，NPO側，そして地域社会にとってのメリットとデメリットを考えてみましょう。

SHORTSTORY 2

ソーシャル・キャピタルとは

1 パットナムによる提唱

　ソーシャル・キャピタルとは，人と人とのつながり（ネットワーク），お互い様という態度（規範），信頼など，人々の協力行動を促進し，社会を円滑にする関係を指し，社会関係資本とも訳されます。ソーシャル・キャピタルの提唱者，ロバート・パットナムは，「調整された諸活動を活発にすることによって社会の効率性を改善できる，信頼，規範，ネットワークといった社会組織の特徴」（Putnam［1993］p. 167）と定義しています。家族や友人との絆や，多様な人との橋渡し的な結びつきなど，目に見えない資本の重要性が増しています。ソーシャル・キャピタルは，子どもの学習意欲や，健康や幸福感，経済成長，地域の治安，市民社会の発展など，多様な経済的・社会的成果と関連があります。そして NPO には，地域においてソーシャル・キャピタルを創出する重要な役割があるのです。

　人と人とのつながりが，個人や地域社会に影響を与えるということは古くからいわれていましたが，ソーシャル・キャピタルという概念でそうした影響を論じたのは，上述したアメリカの政治学者，パットナムです。ソーシャル・キャピタルについて世界的に議論されるきっかけとなったパットナムの著作は2つあります。1つはイタリア社会について論じた『哲学する民主主義』（Putnam [1993])，もう 1 つはアメリカ社会を論じた『孤独なボウリング』(Putnam [2000]) です。

　前者でパットナムが対象としたのは，イタリアの南北格差です。イタリアはローマより北の地域が，ミラノなどを中心にした工業地帯で，南の地域は農業地帯です。北と南では，人々の所得格差だけでなく，汚職や犯罪の発生率も北では少なく南で多いという，南北の格差があります。21 世紀になった今でも，南部から北部へ出稼ぎに行くというのが季節の風物詩です。

　パットナムは，この南北格差が，それぞれの地域の市民の連帯性，すなわちソーシャル・キャピタルの違いに起因するのではないかと考え，統計的に実証を試みました。イタリアの 20 州について，市民共同体指数という合成変数を作成し，各州の市民共同体指数と行政の効率性とを比較したところ，ほぼ相関があるという結果を導き出したのです。この市民共同体指数とは，投票率，新聞購読率，NPO など結社の数などの指標を合成したものです。南部より北部のほうが行政のパフォーマンスが良好なのは，市民共同体指数で測られるソーシャル・キャピタルが豊かだから，というのがパットナムの結論です。

　『孤独なボウリング』で描かれているのは，アメリカの昼間のボウリング場で，1 人ぼっちで黙々とボウリングをしている老人の姿です。かつてアメリカには，地域ごと，職場ごとにボウリングのクラブがあり，クラブで集まってボウリングを楽しむ，という光景がどこでも見られました。ところが，そうした集まりは次第に廃れ，ついには，老人が 1 人で黙々とボウリングをしている，という光景になってきました。このことに象徴されるように，アメリカの地域社会では，人々のつながりが薄れてきているのだ，というのがパットナムの主張です。

　これらの研究は大きな反響を呼びました。もちろん批判も多く，たとえば，イタリアの研究については，サンプルが 20 で統計的に意味があるのか，あるいは，市民共同体指数の考え方について，批判がなされました。また，そもそも経済学で考える資本といえないという批判もあります。批判もあったものの，ソーシャル・キャピタルという概念は，地域社会を分析する手法として広がりをみせます。たとえば経済協力機構 (OECD) や世界銀行が発展途上国に支援を行う場合にも，その国のソーシャル・キャピタルを調べるようになりました。

ソーシャル・キャピタルの分類

　ソーシャル・キャピタルとは「人と人とのつながり」ですが，人間関係といっても，たとえば職場での上下関係もあれば，友だち関係もあります。地縁・血縁といった濃い関係で容易に離れられないものもあれば，趣味のクラブのように淡々とした薄いつながりもあります。ソーシャル・キャピタルを見るうえでも，人間関係の性質によって分類すべきだということはいわれています。いろいろな分類がありますが，一般的にいわれているのは，結束型（bonding）と橋渡し型（bridging）の2つです。
　結束型は，同じコミュニティに所属する人たちの結びつきで，橋渡し型は，コミュニティを越えてつながっているネットワークです。ここでいうコミュニティとは，村とか町といった地域的なものでもいえますし，会社のような組織でもあてはまります。
　冒頭で，ソーシャル・キャピタルにはネットワーク，信頼，規範という3つの要素がある，としました。ただ，この3つの要素が積み重なったものというよりも，こうした要素が見られる多面的で曖昧なもの，と考えたほうがいいでしょう。つまり，たとえばネットワークという要素に分解して観察できるのであれば，ネットワークだけ考えればいいのですが，そうではなくて，信頼とか，お互いさま，という要素も同時に考えなければならないため，総合的な概念としてソーシャル・キャピタルとしよう，ということです。

 日本における広まり

　日本でも1990年代後半には，パットナムの研究が知られていましたが，ソーシャル・キャピタルが大きく注目されるようになったのは，2003年に内閣府が，日本のソーシャル・キャピタルについて調査した報告書『ソーシャル・キャピタル：豊かな人間関係と市民活動の好循環を求めて』を公表したころか

らです（内閣府[2003]）。この報告書の意義は，日本のソーシャル・キャピタルを定量的に捉える，つまり数値で測ろうとしたところにあります。郵送アンケート，インターネット・アンケートのほか，過去のさまざまな意識調査の分析によって，3つの要素を調べています。すなわち，①近隣とのつきあいや社会的交流といった「つきあい・交流」，②相互信頼や一般的な人間信頼といった「信頼」，③社会活動への「参加」です。

　総合的なソーシャル・キャピタルがどうだったかを，都道府県別で見ると，上位5県は，島根，鳥取，宮崎，山梨，岐阜です。逆に低かったのは，奈良，東京，大阪，神奈川，高知の順です。大まかな傾向としては，大都市部とその近郊では低く，地方のほうが高い，という結果が出ました。

　次に，犯罪発生率と失業率は，ソーシャル・キャピタルと逆の相関が認められました。つまり，ソーシャル・キャピタルが豊かなほうが，犯罪も失業も少ないようです。また出生率とは正の相関があり，ソーシャル・キャピタルが豊かなほうが出生率が高いようです。同時に，ソーシャル・キャピタルが豊かな都道府県のほうが平均寿命も長い，という結果も出ています。

　内閣府の調査を，パットナムのイタリアの調査と比べてみると，大きな違いがあることに気づかされます。それは，イタリアでは，工業化が進んだ，すなわち都市化が進んだ北部のほうが市民の連帯が強く，ソーシャル・キャピタルが豊かであって，逆に農村，漁村の多い南部のほうがソーシャル・キャピタルが貧しい，ということでした。ところが日本では，大都市部とその近郊のほうがソーシャル・キャピタルが乏しく，地方部のほうがソーシャル・キャピタルが豊かだというのが，大まかな結果です。

　つまり，地縁関係がしっかりしていて，たとえば町内会や自治会が機能している地域であれば，お互いに知り合いばかりで，信頼もできるし，お互いさまの関係も機能している。内閣府の調査では，そういう姿が，ソーシャル・キャピタルとして測られたのではないか，ということが推察できます。大都市部では，隣は何をする人ぞ，ではありませんが，隣に泥棒が入っても気がつきません。隣に住む人の顔も知りませんから，宅配便も預かってもらえません。そういう都市部では，信頼も，お互いさまの関係もないでしょう。

4. 地縁とNPOの関係

そうした地縁関係とNPOとの関係を，ソーシャル・キャピタルを仲立ちに考えてみましょう。まず，地縁関係が希薄なところで，NPOが核になってソーシャル・キャピタルを築いている事例を紹介します。東京の多摩ニュータウンです。

多摩ニュータウンは1965（昭和40）年から開発された日本最大のニュータウンで，人口20万人が暮らす町です。町というには巨大で，南北5キロ，東西15キロ，4つの市にまたがり，鉄道が2本走り，駅が8つあるという地域です。入居が始まったのが1971年で，入居した人々は，子どもを育て，やがて子どもが独立し，定年を迎え，老後を過ごすようになりました。時代とともにそういう人たちが増え，ニュータウンは老人ばかり，オールドタウンと呼ばれるようになります。これは多摩ニュータウンだけでなく，日本の3大ニュータウンと呼ばれる，名古屋の高蔵寺ニュータウン，大阪の千里ニュータウンでも同じ現象が見られます。

そうしたなかで，多摩ニュータウンでは，定年退職となって多摩で一日を過ごす人たちが中心になって，（特非）フュージョン長池をつくりました。高齢者の世話だけでなく，若い世代の子育てなども手伝って，生活を支援しています。またお祭りを行ったりして，地域の活性化もめざしています。名称の長池というのは多摩ニュータウンのなかの地名ですが，正式名よりも「NPOぽんぽこ」という通称のほうが知られています。この通称はスタジオ・ジブリのアニメ『平成狸合戦ぽんぽこ』の舞台が多摩ニュータウンだったことから付けられています。隣は何をする人ぞ，の典型のように思われがちな郊外団地で，NPOをつくり，ソーシャル・キャピタルを再構築していこうとしている事例です。

地方部に残っている地縁関係をそのままNPOにした事例は少なくないのですが，有名なのは，静岡県の山奥で活動する，（特非）夢未来くんまです。

静岡県浜松市の山奥に，動物の熊という漢字一字でくんまと呼ぶ集落があります（元は天竜市でしたが，浜松市と合併しました）。夢未来くんまは，この集落

で，山の集落の食文化や自然環境，森や木の文化を守り，「村おこし」と「村の人たちの生き甲斐づくり」に取り組もうとしてつくられたNPOです。食堂を営業したり，村の農産物や食品を売ったり，高齢者に給食サービスを行ったりしながら，社会教育や都市部との交流事業を手がけています。

　こうした地縁型のNPOは，全国的に存在します。なかにはムラの全世帯が加入するように，という呼びかけをしたために反発を招いたところもあり，地縁とNPOとを両立できるというものでもなさそうです。

　最後に，地縁とNPOとのコラボレーションのような興味深い事例を紹介しておきます。新潟県上越市の，（特非）かみえちご山里ファン倶楽部です。このNPOは，上越市の西に位置する桑取という地域で活動しています。桑取は興味深い地域で，今でも古い農村のお祭りなどが残されており，有名な写真家の写真集にもなっています。御多分に漏れず過疎・高齢化が進む地域で，その伝統のある良さを継承し記録するために活動するNPOなのですが，同時に，棚田での米作りや，東京などとの交流を通じ，桑取に住みたいという人を呼びこむことも行っています。

　ところが，このNPOをつくったのは住民ではなく，いわゆる余所者なのです。桑取には上越市の水源林があるのですが，そこにゴルフ場開発の話が持ち上がり，地元が反対した結果，ゴルフ場予定地を市が買い取り，そこをグリーン・ツーリズムによって活かそうということになりました。それとあわせて桑取に，宿泊などに使える温泉施設が建てられました。ここで3人のキー・パーソンが登場します。その温泉施設に迎えられた支配人，政策を実施した，霞ヶ関から出向してきていた当時の副市長，そして，新潟県内の出身で東京で商業施設デザインを行ったあと，上越で林業に携わっていた人物です。

　この3人が相談し，桑取の伝統を守り伝えるだけでなく，グリーン・ツーリズムや，都市部との交流事業も手掛けるために，NPO法人がつくられました。理事のほとんどは地元の人たちです。いわば結束型と橋渡し型の組み合わさった形のネットワークがつくられているのです。

　市からの受託事業などもありますが，おおむね順調に運営が進められており，今では8人のスタッフが勤めています。そのほとんどが首都圏など都市部からやってきた若者で，なかにはここで結婚し，子育てをしている人もいます。も

っとも，このNPOで働いても，桑取に住むまではなかなか決心できず，一山越えた上越市の市街地から通っている人もいるそうです。やはり濃い結束のなかには入りづらいのかもしれません。

CHAPTER

第 5 章

企業との関係を知ろう

KEY WORDS

● 本章で学ぶキーワード

- ☐ 対峙型
- ☐ 支援型
- ☐ 連携型
- ☐ アドボカシー・協働型
- ☐ 企業の社会的責任（CSR）
- ☐ アカウンタビリティ
- ☐ マルチ・ステークホルダー・プロセス
- ☐ 企業の人権尊重
- ☐ 慈善の段階
- ☐ フィランソロピー
- ☐ プロボノ
- ☐ 取引の段階
- ☐ トランザクション
- ☐ コーズ・リレーテッド・マーケティング
- ☐ スポンサーシップ
- ☐ 統合の段階
- ☐ インテグレーティブ
- ☐ BOP ビジネス
- ☐ ミレニアム開発目標

CASE
● シティ・イヤーとティンバーランド社の連携

　シティ・イヤー（City Year）というアメリカの教育 NPO は，日本でもおなじみのカジュアル用品のメーカー，ティンバーランド社と 25 年にも及ぶ提携関係を続けています（Austin [2000]）。シティ・イヤーは，ハーバード大学の学生 2 人が始めた NPO で，主に貧困地域の子どもたちに教育支援を行っています。現在は全米だけでなく，イギリスのロンドンと南アフリカのヨハネスブルグにもオフィスを構え，活動を行っています。

　この両者の連携のきっかけは，1989 年のある日，シティ・イヤーの職員からティンバーランド（以下，テ社）にかかってきた一本の電話でした。その職員は，シティ・イヤーが実施するコミュニティ・サービス・プログラムで働く若者ボランティアのために 50 足のブーツの寄付をお願いしました。テ社は社会貢献の一環としてシティ・イヤーの要求に応え，すぐに 50 足を送りました。その後，シティ・イヤーの共同創設者のアラン・カーゼイが，テ社の社長兼 CEO のジェフリー・シュワルツを訪ねてきました。そこで，カーゼイは「あなたは，自分の仕事はブーツと靴を作ることで，私の仕事は世界を救うことだと思っているでしょう。もし半日，つまり 4 時間投資する気があるなら，この 2 つの仕事を 1 つにする方法をお教えしますよ」と言いました。この言葉を深く受け止めたシュワルツは，シティ・イヤーと提携することと，周りにも広げることを決心しました。

　当初は企業から NPO への寄付という一方通行の関係でしたが，お互いを知るようになると，それぞれが掲げているミッションに共通性があることに気がつきます。それは，「よりよい社会をつくりたい」ということでした。両者の関係は発展し，1993 年には，テ社は，シティ・イヤーのユニフォームの供給者となりました。1995 年に，テ社は，シティ・イヤー・ギアという新規の生産ラインを立ち上げ，売上から利益をシティ・イヤーに寄付するというパイロット事業を立ち上げました。

　ところが，双方の関係に「危機」が訪れます。1995 年にテ社の業績が悪化し，株価が下落すると，従業員のレイオフ（一時的解雇）が行われるようになりました。このような状況下で，シティ・イヤーへの相当額の寄付は見

直しを迫られました。しかしながら，テ社はシティ・イヤーへの支援を止めることはありませんでした。なぜなら，テ社にとって，コミュニティ支援はビジネス戦略の1つであり，シティ・イヤーへの支援は，その重要な部分を占めていたからです。

この危機を乗り越え，テ社とシティ・イヤーは，さらに積極的な形で提携関係を発展させました。シュワルツはシティ・イヤーの理事長になり，テ社のニューハンプシャーの事務所は，テ社の本部内に移りました。事業レベルだけでなく，テ社は，経営陣を送り込み，シティ・イヤー職員1人ひとりの指導を行い，経営や財務のノウハウなども伝授してきました（Benioff and Adler／齊藤訳［2008］）。

また，テ社は，シティ・イヤーとの協働で，社員の地域貢献活動を積極的に推進しています。テ社の従業員が地域社会に関わる平均時間は1996年には7536時間でしたが，98年には世界中のテ社の従業員を巻き込み1万9831時間になりました。そのうち，1万2000時間はシティ・イヤーとテ社が共同実施する企業サービス・デーのイベントへの参加時間でした（Austin［2000］）。このような事業を通じて，テ社の社員が以前よりも仕事を大切にするようになりました。社長兼CEOのシュワルツは，奉仕は事業の一部ということを考え続け，この言葉を毎日の仕事のなかで推し進めることで，会社を内部から大きく変え，会社自体も競争力のある強い会社になったと述べています（Benioff and Adler／齊藤訳［2008］）。シティ・イヤーとの連携がそのきっかけになったことはいうまでもありません。

テ社は，シティ・イヤーとの提携をきっかけに，ほかの団体や地域社会との提携関係も大きく広げています。

NPOと企業の連携の目的は，互いにリソースを持ち寄り，違いを力に変えて，ともに社会課題に取り組み，よりよい社会の創出をめざすことです。同時に，企業行動が社会や環境に与える負の影響を減らすためにもNPO側が企業に働きかけるアドボカシーや協働も必要です。連携やアドボカシー・協働は，それぞれの団体の内部にもさまざまなプラスの化学変化をもたらしているのです。

はじめに

　企業とNPOの関係は，時代の流れのなかで多様化しています。とくにこの20～30年の間に両者の関わり合いが増えています。本章では，外部環境の変化のなかで深化・進化する企業とNPOの関係を取り上げます。

1　進化・深化する企業とNPOの関係

　企業とNPOの関係は，従来，NPOが企業を批判や監視，また反対キャンペーンなどを展開する「対峙型」と，企業がNPOに寄付や物品の提供や，ボランティア派遣などを行う「支援型」という一方通行の関係が多く見られました。しかし，環境や貧困問題などに代表される地球規模の課題が深刻化してくるにつれて，企業とNPOが共通のビジョンをもち，互いにリソース（財源，専門性，ネットワークなど）を持ち寄って事業連携などを進める「連携型」や，NPOが企業の行動基準開発に関わるなど，企業が社会的責任を果たすために働きかけを行う「アドボカシー・協働型」が増えています。冒頭のCASEで紹介したシティ・イヤーとテ社の関係は「連携型」の事例といえるでしょう。また，その間に位置する関係も多数あります。このようにNPOと企業は関わり合いを深めています。

　NPOと企業の関係が深くなってきている理由としては，1980年代後半から地球規模課題が地球全体の持続性を脅かす共通課題として認識されてきたことがあげられます。グローバリゼーションの拡大の影で，温室効果ガスの排出や森林伐採など環境問題が進行し，また貧困を背景とした労働や人権の問題が深刻になりました。多くの企業が，生産拠点を税制上の優遇や安価な労働力を提供する国へと移すなかで，過酷な労働や児童労働，低賃金労働などの問題が顕在化しました。このようにグローバル化の負の影響が深刻になると，**企業の社会的責任（CSR）への要請が世界的に高まり，1990年代頃から，サプライチェーンにおける企業行動を監視するNPOや，企業の行動規範を作成するNPOが増えていきました。**

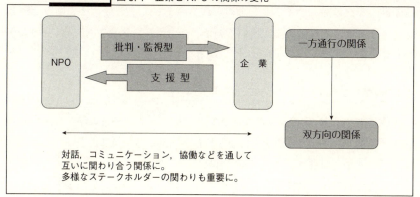

図5.1 企業とNPOの関係の変化

同時に，社会や環境の課題が，広域かつ複雑，そして深刻になっているので，かつてのように行政をはじめ，単独のセクターだけでは課題解決が難しくなっていることから，政府，NPO，市民社会など多様なセクターが連携や協力して取り組む必要性が高まっています。図5.1は，両者の関係の変化を表したイメージ図です。

CSR 要請への高まりと NPO

前節で触れたように，CSRへの関心が国際的に高まった背景にNPOの存在がありました。CSRとは，「企業が社会や環境に与える影響に対する責任」のことです。欧州委員会が打ち出したCSRの新戦略（2011〜14年）では，CSRの定義を「社会への影響に関する企業の責任」として提唱し，「以下の目的をもってステークホルダーと密接に協働しながら経営と中核的戦略に組み入れるプロセスを確立すべきである」としています（European Commission [2011]）。その目的とは，次の2つです。

(1) 企業のオーナーや株主に対して，あるいはその他のステークホルダーや社会全般のために，共有価値の創出を最大限に創造するため。

(2) 可能性がある悪影響を特定し，予防し，緩和するため。

このように，企業は社会に対するプラスの影響を最大化し，マイナスの影響

を予防，または緩和することを求められていますが，NPO はその両方を推進するうえで大きな役割を担っているのです。では，具体的に NPO はどのように企業に働きかけをしてきたのでしょうか。

「対峙型」から「アドボカシー・協働型」へ

　企業に対する NPO の具体的なアクションは，訴訟や不買運動から，企業の株主と連携したり，自らが株主になって企業内部から企業に働きかけをしたりすることまであります。また CSR に関する規格・ガイドラインなどへの参画や，社会課題解決に向けて，専門性を生かした企業との事業連携や多様なステークホルダーの取り組みを推進する動きなどさまざまな形があります。大手の NGO のなかには，対峙的なアプローチと協働的なアプローチの両方をとるところもあります。持続可能な社会の発展という共通の目的に向かい，戦略的に両方を使い分けているのです。

　1990 年代に起きたスポーツ用品メーカーの最大手であるナイキ社に対する不買運動は CSR 推進の象徴的な事例といわれています。ナイキ社は，東南アジアの下請工場での児童労働や低賃金労働の指摘を受けていましたが，当初は，取引先の問題だといって取り合いませんでした。これに人権団体や NPO が反発し，学生や消費者を巻き込む大々的な不買運動が展開されました。その結果，ナイキ社は 4 年に及ぶキャンペーンにより収益が落ち込み，企業イメージも大きく損なってしまったのです。ナイキ社は，サプライチェーンにおける企業行動規範を設け，従業員の労働環境を改善することを約束しました（功刀・野村 [2008]）。

　これをきっかけに CSR の要請が世界的に高まりました。すでに 1970 年代後半，OECD（経済協力開発機構）が「多国籍企業行動指針」（76 年）を，ILO（国際労働機関）が「多国籍企業及び社会政策に関する原則の三者（政労使）宣言」（77 年）を策定していましたが，CSR の要請を受けて，2000 年以降にそれぞれ大幅な改定を行いました。また国際連合（以下，国連）は，2000 年に当時のアナン事務総長が企業に対して提唱した「国連グローバル・コンパクト」というイニシアチブを発足させました。国連グローバル・コンパクトは「人権」「労働」「環境」「腐敗防止」の 4 分野 10 原則で構成されています。OECD 多国籍

企業行動指針と並び、CSRの代表的な基準になっています。

CSRのルールづくり──行動規範・基準づくり

　NPOも企業に対して単に批判するだけでなく、行動規範策定に関与するなどCSR推進に積極的に関わるようになりました。アメリカのNPOである経済優先度評議会（CEP）は、1994年に、ILOの「児童労働の削減をめざす国際プログラム」の委託事業として、企業数社を招いて児童労働や深刻な人権問題への対策に関する討議を行いました。企業側から、労働者の人権を改善する行動アプローチの議論が提案されたのをきっかけに、多様なセクターからの参加を得て1997年にSA8000という国際的な労働・人権規格を策定しました。その後、2008年にCEPから認定部門が独立し、Social Accountability Internationalが設立されました。

　世界的なIT企業数社が策定した電子業界サプライチェーンにおける行動規範（EICC）は、イギリスのNPOのCAFODが、デル社、IBM社、ヒューレット・パッカード社などのメキシコやタイ、中国での取引工場における労働条件の改善を求めた「クリーンアップ・ユア・コンピューター」というキャンペーンがきっかけでした。ほかにも、世界が注目するオリンピック・パラリンピック大会や、FIFAワールドカップの開催に合わせて、NPOや労働組合がスポーツウェア産業の労働条件の改善を求めるキャンペーンも展開しています。日本企業も例外ではありません。大手スポーツ用品メーカーのミズノは、2004年のプレイフェア・キャンペーンで国際NGOが世界的に有名なスポーツ・メーカー7社に対して行われた告発キャンペーンを受け、NGOと対話しながら、CSR調達行動規範を作成しました。

　NPOはなぜ企業行動に関心を払うのでしょうか。貧困問題や環境問題に取り組むNPOは、企業活動が社会的に弱い立場に立たされている人やグループ（子ども、先住民、女性、障害者、マイノリティ・グループなど）に与える影響に強い関心をもっているからです。NPOは、企業の**アカウンタビリティ**（説明する責任と結果に対する責任）と途上国に伸長するサプライチェーンにおける企業行動に大きな関心を寄せており、その監視や評価だけでなく、上にあげた事例のように企業の行動規範や基準の制定にも積極的に関与するようになりました。

これらは，どれもNPOが中心となり，多様なステークホルダーの参加を得て**マルチ・ステークホルダー・プロセス**という方式でつくられています。主なものに，グローバル・レポーティング・イニシアチブのサステナビリティ報告のためのガイドライン（GRIガイドライン），社会倫理説明責任研究所（AccountAbility）のAA1000シリーズ，上にあげたSA8000，公正労働協会（FLA）の労働基準，国際フェアトレード認証ラベル，森林管理協議会のFSCラベル，海洋管理協議会のMSCラベルなどがあります。

By the way ❺-1　CSR, CSV, SRI

『はじめてのNPO論』という本書の書名も含め，アルファベット3文字の略語が溢れています。本来ならば明治時代の先達のように日本語に翻訳すべきなのでしょうが，定訳がないまま使われていますので，そのまま説明します。

〈CSRとCSV〉

CSRはcorporate social responsibilityの略で，「企業の社会的責任」と訳せますが，もう少し補足して訳すと，本文で説明しているように「企業が社会や環境に与える影響に対する責任」ということです。

それに対して，CSVはcreating shared valueの略で，「共通価値の創造」という経営戦略です。これは経営学者のマイケル・ポーターがCSRを戦略的に展開する必要性について論じるなかで提唱しました。ポーターは，企業本来の目的は単なる利益ではなく共通価値の創出とし，「経済的価値を創造しながら，社会的ニーズに対応することで社会的価値を創造する」というアプローチを示しました。ポーターはCSRが固定観念として「本来活動とは別の慈善的な活動」と捉えられていることに対する打開策として，CSVを提言しました。

一方，欧州委員会は，「企業の社会的責任に関する新戦略2011～2014」で，起こりうるマイナスの影響を特定，予防，軽減するとともに，共通価値

表　CSVの3つの方法

- 製品と市場を見直す
- バリューチェーンの生産性を再定義する
- 企業が拠点を置く地域を支援する産業クラスターをつくる

（出所）Porter and Kramer／編集部訳［2011］より作成。

を創造するというプラスの影響を最大化することも CSR であると再定義しました（European Commission [2011]）。今日，多くの企業はプラスの側面とマイナスの側面を「攻め」と「守り」として，CSR を推進，展開しています。

〈SRI〉

socially responsible investment の略で，「社会的責任投資」と訳されます。株券の購入などの投資活動を行う場合に，企業の配当や将来性といった経済価値を考慮するだけでなく，その企業の社会的な価値も考慮に入れて投資することです。端的に上記のような CSR，CSV を重視している企業の株を購入する行動です。個人投資家だけでなく，金融機関の投資でも，その組織の CSR として SRI を重視するという姿勢が欧米では見られ，日本でも議論になっています（谷本編著 [2007] 参照）。

個人投資家で見ると，欧米では，お勧めの企業や排除すべき企業などの情報を集めている NPO がありますが，日本では投資信託での運用のほうが大きいようです。

日本の SRI 市場については，（特非）日本サステナブル投資フォーラムのサイトに最新の情報などが掲載されています（http://www.jsif.jp.net/）。

〈ESG 投資〉

SRI は上述のように，投資すべき企業あるいは投資すべきでない企業を選ぶのが基本ですが，環境（environmental）・社会（social）・ガバナンス（governance）はどのような企業でも大切であり，投資に際しては，企業の ESG を考慮すべきだという，ESG 投資という考え方も登場しています。国連環境計画・金融イニシアティブも世界の機関投資家へ ESG 投資を推進する国連責任投資原則（Principles for Responsible Investment，略称「PRI」）を作成しています。

日本でも，国民年金と厚生年金を運用している年金積立金管理運用独立行政法人（GPIF）も 2015 年 9 月に署名しました。こうしたことから，日本国内でも SRI より ESG 投資が主流になりつつあります。

〔参考文献〕

European Commission [2011] "Communication from the Commission to the European Parliament, The Council, the European Economic and Social Committee and the Committee of the Regions: A Renewed EU Strategy 2011-2014 for Corporate Social Responsibility," *European Commis-*

sion（http://ec.europa.eu/enterprise/policies/sustainable-business/files/
　　csr/new-csr/act_en.pdf, 2014 年 9 月 30 日閲覧）.
　谷本寛治編著［2007］『SRI と新しい企業・金融』東洋経済新報社.
　Porter, M. E. and M. R. Kramer／編集部訳［2011］「経済学的価値と社会的価値
　　を同時実現する――共通価値の戦略」『DIAMOND ハーバード・ビジネス・レビ
　　ュー』6 月号, 14～24 頁.

企業の人権尊重，子どもの権利とビジネス原則

　ここ数年，CSR の議論のなかで重要度が高まっているのが「企業の人権尊重」です。企業は，その事業活動を通して自社の従業員だけでなく，取引先やその先の生産工場などで働く従業員や消費者，さらに事業活動を行う国内外の地域社会の人々の生活や環境にも影響を及ぼしています（アジア・太平洋人権情報センター［2014］）。したがって，企業は，人権を侵害しない，また人権侵害に加担しない，そして事業や取引上の人権に対する負の影響に対応することで，人権尊重の責任を果たすことが求められています。国連は「企業と人権」の枠組みとして，「保護・尊重・救済」の 3 本柱を軸としました。この枠組みは，最も権威のある国際文書である「国際人権章典」と ILO の宣言，条約や慣行をベースにしてつくられています。なお，「国際人権章典」は，「世界人権宣言」，「市民的及び政治的権利に関する国際規約」，「経済的・社会的及び文化的権利に関する国際規約及びこれらの規約に対する選択議定書」により構成されています。

　国連「企業と人権」に関する枠組みは，次の 3 本の柱により構成されています。

（1）　人権侵害から保護するという国家の義務。
（2）　人権を尊重するという企業の責任。
（3）　人権侵害の被害者の実効的な救済手段へのより容易なアクセス。

　この枠組みの普及，啓発に多くの人権団体や NPO が取り組んでいます。国際 NGO 連盟のオックスファムは，国連「企業と人権」に関する枠組みを実施するための指導原則について概要を説明するとともにオックスファムとしての

見解を表しています（Oxfam [2013]）。そのなかで，人権を尊重するためには，企業は人権侵害の被害者になりやすいバルネラブルな人々（vulnerable people；社会的に弱い立場におかれている人々）に特別な注意を向けるべきであり，自社のサプライチェーンのどこにバルネラブルな人々が存在しうるかをマッピングし，それをもとに自社の活動がどのような影響を与えやすいかを考えるべきであると述べています。またオランダの NPO の SOMO は，市民社会組織がこの指導原則を調査やアドボカシーに活用するための手引を発行しました（SOMO et al. [2012]）。手引には，企業の人権尊重を推進するうえで，NPO は現地の知識や専門性を生かすことや，特定の国や，セクター，課題などにおいて人権リスクが発生する場合，その状況に対応する役割があると書いてあります。

　国際 NGO 連盟のセーブ・ザ・チルドレンは，国連グローバル・コンパクト，国連ユニセフと「子どもの権利とビジネス原則」（ユニセフ [2014]）を発表しました。この原則は，企業が子どもの権利を職場や市場，地域社会のなかで尊重，積極的に促進するための方法を包括的に示しています。セーブ・ザ・チルドレン・スウェーデン（セーブ・ザ・チルドレン連盟の 1 つ）は，企業がこの原則に取り組む事を支援するために，2014 年に中国に「子どもの権利と CSR センター」（CCR CSR）を設立しました。同センターは，企業が子どもの権利を尊重し，積極的に促進することを支援するためにコンサルタント的な業務も行うとのことです。同センターの事業を通して，セーブ・ザ・チルドレンが「アドボカシー・協働型」をさらに一歩進めた企業との関わりを実行していることに注目する必要があります。

3　企業と NPO の戦略的連携

　次に，企業と NPO の連携について見ていきましょう。すでに述べた「アドボカシー・協働型」というのは，どちらかというと NPO が企業に働きかけて，社会や環境に与えるマイナスの影響を予防，緩和することがベースにありますが，企業と NPO が戦略的に連携することは，企業が社会課題を解決することを推進することでもあります。冒頭 CASE で取り上げたティンバーランド社

とシティ・イヤー連携のケースは，最初はテ社がシティ・イヤーにブーツを寄付するという「支援型」でしたが，時間の経過とともに事業パートナーという提携関係に発展していくなかで，テ社の社会貢献事業や社員に大きな変化をもたらしました。この連携事例は，ジェームズ・E. オースティンという人が書いた「協働のチャレンジ」(The Collaboration Challenge) に取り上げられている事例です (Austin [2000])。オースティンはこの事例を用いながら，NPO と企業の関係を次の3段階に分けて説明しています。

企業と NPO の連携の3段階

企業と NPO の連携の3段階について，オースティンの著書に従って見ていきましょう (Austin [2000])。最初の段階は「慈善（フィランソロピー）の段階」です。これは企業が寄付などを NPO に提供するという一般的な関係です。シティ・イヤーの要請にテ社が応えてブーツを提供したのは，この段階の関係です。寄付や助成金のほか，企業の社員によるボランティア参加，施設の提供や商品の貸与，また NPO が行うキャンペーンやチャリティ・イベントなどへの参加など，さまざまな形態があります。ここ数年，企業や専門家が専門性やノウハウなどを無料で提供する「プロボノ」活動も増えています。「プロボノ」とは，ラテン語の「公共善のために」(Pro Bono Publico) に由来する言葉で，プロボノ活動の発祥はアメリカだと言われています。

次の段階は「取引（トランザクション）の段階」です。これは，NPO と企業に相互理解と信用が生まれる段階です。シティ・イヤーとテ社は，相互理解が進むなかでそれぞれが掲げるミッションの共通性を見出し，テ社はシティ・イヤーのユニフォームの供給者となり，またシティ・イヤー・ギアという新規の生産ラインを立ち上げ，その売上の一部をシティ・イヤーに寄付するようになりました。この関係が「取引の段階」です。この段階では，上の事例のように企業の商品の売上の一部をミッションに共感する NPO 支援にあてる**コーズ・リレーテッド・マーケティング (CRM)** や，NPO のイベントへの**スポンサーシップ**などがあります。両者の関係には，「フィランソロピーの段階」から一歩進んだ双方向性が見られるようになります。

そしてその次が「統合（インテグレーティブ）の段階」です。これは，双方の

関係性が強まり，事業統合が行われる段階です。冒頭の**CASE**では，テ社がシティ・イヤー職員に経営や財務の指導を始めたあたりが，この段階になります。民間企業と公共団体の一般的な提携関係を積極的に進めた形といえるでしょう。

　この数年，途上国における BOP（ベース・オブ・ザ・ピラミッド）ビジネスが注目されています。これは，1日2ドル以下の所得層を対象に社会的課題（水，生活必需品・サービスの提供，貧困削減等）の解決に資することが期待される持続可能なビジネスのことで，企業と NPO が商品やデザインを共同開発する事例も増えていますが，これは統合の段階の事例です。

　この3つの段階というのは，必ずしも最終点を「統合の段階」においているわけではありません。あくまでも連携の深化・進化を表すものなのです。たとえば，ある NPO と企業が事業統合をする傍らで，企業がプロボノ・サービスを提供する，あるいは CRM を行うというような複合型の連携が行われることは珍しくありません。つまり，企業と NPO の連携がより戦略的になると同時に，多様化しているということなのです。

商品の売上からの寄付

　「取引の段階」に出てきた CRM は，「企業が製品の売上から得られた利益を何らかの組織に寄付すること。その寄付活動は，たいてい，期間を限定し，特定の製品や慈善活動に対し，実施される」というマーケティング手法です（Kotler and Lee／恩藏監訳［2007］）。この手法は，アメリカン・エキスプレス社が，1983年にカード発行1枚当たりやカードの利用1回ごとに同社が寄付を行い，自由の女神の修復にあてたのが始まりといわれています。有名なものに，ボルヴィックがユニセフと協働で行った「1リッター・フォー・10リッター」があります。ボルヴィック1リッター購入ごとにアフリカで水不足の地域に，10リッターの水が寄付されるという仕組みです。日本でも商品の売上の一部を NPO 等に寄付する方法は増えています。たとえば，森永製菓は人気商品の「ダース」の売上の一部を期間限定で，途上国で子ども支援をする NGO の2団体に寄付する仕組みをつくっています（第**8**章冒頭の**CASE**参照）。

　NPO が企業の商品の売上の一部から寄付を受ける際に，その商品が環境や

社会に配慮して生産されたかどうか確認することは大切です。NPO法人のハンガー・フリー・ワールド（HFW）は，あるアパレル・メーカーから，ウガンダのオーガニック・コットンからつくった商品の売上の一部をHFWのウガンダでの井戸建設事業に寄付したい，という申し出を受けました。一般的に，コットンの生産地には，児童労働をはじめ労働人権問題が発生しやすいことから，HFW側は単に寄付を受けとるだけではなく，社会的責任の一環として，現地の生産者の人権や適切な労働環境が守られるよう，生産現場の社会審査協力も行いました。ほとんどのNPOは，財政面に余裕がありませんから，企業から寄付の申し出を受けたら喜んで受け取ってしまうかもしれません。しかし，HFWは冷静に判断を行い，申し出てくれた企業と時間をかけて対話を行い，両者の合意のもと第三者による現地の社会審査を実施しました。このプロセスを通して，HFWとその企業は相互理解を深め，よい連携関係を築くことができました。

連携の留意点

連携する場合には，いくつかの留意点にも気を配らなくてはなりません。たとえば，環境への配慮が不十分であるにもかかわらず，環境NPOと連携することで，環境への取り組みをアピールするような「グリーン・ウォッシュ」に使われたり，またNPOが自身の信用度を高める目的で，企業のブランド力を利用するために連携したりすることもあります。何のために連携を必要としているのかは十分に確認する必要があるでしょう。またすでに述べたように，CRMにおいて支援のもとになる商品がその生産や流通段階で環境や社会にマイナスの影響を与えていないかどうか，注意をする必要があります。

企業とNGO有志のメンバーにより構成される「NGOと企業の連携推進ネットワーク」（事務局：特定非営利活動法人国際協力NGOセンター）は，「地球規模の課題解決に向けた企業とNGOの連携ガイドライン」を発行しました（NGOと企業の連携推進ネットワーク［2013］）。連携における留意点として，以下の3点をあげています。

（1）目的を共有すること

連携による地球規模の課題解決は，開発途上国の市民といった第三者の利益

を目的とする。まず，連携の目的が何であるかを双方が理解し，確認しておくことが必要。

(2) お互いを理解すること

連携相手の特性を十分に理解し，価値観を尊重することはより良い関係構築の第一歩。異なる組織形態や文化をもつ企業とNGOが，互いの違いを認めたうえで共感できる目的や課題を共有し，信頼関係を築いていくことが重要。

(3) 正直であること

連携の実施にあたり，双方に想定されるリスクなどのマイナスの情報を事前に共有し，問題を予防することが重要。また万が一，問題が発生したときも，このような姿勢があることで問題を円滑に解決しやすくなる。

連携にあたっては，留意点についても双方で共有する必要があるでしょう。このように連携はスタート地点に立つまで，時間をかけても準備を丁寧に行うことが重要です。ボタンの掛け違いがあると後になって修正はなかなかきかず，双方が不幸な結果になる場合が多いからです。

By the way ❺-2　持続可能な地域づくりに向けた企業とNPOの新しい連携のカタチ

2014年11月，「和紙　日本の手すき和紙技術」がユネスコ無形文化遺産に登録されました。この和紙技術を育み，継承してきた埼玉県小川町は，有機農業の盛んな地域としても知られています。小川町の南東部に位置する下里地区では，40年以上にわたり，有機農業に取り組んできた金子美登(かねこよしのり)さんを中心に，食とエネルギーの自給をめざす地域づくりを進めてきました。埼玉県の中堅ハウジング・メーカーの株式会社OKUTAは，2008年に金子さんの地域づくりへの思いに共感し，地元の有機米を全量，会社と社員有志で買い支える「提携」を開始しました。これは，「こめまめプロジェクト」と名づけられ，地元のNPO法人「生活工房つばさ・游」がOKUTAと地元の有機農業をつなぐ大事なコーディネート役を担っています。

山梨県北部に位置する北杜市で活動する「NPO法人えがおつなげて」は，農業を中心に地域共生型の市民ネットワーク社会をつくることをミッションに掲げています。その1つの事業である「空と土プロジェクト」は，三菱地所グループの社員やその家族とともに，都市と農山村がともに支え合う持

続可能な社会づくりをめざして，荒れ果てた耕作放棄地の開墾に取り組むところから活動が始まりました。このプロジェクトでは，開墾した水田で栽培した酒米を原料に，地元の蔵元に醸造をお願いした「純米酒丸の内」をつくり，都内などで販売もしています。さらに，三菱地所グループの三菱地所ホームは，山梨県の間伐材などの地域資源を国産の構造材に加工し，戸建住宅に標準採用しており，同社のCSV事業へと発展をしています。

このような取り組みは各所に広がっています。2011年3月11日の東日本大震災とその後の福島第一原子力発電所の事故により大被害にあった福島県では，福島県有機農業ネットワークが復興と地域再生の取り組みの一環として，都市部の企業の協力を得て「耕せ！ ふくしまプロジェクト」を開始しました。このように地域課題の解決に取り組み，持続可能な地域づくりに向けて企業とNPOの新しい関係が始まっています。

マルチ・ステークホルダー・プロセス

マルチ・ステークホルダー・プロセスというのは，3者以上のステークホルダーが，対等な立場で参加・議論できる場を通し，合意形成などの意思疎通を図るプロセスです。1990年代以降，持続可能な社会を支える新たなガバナンスのあり方として発展してきました。

マルチ・ステークホルダー・プロセスの事例としては，2010年11月に，5年半という長い歳月をかけて策定されたISO26000（社会的責任に関するISO規格）があります。同規格には，最終的に99カ国から産業界，政府，NPO/NGO，労働界，消費者，その他研究者等が参加しました。6つの異なるステークホルダー・グループが，国際会議の場で対等に議論に参加するのは異例のことでしたが，このプロセスの実行にあたってもNPO/NGOが大きな役割を果たしました。日本では，社会的責任向上のためのNPO/NGOネットワーク（NNネット）が国内で規格の検討を重ね，ISO26000の作業部会にエキスパートを派遣すると同時に，マルチ・ステークホルダー・プロセスを国内でも推進しています。

マルチ・ステークホルダー・プロセスを地域で実践している事例に，NNネットの会員団体でもある茨城NPOセンター・コモンズの取り組みがあります。

同センターは，2000年に企業や地域の経済団体をはじめ，労働組合，マスメディア，NPOなどの協働の場づくりとして「NPOフォーラム」を立ち上げました。さらに2008年には，NPOフォーラムをベースに，組織の社会的責任や地域貢献に関する情報交換や地域の課題解決に向けた連携などを目的に「地域のパートナーシップを拓くSRネット茨城」を発足しました。さらに2011年には，地域円卓会議を開催し，地域課題への具体的な取り組みをスタートさせました。また多様なステークホルダーの連携・協働に重要な役割を担うコーディネーターの養成講座も実施しています。このように，他のセクターと比べて，比較的利害関係の少ないNPOには，多様なステークホルダーのつなぎ役としての役割も期待されています。

4. 現代の重要課題に取り組むためのNPOと企業の関わり合い

この章では，企業とNPOの関係の変遷について見てきました。国際社会は，**ミレニアム開発目標**（MDGs）を受け継ぐ新たな国際目標として，2030年までに達成をめざす「持続可能な開発目標」（SDGs）を採択しました。SDGsは，国際社会が2030年までに貧困問題を解消し，持続可能な開発を実現するための重要な目標です。主に途上国を対象としたMDGsと異なり，SDGsは日本をはじめ先進国を含めたすべての国が達成をめざす国際社会共通の目標です。SDGsは，社会，環境，経済の3側面から目標を定めており，民間企業の役割を重視しています。いま世界が抱える課題は，貧困問題や格差，不平等，雇用機会，男女平等，教育，気候変動，生物多様性，水の確保，衛生，栄養問題，保健医療サービスなど枚挙にいとまがありません。日本国内でも，私たちの社会は，所得格差，少子高齢化，介護問題，子どもの貧困，食の安全性や食品廃棄物，都市と農村の過疎と過密の問題，東日本大震災からの復興など，多くの課題に直面しています。

このような重要課題に取り組むために，今後ますます企業とNPOが双方向に関わり合うことが増えていくと思います。また，これからは，NPOと企業だけでなく，自治体をはじめ，その地域や社会に関わる多様なセクターが，互

いに関わりながら課題解決をめざすマルチ・ステークホルダー・プロセスが必要とされる場面がますます増えていくでしょう。もともと組織文化や，ミッション，目的，財源，事業の方法や進め方などが異なる複数の主体が関係を築いていくためには，互いの特性や違いを理解したうえで，課題，目的，意義の共有を図ることが大切ですが，一定のガイドラインや事前の取り決め，契約なども必要になってくると思います。

　最後に指摘しておきますが，目的はあくまでも課題解決やよりよい社会の実現であって，連携やアドボカシー，協働というものは手段なのだということです。このことを常に意識しながら，良い関係づくりをめざすことが重要です。

EXERCISE ●チャレンジ課題

① NPOと企業が連携している事例を探してみましょう。
② NPOが企業と連携する意義を考えてみましょう。
③ 持続可能な社会づくりに向けて，NPOと企業はどのような役割を果たせるでしょうか。

SHORT STORY

ショートストーリー3

大災害におけるNPOの役割

はじめに

本書の企画段階ではこのショートストーリーを，後述するように，日本のNPOが大災害によって進化してきた面があることを説明する独立した章として構想していました。ところが，執筆終盤の2016年4月，これまでにない前震・本震という熊本地震が発生しました。本来ならば熊本地震でのNPOやボランティアの活動にまで触れるべきところですが，今ここで読者に問おうと考え，ショートストーリーにしたものです。

1 災害とNPO

日本は世界有数の災害大国と呼ばれるほど，歴史的に災害が多発してきました。災害に直面すると，自助・共助・公助の3つが問われます。その際に市民は，災害ボランティアやNPOなどといった自発的な活動や組織的活動を行ってきました。また，大災害に直面した際，人々は利己的になり略奪したりパニックになったりするというイメージがあるかもしれません。しかし，『災害ユートピア』という，1906年に発生したサンフランシスコ地震から2005年のハリケーン・カトリーナまでを対象に研究した本では，大災害の直後は，人々は利己的というよりも，むしろ利他的になり，他人との連帯感や思いやりを感じ

CHART 表1 阪神・淡路大震災以降20年間の主な災害とNPO・ボランティア

年	災害	NPOの動き	ボランティア数
1995	阪神・淡路大震災（ボランティア元年）	被災地の人々を応援する市民の会など救援団体が設立される	1,377,300人
1997	ナホトカ号海難・流出油災害	日本海沿岸に多数のボランティア出動	274,600人
2004	新潟・福島豪雨		45,200人
	福井豪雨		60,200人
	台風第23号		44,500人
	新潟県中越地震		95,000人
2007	新潟県中越沖地震	NPOが救援活動	28,300人
2011	東日本大震災		1,406,500人 (2014年10月31日まで)

注）延べ2万5000人以上の防災ボランティアが行われた災害を取り上げている。
出所）内閣府「地域の『受援力』を高めるために」，全国社会福祉協議会（ウェブサイト）をもとに筆者作成。

て助けあうことが多かったと説いています。「地獄のなかに一時的なユートピア（パラダイス）＝災害ユートピア」が出現する（Solnit［2010］）ともいわれています。災害に直面して，他人とつながりたいという思いによって，新たな助け合いのコミュニティが形作られるのです。

　日本においてボランティアが社会的に注目される契機となったのが，阪神・淡路大震災です。阪神・淡路大震災では約138万人のボランティアが活動し，日本におけるボランティアの活躍や役割が社会的に大きく注目されました。そのため，阪神・淡路大震災が発生した1995年は「ボランティア元年」と呼ばれます。その後，ナホトカ号海難・流出油災害（97年），新潟や福井の水害（2004年），新潟県中越地震（2004年）など，各地で発生した大規模災害に際して，全国から多数のボランティアが被災地に駆けつけて災害救援活動等を行うようになってきました。災害ボランティアとは，こうした災害時の救援活動や，その後の復旧・復興支援活動，さらには平常時の防災活動に自発的に参加したりするボランティアを含めた総称です（菅磨ほか［2008］，矢守ほか［2011］）。こうしたボランティアに支えられながら組織的に活動するのがNPOです。災害

NPOや中間支援組織をはじめ，多岐にわたる活動分野のNPOが，幾度となく各地で発生する災害に直面した際に先駆的で柔軟な取り組みを行ってきました。

阪神・淡路大震災の発生した1995年から2011年の東日本大震災に至るまで，大小さまざまな災害の復旧復興に携わることで，日本のNPOは学習し，進化したといっても過言ではありません。

では実際に，災害に直面して活動したボランティアはどれぐらいいるのでしょうか。表1では，阪神・淡路大震災以降の主なボランティア数の推移を示しています。

By the way 1　中間支援組織（インターミディアリ）

　英語の「intermediary」とは仲介者を意味します。NPOや市民活動関係では，NPOや市民に資金や人材，情報などを企業等から仲介する組織を呼びます。1998年のNPO法（特定非営利活動促進法）施行前後から各地で設置された「NPOサポートセンター」「市民活動支援センター」をイメージすることが多いようですが，広い意味では，助成財団なども含まれます。

　NPO法の別表2でも，特定非営利活動の1つとして「前各号に掲げる活動を行う団体の運営又は活動に関する連絡，助言又は援助の活動」が定められており，これは他のNPOをサポートする活動です。これを主な活動目的としているNPOも中間支援組織であり，いわばNPOのためのNPOという存在です。この例としては，（特非）日本NPOセンターが筆頭にあげられるでしょう。この日本NPOセンターでは，①NPOの組織支援を主として，②常設の拠点があり，③常勤のスタッフがいて，④分野を限定しない，という4条件を満たした組織を「NPO支援センター」と定義し，ウェブサイトに全国のNPO支援センターの一覧を掲載しています（http://www.jnpoc.ne.jp/，2017年2月13日閲覧）。

2 海外における災害対応

世界的に見ても，災害は頻発しています。それに対応するNPO・NGOも数多く存在しています。たとえば，2008年に発生し，死者約7万人を含む4600万人以上の被災者を出した中国の四川大地震においては，300を超えるNGOが復旧・復興活動を行いました（陳・杉万［2010］）。また，2010年に発生し，死者22万人超を出したハイチ大地震では，NGOが仮設住宅の運営を行い，テントのほか食料・水を供給したり，医療施設において一般疾患のほか，心のケア，女性虐待や性感染症対策なども実施したりしました（ひょうご震災記念21世紀研究機構人と防災未来センター［2010］）。

3 東日本大震災におけるNPOの活動

これまで災害救援に取り組んできた日本のNGOのなかでも，東日本大震災で初めて国内で活動するという団体もありました。たとえば，ジャパン・プラットフォーム，ピースボートやADRA Japan，セーブ・ザ・チルドレンなどです。

災害ボランティアが活動に参加する経路はさまざまですが，東日本大震災においては，発災直後から，各地の災害ボランティア・センターを経由して活動したボランティアは，2011年3月11日から12年3月までの1年間で，被災3県で延べ61.3万人，14年3月までの3年間で延べ135万人（岩手県49万，宮城県68万，福島県18万）にのぼりました。

ボランティア数の推移をみると，震災直後の1カ月間で11万人，社会人のボランティア休暇による活動や，学生の休暇，企業単位の活動が注目されたゴールデン・ウィークをはさむ次の1カ月間で18万人のピークに達しました（全国社会福祉協議会［2012］）。その後は減少が続き，震災半年後の9月に6万人，12月には2万人と大きく減少しました（図1）。その後しばらくは横ばいにな

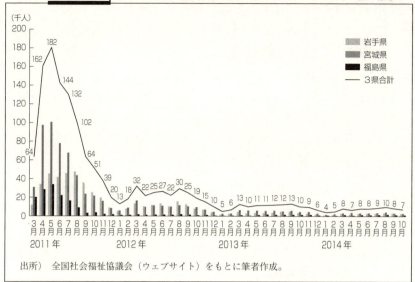

図1　東日本大震災後の被災3県におけるボランティア数の推移

出所　全国社会福祉協議会（ウェブサイト）をもとに筆者作成。

っています。

4 学生によるボランティアおよび団体活動

　災害においては，比較的時間に自由のきく学生等の若者の活躍も目立ちました。震災直後，各地に開設された災害ボランティア・センターには，春休みということもあってか，多数の中高生のグループや，大学生等がボランティアに駆けつけていました。また，災害ボランティア・センターの運営スタッフとして関わった学生もいました。さらに，仲間たちと一緒に直接活動を行ったり，団体を立ち上げたりした学生たちも数多くいました。たとえば，仙台市若林区で，被災農家や農地再生の支援をめざして全国のボランティアをコーディネートしてきた一般社団法人 ReRoots は，学生が中心となって団体を立ち上げ，活動を行ってきました。また，日本財団学生ボランティアセンター（GAKU-VO）の学生ボランティア派遣チーム「ながぐつ」を通して，「2011年度から2015年度の5年間で延べ9286人の学生がボランティアとして活躍」しました

（日本財団学生ボランティアセンター〔Gakuvo〕〔ウェブサイト〕「学生ボランティア派遣：学生ボランティア派遣チーム『ナガグツ』プロジェクト」http://gakuvo.jp/dispatch/）。

　また，大学でもNPOと連携しながら，学生ボランティアを派遣したり，団体活動を支援してきました。たとえば，東北大学では，2011年6月に東日本大震災学生ボランティア支援室を設置し，学生ボランティア団体やNPO等と連携しながら，学生のボランティア・ツアーや被災地スタディ・ツアー，スタートアップ・フェアなどを学生ボランティアとともに企画実施してきました。その前後の過程で，HARU（地域復興），AsOne（住居建築支援・被災地支援），みまもり隊（農業支援），ぽかぽか（ボランティア・スタディ・ツアー実施）等，多くの学生ボランティア団体が学生自身によって設立されました。また，一般社団法人ワカツク（ボランティア・インターンのマッチング）や後述するNPO法人アスイク（教育支援）等，多数の被災地のNPOが，学生ボランティアを被災地支援につなげたり，受け入れたりしてきました。

5　災害におけるNPOの役割

　災害におけるNPOやボランティアの活動は，行政だけでは提供できない，迅速で柔軟な取り組み，細やかなニーズへの対応，ニーズの発見，対応，解決策の提示，仕組み化への提言や貢献という役割を担ってきました。それが，災害救援を主な目的とするNPOだけではなく，多様なミッションを実現するための，まちづくりや福祉，環境など，多様なNPOが，自らの強みや専門性，ネットワークを駆使しながら，活動をしてきました。

　震災のような大規模災害においては，「膨大な社会的ニーズが短期間に発生し，状況が刻々と変化するため」，自治体だけでは十分な対応が難しいこれらのニーズに対して，NPOがボランティアや寄付に支えられながら「臨機応変に活動して」対応することが不可欠となってきています（山内［2012］）。

　震災直後にこうした臨機応変にきめ細かい活動を行った例が，「被災者をNPOとつないで支える合同プロジェクト（つなプロ）」です。つなプロでは，震災直後から，避難所を継続的に巡回し，軽度の要介護者や障がい者，アレル

ギー患者，難病患者，外国人など，特別な支援を要する被災者のニーズ調査を行い，専門性を有するNPO等につなぐ活動を実施しました。

被災地3県では，全NPO法人のうち，約3割が復旧・復興活動に従事してきました。その内容は，各団体の得意分野で，多様な支援が行われました。たとえば，ボランティアのコーディネート・マッチングや，仮設住宅支援，サロン活動，足湯・足もみボランティア，移動図書館，移動カラオケ，移動困難者支援（移動支援Rera）などです。河川浄化や水田の塩害対策（いしのまき環境ネット），海・陸の環境モニタリング調査や環境教育（森は海の恋人），復興支援音楽会（オープンハート・あったか）等もありました。

また，震災を契機に，新たなNPO法人も数多く立ち上がりました。とくに，被災3県のなかでは，震災直後からの3年間においては，福島県において，新規団体設立件数が最も多い状況です。これは，地震や津波による被害に加え，原発事故という深刻な課題に直面し，その解決に取り組むためのNPOが，震災を契機として自発的・主体的な市民を中心に急増したとも考えられます。

さらに，これらの活動は，1つのNPOが独自に単体で行うだけではなく，他のNPOや，セクターを越えて，行政や企業と連携して支援を実施することも多々ありました。国や自治体と連携したり，企業と連携して後方支援や商品購入，活動やイベントへの参画を行ったり，他団体や地域住民とのイベント共催などを行うこともありました。大学や学生との連携もあります。たとえば，仮設住宅でのイベント（スマイルシード），震災教訓のアーカイブ（石巻専修大学）（メディアージ）などです。

また，一般社団法人ISHINOMAKI2.0のように，震災で被災した故郷を何とかしたい，と専門的知識や経験を有する若者が故郷に戻り，石巻内外の有志で「石巻をもとに戻すのではなくバージョンアップする」ことをめざして，復興のまちづくりを牽引してきた例もあります。

以上みてきたように，災害に直面した際には，被災地内外から多数のボランティアが集って活動したり，特定の社会的ミッションを掲げたNPOが大きな役割を果たしてきたりしました。女性や若者，よそ者，被災当事者など，多様な担い手がこれらの復興活動に関わってきたことも特筆すべきでしょう。災害という逆境をバネに，これらの力が地域を支える発展させる推進力となってき

たともいえるでしょう。

事例：震災直後に立ち上がった2つのNPO

アスイク——復興後にやってくる，明日のために教育を

　2011.3.11。東日本大震災（以下，「震災」）の悲惨な現状を目の当たりにした大橋さん（後のアスイク創設者）は，この大災害によって子どもたちの教育に悪影響が及ぶのではないかと考えていました。実際に，避難所には学習スペースがないために，避難所の子どもの学習は遅れをとっていました。また，震災以前からの詰め込み授業によって，授業についていけない子どももいました。

　そこで，この状況を打開するために，避難所で4人の学生ボランティアとともに子どもの学習を支援する活動を始めました。そして発災から2週間後にアスイクというNPOを立ち上げました。アスイクでは，学生等のボランティアがサポーターとして，子どもの学習のサポートや居場所づくりを行ってきました。

　このような活動を通してアスイクがめざすのは，大震災によって浮き彫りになった「子どもの貧困問題」を緩和することです。この問題に陥っている子どもは，6人に1人（全国）という高い割合で存在しています。貧困に対して当事者意識をもつ市民や組織を増やし，これらの力を結びつけることによって，被災地から「貧困の連鎖」と「社会的排除」を打ち壊すモデルを生み出し，震災からの真の復興を実現する，と大橋さんは力強く語っています。

　このように大橋さんが復興に向けて活動しているのは，今後発生しうる「不利の連鎖」に備えるためです。「不利の連鎖」とは，1つひとつのことが絡み合って，最終的には当事者だけでは解決できない大きな問題になることを指します。阪神・淡路大震災では，義援金が途切れた2～4年後に，経済的状況の悪化や，それに伴う家族関係・友人関係の変化が起きました。

　また，震災によって新たに困窮する人だけではなく，元から困窮していた人に目を向ける必要があります。震災などの災害は，元からある社会の問題を浮

き彫りにするため，今回の震災を1つのタイミングとして，社会的課題の解決について日本全国へ取り組みを発信していく必要があるとアスイクでは考えています。また，大橋さんは支援しているのではなく，役割を与えられていると考えています。その役割とは「問題を抱えている人を，問題を解決する主体に変える」ことです。

みやぎ連携復興センター──多様な団体が連携して復興する

　東日本大震災からの復旧・復興において大きな役割を果たした団体は多数あります。その1つがみやぎ連携復興センター（以下，「れんぷく」）です。「れんぷく」は，震災から7日後の3月18日に，NPO法人せんだい・みやぎNPOセンター（以下，「せ・み」）の緊急理事会によって設立が決まりました。震災から7日後というと，支援団体が被災地入りし始めていた時期です。その様子をみていた「せ・み」の理事らは，被災地入りしている支援団体が各自で活動を行うのではなく，同様の団体間で連絡や調整を行い，連携をしたうえで復旧・復興活動をする必要があるのではないかと考えました。そこで，「せ・み」がこれまで培ってきたさまざまな団体とのつながりを生かして支援団体のコーディネートをするための組織として，「れんぷく」を立ち上げることを決めました。「れんぷく」の構成団体は，認定NPO法人ジャパン・プラットフォーム，一般社団法人仙台青年会議所，一般社団法人パーソナルサポートセンター，被災者をNPOとつないで支える合同プロジェクト（つなプロ），「せ・み」の5つです。立ち上げ直後は支援団体のコーディネートを主な目的としていましたが，被災地の状況が復旧から復興へと移行しつつあった2011年7月，「れんぷく」は，「せ・み」の復興支援部門として，復興に向けたビジョンを新たに定め，活動の柱として①つなぐ事業，②はぐくむ事業，③しらべる事業を設けました。

　つなぐ事業では，「多・塩・七連絡会」を開催しました。「多・塩・七」は，宮城県の沿岸部で，津波による被害を受けた多賀城市・塩釜市・七ヶ浜町の頭文字をとったものです。その3市町は互いに隣接しているのに，そこで活動する支援団体同士が顔を合わせて情報交換をする機会がありませんでした。しかし，支援団体等より，そのような場づくりに対する要望が多く挙がっていたこ

CHART 図2 みやぎ連携復興センターの仕組み

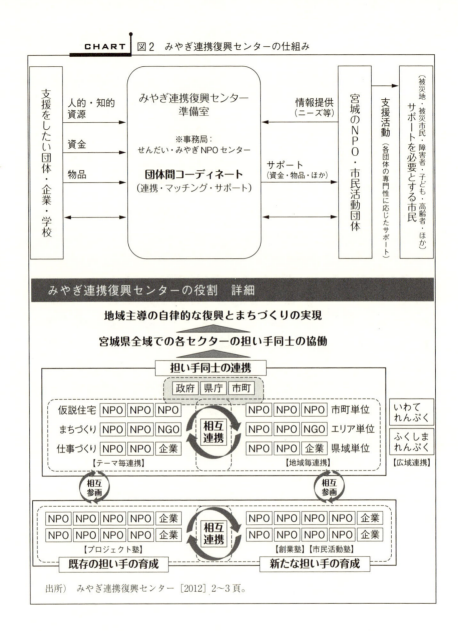

出所) みやぎ連携復興センター［2012］2～3頁。

とを受け，3地域で活動する支援団体に呼び掛けを行い，情報交換会を開催しました。また，「支援物資コーディネート」として，2011年8月，宮城県危機対策課より，県に届いた支援物資の在庫をできる限り活用したいとの話があり，「れんぷく」がコーディネートを行いました。宮城県は当初，市町からの要望に応じて支援物資を提供していましたが，「れんぷく」のコーディネートにより，各地の社協，NPO・NGOを通して被災者に物資を提供するようにしました。その結果，よりスピーディに効率的に配送することが可能になりました。

　はぐくむ事業では，「復興チャレンジ塾」を開催しました。この塾は，被災者自らの復興に向けた「こと起こし」を応援し，地域の自律的な復興につなげることを目的としています。そのために，活動応援金の提供や活動応援講座を実施しました。

　しらべる事業では，「応急仮設住宅生活環境調査」を行いました。これは，応急仮設住宅団地の立地環境および地域コミュニティ活動の状況確認を行い，調査結果から行政をはじめとした関係団体が必要な対応策を講ずるための情報を得ることを目的としています。

　これら3つの事業においては，NPOや支援団体のみならず，政府や県などとも連携していました。これらの取り組みもふまえて，「れんぷく」と同様の組織が被災地・岩手と福島でも立ち上がり，岩手・福島の連携復興センターとも，県の垣根を越えて，定期的に情報交換の機会をもち，質や効果が高まる領域の支援活動を協働で行ってきました。

　それから4年がたち，2015年7月。「れんぷく」は一般社団法人として独立し，新たな形態で，災害復興支援を進めていくことになりました。

今後に向けて

　以上，災害におけるボランティアやNPOの活動状況について述べてきました。被災地内，被災地外の全国，ひいては海外からも災害時にはボランティアやNPOが駆けつけ，多様な団体・機関と連携協働しながら，復旧・復興活動に取り組んできました。今後もいつ，どこで，どのような災害が起こるかわか

りませんが，そうした非常時に備えて，日頃から個人として，または地域に存在する身近な NPO に何ができるか，考えてみてはいかがでしょうか。

EXERCISE ●チャレンジ課題

① 災害におけるボランティアや NPO の役割について，災害直後の救援期，復旧期，復興期の各段階にわけて，議論してみましょう。

② 災害救援を主たる目的としない NPO（別のミッションをもっている NPO）が，災害救援活動を行うことの是非を議論してみましょう。

③ 災害復興に取り組んでいる身近な NPO，全国的な NPO，国際的な NGO の事例を探してみましょう。

CHAPTER 第6章

社会的起業家・社会的企業とは

KEY WORDS

● 本章で学ぶキーワード
- □ ミッション
- □ ビジョン
- □ 社会的企業
- □ 社会的起業家
- □ コミュニティ・ビジネス
- □ 本来事業
- □ 収益事業
- □ 社会的起業家精神
- □ ソーシャル・アントレプレナーシップ
- □ ソーシャル・イノベーション
- □ マイクロ・レンディング
- □ インパクト・インベストメント

CASE
●マザーハウス

　株式会社マザーハウスは，バングラデシュやネパール，ラオスといったアジアの貧しい国で生産される布地や皮革などを使って製作したバッグや財布，カードケースなどを企画販売している営利企業です。この会社は，代表取締役兼チーフデザイナーの山口絵理子が，バングラデシュのような最貧国を支援する目的で，ビジネスと社会貢献の両立をめざして，25歳のときに設立しました。

　山口は中学で柔道を始め，あえて工業高校の男子柔道部に一人入部して，自らの力で女子のトップをめざすような，自力で道を切り開くことを選ぶ性格だったようです。高校で柔道を止め，一念発起して慶應義塾大学総合政策学部に入学します（学年ビリから偏差値を40上げて大学進学した「ビリギャル」も，この大学に入学しました）。貧困や格差の是正を考える開発学を学びながら，国内の開発コンサルタントやアメリカの国際機関で働くうちに，先進国の職場では貧困の現場に直接立ち会えないことに矛盾を感じ，バングラデシュの大学院に入学しました。

　バングラデシュで現地の窮状を実感した山口は，2005年に，バングラデシュ特産の繊維であるジュートを使ったバッグの製造販売を思いつきます。現地の劣悪な工場で見た低品質・低価格製品の大量生産は採用したくないが，フェア・トレードにも疑問を感じていました。製品の魅力ではなく支援や同情の気持ちから買われる構造に共感できず，また持続力もないと判断したからです。山口は消費者が心底ほしいと思えるようなかわいいバッグ，つまり競争力のある商品を作り，途上国発のブランドで販売しようと考えたのです。

　山口は現地での生産拠点の確立と，日本での販売路の開拓に奔走しますが，悪戦苦闘の連続でした。日本人の若い女性のいうことなど現地でもなかなか相手にされません。ようやく立ち上げた工場も，賃貸契約がいきなり一方的に解除されます。信頼していた協力者にも裏切られました。

　日本では，NGOやボランティアの美談として取材される一方で，ビジネスであることを強調すると「みんなが応援してくれると勘違いするな」といわれたり，営業に行くとバングラデシュの国名をラベルから外すなら扱うと

いわれたり，社会的課題の解決をビジネスとする社会的企業への無理解に直面しました。

それでも山口は，2006年3月に日本で株式会社を設立しました。社名はマザー・テレサから取ったものです。大学の先輩などの協力者も現れ，東急ハンズを皮切りに扱い店が増えて，2007年8月には直営店をオープンします。

バングラデシュの次に，近くのネパールでも同じスタイルのビジネスを検討したものの，ネパールの状況はバングラデシュよりも悪かったそうです。結局，現地の素材を使った現地でのバッグ製造は諦め，製造はインドの工場で行うことにしました。

その後，ラオスの織物も使うなど仕入れ先を広げ，販売面も，直営店を増やし，百貨店内のショップも含むと，国内17店舗，台湾に5店舗，香港に2店舗と展開しています（2016年3月現在）。非上場企業であるため決算書類等は公開されていませんが，このように店舗を増やし，閉店はありませんから，営利企業として成功しているといえるのではないでしょうか。

マザーハウスは，2007年にバングラデシュで起きたサイクロン被災地への支援を皮切りに，企業の社会貢献にも力を入れています。「ソーシャルポイントカード」も始めました。これは，客が貯めたポイントを買い物に使える点はふつうのポイントと同じですが，一部が同社の社会貢献事業に使われる仕組みです。

〔参考文献〕
山口絵理子［2007］『裸でも生きる』講談社；山口絵理子［2009］『裸でも生きる2』講談社；マザーハウス ウェブサイト（http://www.mother-house.jp/）.

1 ミッション追求

NPOは何らかの「実現したい目標」のためにつくられ，活動します。その「実現したい目標」のことを「ミッション」（mission）と呼びます。似た言葉に「ビジョン」（vision）がありますが，ミッションのほうが具体的なものです。た

とえば「世界平和のために」というテーマがビジョンであって，「地雷のない社会を」というのがミッションである，という関係で考えてください。日本語ではミッションは「使命」，ビジョンは「理念」なのですが，「使命」も「理念」も一般的な言葉であるので，NPO について触れる場合は，ミッション，ビジョンを使うのが通例となっています。

　NPO のミッションは多彩で，互助的なものもあれば，世界規模の壮大なものもあります。それに対し，「放っておけない社会問題」を解決することをミッションとする組織が本章のテーマである**社会的企業**であり，そうした事業を創り出す人が**社会的起業家**です。社会的企業は営利企業かもしれませんし，NPO かもしれません。さらに営利企業であっても株式会社とは限らず，合同会社，LLP もありえます。本章冒頭の **CASE** で取り上げたマザーハウスは株式会社です。以下，これらの社会的企業について見ていきましょう。

By the way ❻-1　企業家と起業家

　「企業家」も「起業家」もフランス語の「entrepreneur」（アントレプレナー）の訳語です。社会科学においてアントレプレナーとは，単に企業経営者という意味ではなく，イノベーション（革新）を実践する人を指します。これはシュンペーター（Joseph Schumpeter, 1883～1950 年）が唱えたものです（シュンペーターによれば，アントレプレナーという言葉を初めて用いたのは，イギリスの経済学者，カンティロン（Richard Cantillon, 1680?～1734 年）とのことです。清成［1998］112 頁参照）。

　「起業家」とは新しい訳語で，たとえば『朝日新聞』記事での初出は 1986 年です（1 月 3 日の「社長の卵，育てます 「起業」狙う若者に経営ノウハウ伝授」記事中に登場）。おそらく，新たにビジネスを起こすということを強調しての表現のようです。P. F. ドラッカーの著書の翻訳書でも原書のタイトルにある「Entrepreneurship」が，1985 年の版では「企業家精神」と訳されていたのが，1997 年の版では「起業家精神」となっています（変えた理由は記されていません。Drucker［1985］／上田訳［1997］225 頁参照）。シュンペーターの「企業家」論文を翻訳した上述の清成［1998］の編訳者まえがきでも「なお，本書では……entrepreneur に『企業家』という訳語をあてた。これまで我が国においては『企業者』が用いら

れ，最近では『起業家』がしばしばもちいられるようになっている」と記述されています。

社会的企業と社会的起業家は，通例として「企業」「起業家」と書き分けています。前者は社会的な企業であり，後者は「新たに社会的ビジネスを始める」ことに着目します。またイギリスから日本に初めて伝えた町田[2000]が「社会起業家」と訳したことにもよります。本書で「社会的起業家」とせず「的」を付けたのは，社会的な起業をする人たちだから，という理由です。

〔参考文献〕
清成忠男［1998］『企業家とは何か』東洋経済新報社．
Drucker, P.［1985］*Innovation and Entrepreneurship*, Harper & Row, New York.（上田惇生訳［1997］『イノベーションと起業家精神（上）』ダイヤモンド社）．

社会的起業家と社会的企業

社会的起業家，社会的企業という概念

社会的起業家という概念は，2000年に出版された『社会起業家』（PHP新書）という本（町田［2000］）によって日本に紹介されました。「社会（的）起業家」という用語自体，朝日新聞記事データベースで確認しても，同書のタイトルである「社会起業家」の書評が初出です（2000年12月17日）。町田はイギリスのシンクタンク，デモス（DEMOS）のレポートで知ったとしていますから，日本で用いられている社会的起業家（social entrepreneur）という用語と概念はイギリスから輸入され，国内外で社会問題解決のためにビジネスを起こす人々を指すようになったということです。イギリスでは「小さな政府」路線で行政による福祉施策などが縮小されるなか，NPOなどの柔軟で素早く反応できる組織が社会的な問題を解決するようになりました。ただし，すべてのNPOなどが行動したのではなく，また行動したNPOのなかで起業家精神をもつ人々だ

けが成功したととらえ，それらの人々を「社会的起業家」として注目したのです（町田［2000］22-44頁）。なお，英語の概念としての初出は1911年とされています（Mair［2011］）。

　また，社会的問題解決をビジネスとする企業を「社会的企業」と呼びます。こちらはアメリカ発の概念です。1990年代にアメリカのNPOに関して，小さな政府をめざすレーガノミクスによって政府部門からNPOへの支出金が大きく減額され，利用料金や副業的な収入といった事業収入によって資金調達を行うようになる，というNPOの「商業化現象」が見られました。その結果，NPOであるか営利企業であるかという違いが見えにくくなり，新たな概念として社会的企業（social enterprise）という呼び方が用いられるようになりました。ただし，アメリカでも研究者と実務家で社会的企業とする範囲が異なり，研究者は営利企業も含むのに対し実務家は含まないといったことが起こり，さらに，日本ではアメリカから伝わる以前に「コミュニティ・ビジネス」という概念があったために，そちらとの異同であるということが生じるなど，定義が曖昧なまま使われています（塚本・山岸［2008］第1部参照。なおコミュニティ・ビジネスという用語は，細内信孝の造語で日本独自の概念です。細内［1999］参照）。社会的企業といっても上記のようにアメリカでも曖昧で，ヨーロッパでは協同組合などの社会的経済を中心としています（第1章 By the way ❶-4参照）。

韓国や日本の動向

　アジアでは，韓国が他国に先行し2006年に「社会的企業育成法」を制定しています（以下，韓国については秋葉［2014］参照）。これは「脆弱階層」と呼ぶ社会的弱者の雇用創出が中心であり，彼らへのサービス提供，地域社会貢献などを目的とした企業も含まれます。

　韓国は，1997年に起こったアジア通貨危機で経済状況が極度に悪化しました。IMFの介入によって立ち直りますが，国民間の経済格差が拡大し「両極化」と呼ばれる状況に至りました。そうしたなか，金大中，盧武鉉と続いた左派政権下で（1998～2003年，03～08年），貧困層対策として実現した政策です。最も知られているのは，朴元淳の立ち上げたリサイクル・ショップの「美しい店」でしょう。2002年に第1号店を開き，今では韓国全土に広がっています。

なお朴元淳はその後，市民参加型シンクタンクの「希望製作所」を立ち上げ，2011年にはソウル市長になりました。ちなみに希望製作所は日本とも連携しており，日本には（特非）日本希望製作所を設立しています（2015年7月に「希望の種」と名称を変更しました。http://kibounotane.org/ 参照）。

　日本でも「生活困窮者自立支援法」の施行のなかで，社会的企業という言葉が使われるようになりました。ただし，雇用か訓練の対象者として生活困窮者を一定割合以上含む事業を経営する組織を「社会的企業」として認定する，ということになりそうです（「生活困窮者自立支援法に基づく認定就労訓練事業の実施に関するガイドライン〔案〕」，厚生労働省「生活困窮者支援制度　最新情報 No. 32〔平成27年2月9日付〕」http://www.mhlw.go.jp/file/06-Seisakujouhou-12000000-Shakaiengokyoku-Shakai/20150209_guide-line.pdf，2017年2月28日閲覧）。

　この定義は生活困窮者支援制度に限ったもので，「社会的企業」の定義としては狭すぎます。さらに難しいのは「社会的」の定義です。たとえば，パナソニックの創業者，松下幸之助は「水道の水のように大量に安い製品を人々に提供することが会社の使命だ」という「水道哲学」を社是としていました。これは社会的といえないでしょうか。あるいはアップル社や，かつてのソニーのように人々を魅了しライフスタイルを変えるような製品を生み出した企業は社会的といえないのか，という問題もあります。その意味では，営利企業を含め，あらゆる組織は社会的ともいえます。

By the way ❻-2　社会的起業家──ETIC.のたゆみなき挑戦

「無限の可能性をもった若い世代に挑戦と成長の機会を」
　ETIC.（正式名は，Entrepreneurial Training for Innovative Communities.）は，設立から20年を超え，あらゆる分野で新しい価値を創造する起業家型リーダーを数多く輩出してきました。ETIC.は人材育成の草分け的存在であると同時に，日本に社会起業家を根づかせてきた第一人者といえるでしょう。ETIC.のホームページを参考に，同NPO法人の歩みを簡単に紹介します。
　1993年に早稲田大学で，起業家をめざす若者が集まり勉強会を開始，翌年には，関東近県の学生を中心に「学生アントレプレナー連絡会議」を発足させ，ソフトバンク株式会社の孫正義などを講師に招き，セミナーや勉強会

を開催しました。1997年には，ETIC.柱事業の1つである「アントレプレナー・インターンシッププログラム」をスタートさせました。その後，学生団体からNPO事業体へと移行し，小学生・中学生・高校生のキャリア教育支援のウェブサイトの立ち上げ，若手起業家のインキュベーション・オフィスの運営，「事業開発力トレーニングプログラム」の実施など，若手の人材育成を中心に積極的に活動をしてきました。

ETIC.は，地域活性化に貢献する社会起業家のポテンシャルに注目した経済産業省や地方自治体とも連携を進め，日本各地で起業家育成の事業を展開しました。また，企業との協働事業にも力を入れてきました。その1つに2002年に開始したNEC社会企業塾があります。

これは，NECがETIC.とともに，社会課題解決や地球環境保全等のテーマに取り組む若き社会起業家のスタートアップを支援するプログラムで，これまでに34団体の社会起業家のスタートアップを支援してきました。そのなかには，医療従事者や地域と連携して病児保育支援を行うNPO法人フローレンス，カンボジアで貧しい子どもたちのために職業訓練や職業研修などを行うNPO法人かものはしなどがあります。どちらも今では日本を代表する社会的企業になっています。

2011年3月11日の東日本大震災のあと，ETIC.は被災地支援にも積極的に取り組んでいます。地域課題に取り組む東北のリーダーのもとに，ETIC.のインターンシップ事業の卒業生を「右腕」として派遣する事業を行ってきました。これまでに被災3県の約100事業に180人以上を送り込み，現地で高い支援事業を行う人材へのニーズに答えようとしてきました。

ETIC.創設時より中心的に関わってきた代表理事の宮城治男は，2014年7月の『文藝春秋』のインタビューで「ソーシャル」についてこう語っています。

「一言でいえば，『社会の役に立つ』ということだが，それは単なる善意の発露とは違う。そこには，これまで解決されてこなかった課題に取り組む醍醐味・手応え・充実感，それにほとんど誰も手をつけてこなかったことに着手するフロンティア精神が分かちがたく結びついている。ソーシャルは，宇宙開発やロボット技術同様，私たちの世代のフロンティアなのだ」。

若者が社会課題を解決して住み良い社会を創るために起業するという文化

を日本社会に根づかせたETIC.は,これからもたゆみなく走り続けていくことでしょう。

〔参考文献〕
ETIC.ウェブサイト(http://www.etic.or.jp/)

本書における定義

本書では,社会問題の解決をミッションとする組織で,その解決方法によって組織形態はNPOであったり営利企業であったりするものを「社会的企業」とします。

NPOという概念との違いは,非営利の組織として見るのか,社会問題の解決をめざすというミッションで見るのか,ということになります。NPOは非営利組織であり,ミッションは社会問題の解決でなくてもかまいません。社会的企業は社会問題の解決をめざす組織であって,営利非営利は問われません。社会的企業を議論している書籍でも,営利企業を中心としてNPOとのハイブリッド性や,社会貢献などが論じられています(鈴木[2014])。

社会的起業家,社会的企業という概念が日本に伝わってきたのは1990年代末以降ですが,それ以前から社会問題の解決を事業として行ってきたNPOや営利企業が日本にも存在していました。第1章 By the way ❶-2で紹介した二宮尊徳と彼のつくった報徳社も社会的起業家と社会的企業といえなくもありません。そこまでさかのぼらなくても,賀川豊彦(1888〜1960年)は,生涯を通して貧しい労働者や農民の生活改善に尽くしたキリスト教社会主義者であり,1920年前後には,貧しい人々の生活を守るために阪神で複数の協同組合を設立しており,その1つは今日まで活動を続けています(コープこうべ)。これも社会的企業と呼べるでしょう。

また,企業に障害者雇用が義務づけられる1976年以前から積極的に障害者を雇用し続けてきたことで有名な,チョーク製造会社の日本理化学工業株式会社など,坂本光司が『日本でいちばん大切にしたい会社』シリーズで取り上げている一連の企業も,立派な社会的企業です(坂本[2008]ほか同シリーズ参照)。内外の社会的企業については,塚本・山岸[2008],谷本[2006],山本[2014]に詳し

く論じられています）。

> **By the way ❻-3　起業家の特徴**
>
> 　筆者は大学教員になる前に，「住宅関係のベンチャー企業を設立するから代表取締役に就任してくれ」と頼まれたことがありました。そのベンチャー企業は，住宅フランチャイズ3社が共同出資するもので，3社とも一代でフランチャイズ・チェーンを築いた創業者が率いていました。仮にA社，B社，C社としておきましょう。発起人のA社の社長から依頼を受け，会社設立に向けて何度も面談しました。そのA社社長は熱意があってエネルギッシュで押しが強く，会うと非常に疲れます。そのため，A社社長と会う前日には栄養を取って早く寝て体調を整えて会うようにしていました。
> 　話が進み，他の2社の社長にも紹介しよう，という段になったときにA社社長がいうのです。「B社社長，C社社長とも，会うとくたびれるからなあ」。
> 　実際，社会起業家にしても会ってみると，エネルギッシュで話好き，という人が多いように思います。そうでなければ，リスクを取って組織を立ち上げることはできないのかもしれません（その逆に「凡人は起業家を見習わないほうがいい」としている本が，多田［2009］です）。
> 　ちなみに筆者はその後，国立大学教官となり，民間企業との兼業ができなくなったため，B社とC社の社長と会うことはありませんでした。「怖い物見たさ」で，会っておいたほうがよかったのかもしれません。
>
> 〔参考文献〕
> 多田正幸［2009］『凡人起業──「カリスマ経営者」は見習うな！』新潮新書。

　NPOと収益事業

　アメリカではNPOの商業化現象が見られた，と前述しました。日本では状況が異なります。日本のNPOには法人制度上，どの法人格のNPOもミッション実現をめざす**本来事業以外**に，**収益事業**を営むことが認められています。

それは本来事業は赤字になることが多く、本来事業だけを会費や寄付、対価で維持することは困難なため、その赤字を補って本来事業を安定して行うなり、充実させることが期待されているからです。公益法人、認定NPO法人、学校法人、社会福祉法人、更生保護法人の場合は、収益事業の黒字で本来事業の赤字を補塡することも認められています（この内部寄付は「みなし寄付金」と呼ばれます。第8章第3節「税務処理」の項を参照）。

ところが、本来事業での事業収益によって経営が成り立つNPO法人が見られるようになりました。会費や寄付金以外の事業収入と助成金とを主たる財源としているNPOです。後で事例として紹介するNPOのフローレンスは、2011年度の総収入が4億円を超え、うち2億6000万円が事業収入であり、典型的な事業型NPOですし、NPOの商業化事例ともいえます。

NPO法人全体を統計的に見ると、年間収入のうち、介護保険等による収入が47%を占め、介護保険等以外の自主事業収入は30%、そして公的機関からの委託事業が17%です。つまり全NPO法人をあわせた年間収入の96%は事業収入です（介護保険による収入を含めて）。収入規模別に見ると、収入が多いNPO法人のほうが自主事業収入に依存しています（内閣府［2013］）。簡単にいうと、経営規模の大きいNPOは事業型なのです。

NPOにせよ営利企業にせよ、社会問題解決というミッションに基づく本来事業による自主事業収入で経営を成り立たせ、かつ、そのミッションである社会問題の解決を実践しています。それらが、本章で紹介している社会的起業家であり、社会的企業です。経営的自立なくして社会問題の解決はないのです。

4 日本の事例

以下、本節では、日本の事例を見ていきましょう。次節では、海外の事例を紹介します。

株式会社大地

株式会社大地（以下、大地）は、首都圏を中心に有機野菜等の宅配ビジネス

を主とする企業です。母体は1975年に始まった市民運動「大地を守る市民の会」で，無農薬で安全な農畜産物を安定供給できるようにと，生産者と消費者の橋渡しを始めました。しかし，当時は市民運動にふさわしい法人格が存在せず，任意団体のままでは契約などで困難が生じるため，1977年に流通部門を株式会社化しました。代表者の藤田和芳によれば，当時NPO法人格が存在していれば取得していたとのことです（藤田[2005]）。当時の関係者のなかには，営利企業は資本主義の尖兵であり市民運動と敵対するとして，株式会社化に反対して去っていった人もいたそうです。その後2010年までは，大地を利用するには市民運動体に入会し，その入会金で自動的に大地の一株株主になるという組織設計でした。会員になると，大地の販売する有機野菜等の安心な食品を，毎週カタログで注文し，翌週に注文品が会員宅まで配達されます。

　2010年10月，社会的企業として市場経済で成功することをめざし，大地と市民運動体は「合併」しました。実質的には市民運動体の解散ですが，その活動は株式会社が引き継ぎます。

　その際，将来的にはIPO（株式新規公開）をめざすとして，株を市場価格評価に基づいた価格とし，市民運動体会員が株主を続ける場合には差額を支払うことになりました。旧株が5000円であったのに対し，新株は10万円以上の価格であったため，1万9500人を超えていた株主数は874人に大きく減ります。これは市民運動体の会員の多くが，運動に賛同して参加したのではなく，無農薬で安全な農畜産物の宅配購入が目的であったためでしょう（非株主であっても宅配サービス会員として購入は続けられます）。一方，大地は地理的に制約がある宅配事業とともに，ウェブでの通販にも力を注いでおり，共益的な市民運動から成長する社会的企業へとスタンスを変えていきました（同社ウェブ，http://www.daichi.or.jp）。

　大地の社会的インパクトを考えてみましょう。藤田たちが運動を始めた当初は，生協に相談を持ち掛けたものの，価格が引き合わないと断られたそうです。そのため自ら流通チャネルを構築しましたが，その後，生協も無農薬・低農薬の野菜を扱うようになり，さらに営利企業の食料品店なども追従しています。それらが大地に触発されたかどうかは不明ですが，少なくとも大地の方針は間違っておらず，有機栽培物を流通させるというビジネスのさきがけであったと

いえます。2006年には農林水産省が有機食品等の認定制度をスタートさせましたが，この政策実現のために一石を投じたともいえます。

　この有機食品の認定制度は万全なものではなく，いい加減で安心とはいえない製品も出回っているという指摘もあります。そうしたなか，真剣に有機栽培の産品を売り出したい生産者は，まず大地や，同業他社である「らでぃっしゅぼーや」を相談相手として想定するそうです。両社は有機食品の取り扱いが古く，独自の検査試験のノウハウをもっていることが評価されています。

　経営が順調であり，利用客数も増えているとはいえ，大地には3つの課題があります。第1に，めざしているIPOによって株を公開した場合，新たな株主が大地の社会的企業という経営方針を理解して株を買うとは限らず，ROE（株主資本利益率）追求に動いた場合，「無農薬で安全な農畜産物を安定供給」というモットーが守れなくなる可能性があります。同業他社のらでぃっしゅぽーや株式会社は1988年の設立時に大地も関与していましたが，2000年に他社の連結対象子会社となりました。さらに別の企業系列下に移った後，2008年にJASDAQ市場に上場したものの，12年にはTOB（株式公開買付）でNTTドコモの子会社となりました。

　第2に，創設者の1人で長く代表を務めた藤田和芳は1947年生まれであり，遠からず次の世代に経営権を渡すことになります。社会的企業では，創設者の熱意やミッションを引き継げなければ普通の営利企業になりかねないというリスクがあります。

　第3に，日本の第一次産業の状況があります。従事者が高齢化し減る一方であり，2010年時点で従事者の過半数が70歳以上との統計もあります。農業畜産業は貿易自由化で海外の安い産品に押され，水産業は外国水産業との競争に負けつつあります。そうしたなかで，有機栽培野菜や安全な水産物は付加価値のある高級品ではあるものの，従事者が減っていくと，安定した仕入れを確保し続けられるのかが課題になります。

株式会社スワン

　株式会社スワン（以下，スワン）は，障がい者を雇用することを目的に設立された企業です。直営のベーカリーとベーカリー・カフェのほか，全国にフラ

ンチャイズ方式（FC）でベーカリー・カフェを展開しています。宅急便で知られるヤマト運輸株式会社の代表であった小倉昌男が，当時，月収1万円というのが平均であった福祉作業所の状況を見て，福祉事業でも十分に経営が成り立つことを示そうと，1998年に設立しました（小倉[2003]）。1998年に直営で銀座店を開店して以降，2015年3月までで直営店5，FC24店を展開しています（閉鎖したFC店もあります）。出資者は全額ヤマト運輸で，障害者雇用促進法上ではヤマト運輸の特例子会社として，ヤマト運輸に義務づけられる障がい者雇用の一部を担っている形になっています。

今日，スワンは社会的企業として広く認知されており，たとえば前代表の海津歩は2010年に当時の民主党内閣が開設した「新しい公共」円卓会議のメンバーに選ばれ，その宣言のなかにもスワンベーカリーが事例として掲載されています。またスワンベーカリーを開店していると，社会福祉法人格を取得しやすいという噂もあるそうです。スワンの現状は，この海津の力によるところが大きいといえます。彼はもともとヤマト運輸にアルバイトで入り，正社員になって赤字の営業所を立て直すなど，さまざまに業務改革を実施する実力者でした。カリスマ起業家の小倉の後を継ぐには最適な人材であったといってよいでしょう。

スワンと契約しているFC店の経営主体は，社会福祉法人ないし同種の任意団体がほぼ半数で，その他，特定非営利活動法人，生協，青年会議所で，それら以外に営利企業の出店もあります。これらで雇用されている障がい者数は，2011年現在で334人（図6.1），1人当たり平均給与が年額122万円強です。

FCは基本的に，相手側からの打診によって検討しています。メディアに出ることも多いため，出た直後には問い合わせが増えるそうです。店舗を増やすことを目的とはしておらず，過去に閉店した店舗もあることから，理念を共有でき，衛生管理が確実にでき，最低賃金を支払えるところであると確認しているとのことです。技術指導を行い，原料仕入れを紹介しますが，フランチャイズ料は課していません。海津によれば，店舗を続けられているFC店は概して「ワンマン・オーナーのやむにやまれぬ気持ち」によるのではないかとのことでした。一方で，ある鉄道会社が社長の決定でFC出店したものの，2代目の元車掌の店長が乗り気でなく，できない理由をあれこれと口にし，開店時の社

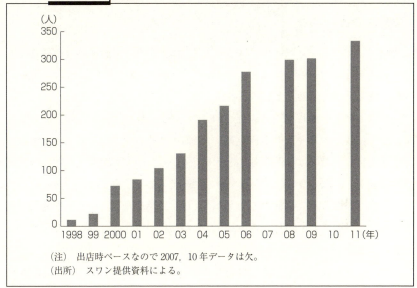

図6.1 スワンベーカリー障がい者雇用数

（注）出店時ベースなので2007, 10年データは欠。
（出所）スワン提供資料による。

長も退任していたこともあって，3年ほどで閉店したというところもあります。

ある FC 店での聞き取り調査では，一時，FC 店は赤字のところが多く，本来の目的である障がい者への最低賃金支払いもできないところがあったそうです。この FC 店でも本業の企業所有の建物内で開業するとか，県内のヤマト運輸に毎日 90～100 個買い上げてもらうなどの事実上の支援を受けても，年間 1000 万円ほどの赤字が続いていて，やむをえず，障害者自立支援法に基づく補助金を受給しています。

そもそも，この FC 店は，ある企業の経営者が，ある福祉施設のオープニング・セレモニーで父母たちが「6000～7000 円の給料がせめて 1 万円になれば」と話し合っているのを聞いて，日給かと思ったら月給なので驚き，スワンベーカリーのことを思い出して始めたベーカリー・カフェです。当初は本業の企業の一部門でしたが，上記の補助金を受けるためには福祉事業が主でなければならず，独立して一般社団法人となったため，経営的にはさらに厳しくなったとのことです。それでも，周囲を触発できれば，というのが続けている理由とのことで，この経営者は「ビジネスモデルにはならない」とまで言い切っていました。

(特非) フローレンス

　(特非) フローレンス（以下，フローレンス）は，おそらく日本の社会的企業として最も有名な1つです（たとえば，谷本 [2006]，塚本・山岸 [2008]）。代表の駒崎弘樹も社会的起業家として有名です。

　駒崎は大学在学中に IT 企業を設立し，卒業後も数年経営したのちアメリカに渡って，ボランティアや NPO のことを知ったそうです（以下，駒崎 [2007]）。帰国して目にしたのは，保育園や託児所で預かった子どもが発熱などの病状を示すと親が引き取らなければならないのが通例であり，働く女性の多くが，子どもが病気になると会社を休まなければならず，職を失うという日本社会の現実でした。このことを知り，立ち上げたのが病児保育をミッションとするフローレンスです。

　フローレンスは，上場企業ではありませんが，ホームページ上では 2008 年度から簡易損益計算書と簡易貸借対照表を開示しています。このことは非営利組織でありながら社会的企業として活動するという意識の表れといえるでしょう。

　フローレンスは，会員の子どもが病気になった場合，契約している保育士等の有資格者が看病するという互助的な事業からスタートしています。当初，福祉や保育の専門家に相談したところ，ほとんど相手にしてもらえなかったそうです。福祉事業は行政からの補助金で運営するため自由な価格設定ができないという問題点と，赤字でないと補助金が支給されないという経営上のジレンマがあります。福祉業界の人たちは，それが当たり前のことだと思っているのです。

　しかし，駒崎が独立採算で経営するモデルをつくり，2004 年に東京都内でフローレンスを設立すると，すぐに話題となりました。事業が拡大するにつれて，政府関係者が視察に来て類似のシステムを政策提案したなどの前向きな動きもありましたし，逆に地元区役所の職員から「問い合わせが役所にくるので迷惑だ」と苦情をいわれるなど，さまざまに波紋を広げました。

　フローレンスの会員数は 2006 年度の 174 人が 10 年度には 1600 人と 9 倍，病児保育件数は 2006 年度の 286 件から 10 年度には 3026 件と，10 倍以上の伸

びを見せています。なおフローレンスの会費は2017年3月現在で，入会費が3万円（税抜き。子ども1人当たり），月会費が子どもの年齢によって7600円から8000円（税抜き。月1回の利用料込み，2回目以降各回1時間2000円），利用状況により会費は見直されますが，安いとはいえません。それでも会員が増え続けているのです。

　フローレンスの実績を見た政府が類似事業への補助政策を打ち出し，2012年に立法された「子ども・子育て支援法」にもフローレンスが事業化した小規模保育園が制度として盛り込まれています。その意味では社会問題解決のさきがけといえるでしょう（ただし同じく病児保育を目的としてほぼ同じ時期に活動を始めたNPO法人もあり，フローレンスだけの功績といいきれません）。

　また病児保育事業から始めましたが，その後次々に新規事業を立ち上げ，2017年3月現在で7事業にまで広げています（フローレンスのウェブサイト，http://www.florence.or.jp/，澤村・有元［2014］参照）。

　藤田，小倉・海津，そして駒崎は，それぞれ優秀であり熱意もある人物ですが，冷静にビジネスを行えるという経営者としての側面を重視する必要があります。

　また，この3社は，独立して事業を行っているだけではありません。さまざまな人的・組織的ネットワークによるプロジェクトも行っています。たとえばこの3社のなかでも，上述のように大地はローソンと提携していますが，そのローソンの一部店舗ではスワンベーカリーの商品を扱っているほか，ローソン店舗での障がい者雇用面でスワンと協力関係にあります。また，大地とフローレンスは，大地の会員がフローレンスに入会する場合の入会料の割引や，フローレンスの会員が大地のウェブストアを利用する場合のクーポン提供を2013年8月から行っています（『特別対談：フローレンス・駒崎弘樹さん×大地を守る会・藤田和芳』，http://www.daichi.or.jp/info/news/2013/1001_4508.html，2017年3月2日閲覧）。

　こうした社会的起業家によるネットワークが，当事者の協働だけでなく，当事者以外にも広く影響を与えることも期待されます。

5　社会的企業の世界的潮流

　世界では，ノーベル平和賞を受賞したグラミン銀行の創設者モハメド・ユヌスをはじめ，先進国，途上国を問わず，社会課題をビジネス的な手法で解決する社会的起業家や社会的企業，ソーシャル・ビジネスなどが盛んになっています。本節では，社会的企業がとくに活発なアメリカとイギリスを見ていきましょう。

アメリカの事例

　アメリカでは，1980年代以降，小さな政府をめざすレーガン政権によりNPOへの政府予算が削減されたことで，NPOの資金獲得が厳しくなり，NPOの商業化が進んだといわれていますが，社会的企業が主流になった背景には，小さな政府による一元的な公共サービスでは満たされない社会の多様なニーズに応えようと，**社会的起業家精神（ソーシャル・アントレプレナーシップ）**が進んだことがあげられます（鈴木 [2014]）。一流校と呼ばれるハーバード・ビジネススクールやスタンフォード・ビジネススクールなどでは，社会起業家精神，ソーシャル・ビジネス，ソーシャル・イノベーションの講座が2000年頃から登場し，人気を博しています。

　ハーバード・ビジネススクールの教授で，『社会セクターにおける企業家精神』(*Entrepreneurship in Social Sector*) の共著者であるジェーン・ウェイ-スキラーン（Jane Wei-Skillern）は，「社会起業家精神とは，革新的かつ社会価値を創造する事業を非営利セクター，政府セクター，民間ビジネス・セクターのなかで，あるいはこれらのセクターを超えて起こすこと」と定義しています（Wei-Skillern et al. [2007]）。このように，多様化，複雑化する社会課題の解決には，従来の政府セクターや非営利セクターの支援型アプローチだけでは不十分であり，革新性や変革性，新しい価値創造などが必要だという考え方が主流になりつつあります。この考え方は，非政府セクターの商業化の流れと親和性があると同時に，ここ20年，政府セクターやビジネス・セクターのなかにも浸

透してきています。

　「社会的起業家の父」といわれるビル・ドレイトン（Bill Drayton）は，各地で社会システムの変革に挑むチェンジ・メーカーたちを支援する仕組みをつくるために，1980年にアショカ財団を設立しました（http://bizacademy.nikkei.co.jp/career/social/article.aspx?id=MMAC08000020122012&page=3，2017年2月28日閲覧）。アショカ財団は，世界最大の社会的起業家のネットワークであり，2013年時点で約80カ国の3000人近いアショカ・フェローを輩出しました（アショカ・ジャパン，ウェブサイト http://japan.ashoka.org/，同年2月28日閲覧）。アショカ・フェローには，企業や自治体等との交流を通して，山梨県北杜市で耕作放棄地の解消に取り組むNPO法人えがおつなげての曽根原久司ほか，4名の日本人が選ばれています。

　ドレイトンは，18世紀末にイギリスで起こった産業革命により，社会は，消費・経済活動からなる「消費セクター」と教育，環境，公共福祉などの「社会セクター」に分断され，前者に富が集中，一方，後者は税金によって賄われ，競争や進化から取り残されてしまった，この2つのセクターを融合させて新しい世界を作り上げるのは社会的起業家たちの力だ，と述べています（渡邊[2005]）。

　ホームレス支援のNPOコモン・グラウンドの創始者であるロザンヌ・ハガティ（Rosanne Haggerty）は，アメリカの代表的な社会起業家です。ハガティは，1980年代，当時，経済不況のなかで貧困やホームレスの問題や犯罪増加が深刻になっていたニューヨーク市で，地域の悪化とともに閉鎖されホームレスのシェルターになっていたタイムズ・スクウェア・ホテルを買い取り，ホームレス用の快適なアパートメントに改築することにしました。NPOコモン・グラウンドを立ち上げ，多くの関係者に働きかけ，ニューヨーク市長の心を動かし，建物の購入と改装にかかる費用の資金を調達して，夢を実現させました。このアパートメントができてから地域の犯罪は激減しました。ハガティは，その後も，ニューヨーク市の荒廃した地域を選び，同様の事業を次々に行いました（渡邊[2005]）。コモン・グラウンドは，資産約500億円（2013年度現在）にまで発展しています（コモン・グラウンドはその後，Breaking Ground に名称を変更しました。http://www.breakingground.org/files/2013_CG_Audited_Financial_State

ments.pdf, 2015年5月30日閲覧)。

　地球の裏側にいる社会的起業家を支援するNPOも増えています。2005年に，フラネリー夫妻によって設立されたKIVAというNPOは，インターネットで小額出資者を募り，途上国の起業家に融資を行うという**マイクロ・レンディング**という仕組みをつくり，グローバル・コミュニティの形成を行っています（鈴木［2014］）（Kiva Japanのウェブサイト http://kivajapan.org/, 2017年3月2日閲覧）。

　ジャクリーン・ノヴォグラッツが立ち上げたアキュメンファンドは，**インパクト・インベストメント**を世界に広めました。インパクト・インベストメントとは，経済的な収益だけでなく，社会的インパクトの実現も目的としている投資のことです。アキュメンファンドは，アメリカやインド，ケニアなどを拠点に，貧困問題の解消に取り組む途上国の起業家を投資という形で支援をしています。また，次世代の社会的インパクトを生み出すリーダーを養成するグローバルフェローズプログラムを実施しています。日本では，東京財団がパートナーとなって，日本からのフェローを送り出していました（アキュメンファンドのウェブサイト http://acumen.org/, 2017年3月2日閲覧）（東京財団アキュメン・グローバルフェローズプログラム http://www.tkfd.or.jp/leadership/acumen?id=5, 同年3月2日閲覧）。

イギリスの事例

　イギリスも2000年頃から，地域における社会的課題をビジネスの手法で解決する社会的企業（ソーシャル・エンタープライズ）が活発になっています。イギリスの特徴としては，政府が社会的企業を定義し，推進政策に力を入れてきたことがあげられます。2001年，当時のブレア労働党政権は，貿易産業省小企業局に社会的企業ユニットを設置し，社会的企業に対する政策を本格化させました。社会的企業の発展の背景には，当時イギリスの大きな社会問題であった地方再生や，ヨーロッパでも活発に議論されていた「社会的排除」への取り組みがあります（鈴木［2014］，公益法人協会［2015］）。

　イギリスの社会的企業には日本でもおなじみの「ビッグ・イシュー」があります。ビッグ・イシューは，1991年にロンドンで生まれました。当時，増加

していたホームレスの人たちを寄付や支援で救済するのではなく,「ビッグ・イシュー」という雑誌販売を通して自立することを応援する事業です。この雑誌を販売者は1.25ポンド（約200円）で買い取り，2.5ポンド（約400円）で売り，差額を収入にするという仕組みです。イギリスでは，毎週，平均10万部を発行，2000人のホームレスが販売をしています（The big Issueのウェブサイト http://www.bigissue.com/about-us, 2017年3月2日閲覧）。ビッグ・イシューは，世界に広がり，日本でも2003年9月にビッグ・イシューの日本版が創刊されました（ビッグ・イシューのウェブサイト http://bigissue.jp/about/, 同年3月2日閲覧）。

　イギリスでは，社会的企業は，起業家タイプから，伝統的なチャリティ団体（第1章参照）の企業化・事業化や，相互組合など組合員の利益増進のためにつくられた組合等まで，さまざまな性格をもった事業体の総体としてとらえる必要があります（公益法人協会［2015］）。

　社会的企業は事業を通して社会価値を生み出す存在として，多くの国や地域で盛んになっています。同時に，社会課題解決にどのように貢献したのか，社会にどのようなインパクトをもたらしたのかを測る評価指標や枠組みづくりも活発になってきましたが，まだ発展途上といってもよいでしょう。最近では，環境，エネルギー，水，貧困といった地球規模課題が深刻化するに従い，経済性と社会性を同時に求める企業も増えてきています。社会的企業は，NPO的な主体と企業的な主体の重なりが大きくなるなかで，ますます発展を続けていくと思います。

EXERCISE ●チャレンジ課題

① フローレンスと大地はウェブサイトに経営結果を公表しています。本書の記載以降の状況を調べてみましょう。

② 参考文献やインターネットを見て社会的企業の事例を探し，その企業の提供する商品やサービスを購入したくなるか，その理由はどういうところにあるか，考えてみましょう。

CHAPTER

第 7 章

マネジメントを理解しよう

KEY WORDS

● 本章で学ぶキーワード

- □ マネジメント
- □ ガバナンス
- □ ドナー
- □ クライアント
- □ モチベーション
- □ 理事会
- □ 事務局
- □ 監　事
- □ エントリー戦略
- □ 定着戦略
- □ 成長戦略
- □ マーケティング
- □ 4 P
- □ 選択と集中
- □ SWOT 分析
- □ ME マトリックス
- □ スピード感の欠如

- □ 集団浅慮
- □ リーダーシップ
- □ フォロワーシップ
- □ カリスマ・リーダー
- □ サーバント・リーダーシップ
- □ 官僚制
- □ ゴーイング・コンサーン
- □ 事務局長
- □ 情報の共有
- □ 情報公開
- □ マルチ・ステークホルダー
- □ 人的資源管理
- □ ボランティアの育成
- □ ボランティア・コーディネーション
- □ 有給職員とボランティアの関係
- □ 外郭団体

CASE
● NPO法人の職員Aさんの事例

　Aさんは，B市で活動するNPO法人「C」の職員です。Cは，B市の市民会館を指定管理者として管理運営業務を受託しています。Aさんの仕事は，B市市民会館の受付などの管理事務です。

　3月のある日，AさんがB市市民会館の事務室で執務していたところ，電話がかかってきました。「B市憲法九条を守る会」と名乗る女性から，5月3日の憲法記念日にホールを使いたい，という問い合わせでした。予定を調べたところ空いているので，空いているから使用申込みの書類を出しに来館するよう伝え，電話を切りました。

　2，3日して，受付に若い男性がやってきて，「B市憲法の会だが，5月3日にホールを使いたい」と申し込みました。Aさんは「先日の電話の会だな，電話と別の会員さんかな」と思いつつ，使用申込書の書類を渡しました。男性はその場で書類を記入し，Aさんに渡して帰りました。

　Aさんは会館の使用予定表にホール使用予定を書き込もうとして，書類を確認したところ，団体名が「B市憲法九条を考える会」になっています。先日の女性からの電話で聞いた名前とちょっと違う気がしましたが，メモも取っていないので，気のせいだろうと「5月3日　ホール　B市憲法九条を考える会」と使用予定を確定しました。

　1週間後のことです。受付に団塊世代の女性がやってきて，「先日電話した，憲法九条の会ですが，ホール使用の手続きをお願いしにきました」といいます。Aさんは「あれ？　先週来た人から聞いていないのかな？　やっぱり市民団体は『ほう・れん・そう』（報告・連絡・相談の省略形）ができてないのかな」と思いつつ，「先週，他の方がいらっしゃって手続きしましたよ」と答えたところ，「そんなはずはない」とのことです。

　仕方ないので，先週受理した使用申込書を見せたところ，女性はカンカンになって怒り出しました。彼女は「B市憲法九条を守る会」という護憲派団体で，使用申込みをした「B市憲法九条を考える会」は改憲派であり，不俱戴天の敵なのだそうです。女性は「市民会館は市民のためのものなのに，なぜ市民の敵である右翼団体に貸すのか」「私たちが先に電話したのに」と大

声を出します。困ったAさんは「何とかします，連絡します」と答えて引き取ってもらいました。

　Aさんは予約をした改憲派団体に電話して「キャンセルしてくれないか」と頼みましたが「きちんと手続きしたのになぜ駄目なのか，政治信条で差別するのか，使えないなら理由を説明した文書を寄越せ」と正論を言われたために，断念しました。

　Aさんはどうすればよいかわからず，Cの事務局長に電話しましたが，事務局長も判断できず，理事会で相談するといいます。理事会は月に1度なので，次は4月半ばです。臨時開催するにも呼びかける時間がありません。Aさんは自分ではどうしようもないので，理事会の判断を待つことにしました。

　4月に入り，朝，市民会館の事務室で配達された地元紙を広げたAさんは仰天しました。「市民団体のNPOが市民の敵，右翼団体を優遇？」と書かれた見出しで，今回のホールのダブル・ブッキングについて，護憲派の彼女たちの言い分が全面的に記事になっています。これは困ったと思っているところへ，事務局長から電話がかかってきました。なんでも改憲派団体が市長と面会し，「市民会館の思想信条に偏らぬ利用を求める」という文書を手渡したとのこと。その文中に，「そもそも左翼系が多いNPOなどという怪しい団体に住民の血税で建設された貴重な会館の運営を任せるのが問題」と書かれているために，市長が驚いて調査するよう指示を出したのだというのです。

　事務局長は「A，なんてことしてくれたんだ。うちだけじゃなく，B市で活動するNPO全体の信用に関わるぞ」と怒っています。Aさんは頭を抱えてしまいました。

1　NPOのマネジメント

科学的管理としてのマネジメントとガバナンス

　「経営」という言葉は営利企業と結びついて使われることが多いでしょう。日本語の「経営」という言葉は古く，室町時代の用例が確認されているほどで，広い用法があります。そのため，組織の目的を効率的に達成するという意味に限る場合は，英語のマネジメントを使うようになりました。日本語では経営管理と訳しますが，マネジメントと記したほうが欧米風の科学的管理法をイメージできるため，本書でもマネジメントを用います。日本の中小企業に見られる「勘と経験と度胸」の経営，KKD経営ではなく科学的合理性に基づく手法を指します。ただし，勘と経験と度胸が悪いということではなく，カリスマ・リーダーが率いて成功する企業の多くは，そのカリスマの勘や経験，度胸によって成長します。よく知られた例としては，スティーブ・ジョブスとアップル社です。

　マネジメントとは，ヒト，モノ，カネといった経営資源を効率的に利用して，できるだけ望ましい結果を出すための仕組みです。では結果のためには手段は選ばなくて良いかというと，そうではありません。その組織が社会的な問題を起こさないよう，また本来の目的から外れないよう，歯止めをかける必要があり，その歯止めを「ガバナンス」と呼びます。対応する日本語は「統治」で，「企業統治」という言葉もあります。ただし，「コーポレート・ガバナンス」と横文字を使うのが通例です。ガバナンスとマネジメントの境界は曖昧ですが，ガバナンスのほうが組織の全体を見るのに対して，マネジメントは組織のなかでの行為になります。

　営利企業の科学的管理法としてスタートしたマネジメントですが，次第に公共領域にも取り入れられるようになりました。営利企業は自ら資金や経営資源を集めて，利益を出し，出資者や従業員に還元します。マネジメントを駆使して効率的に結果を出さないと，出資者も従業員も満足できません。それに対し

て政府部門は，権力を行使して税金を集め，その国家や地方自治体の全体に対して政策を実施します。いわば他人の金を他人のために使うので，そこに効率性は問われませんでした。が，多くの先進国で政府部門の赤字が問題になり，政府にも経営とかマネジメントを問うようになってきました。

他人の金を他人のために使う政府のマネジメントは，営利企業より難しいということは予想がつくでしょう。福祉など，赤字であっても撤退できない分野があるからです。さらに，NPO のマネジメントは，よりいっそう難しいのです。なぜなら，政府は強制力をもって税金というかたちで資金徴収をできるのに対し，NPO は会費や寄付といった他人の善意に頼らなければ資金を集められないからです。NPO の活動目的であるミッションを踏み外したり，無駄なことを行っていると，支えてくれる善意ある人たちが離れていきます。したがって NPO のガバナンスやマネジメントは，営利企業や政府以上に必要性が高いのです。ドラッカーも「非営利組織のマネジメントはビジネスよりも難しい」と書いています（Drucker［1993］／田中訳［1995］5頁）。

組織としての特徴

NPO といってもさまざまな組織があります。共通しているのは「利潤分配できない」ということであり，営利企業と異なるのは，資金調達方法と，利潤が発生した場合にどうするか，という点です。前者の問題は次章で詳しく触れますが，後者の「黒字が出たら」については，模範回答は「ミッション実現のために再投資する」になります。この「再投資」が往々にして問題になります。

営利企業の場合，利潤を発生させて出資者に配当を出すほか，従業員にも還元します。彼らのかいた汗の賜物なのですから，その努力に報いようということです。ならば NPO の場合はどうでしょう。そもそも NPO が活動して利潤が発生するというのは，どういうことでしょうか。会費や寄付金で成り立っている NPO の場合，ある活動期間を終えて決算を行った結果，期首より期末のほうが財産が多かったとしても，それは利潤が発生したとはいえないでしょう。ですが，何らかの事業収入がある NPO の場合，その事業で利潤が発生することがありえます。その利潤は，その NPO のミッションを実現するために，設備を導入するなどに使う，というのが再投資になります。が，NPO が事業で

黒字を出せたのは，NPOの職員が努力したからでもあります。ならば，黒字の一部をNPOの職員に分配してもいいのではないでしょうか。
　それは，ミッション実現のために使う資金を減らすことになり，そのNPOのステークホルダーと呼ばれる所有者，支持者たちへの裏切りです。とはいえ，職員が能力を発揮してくれないのも困りますから，汗には報いなければなりません。このあたりが，営利企業とは異なるガバナンスやマネジメントを求められるジレンマなのです。
　また，多くのNPOは他人の善意に頼って資源提供を受けなければなりません。営利企業の場合，株主から資金提供を受けて顧客に商品を売り，顧客から受け取った利益から株主へ配当を出します。営利企業と株主の間も，営利企業と顧客の間も双方向のやりとりが行われます。

株主　⇄　営利企業　⇄　顧客

株主は，投資に見合った配当があるかどうかで投資するかを判断しますし，顧客は，対価に見合った商品を得られるかどうかで買うかどうする判断します。どちらも市場メカニズムが働いています。
　ところが多くのNPOは，資金提供を受けて困っている人々にサービスを行います。資金提供者（ドナーと呼びます）と，サービス受給者（**クライアント**と呼びます）との関係は一方通行です。

ドナー　→　NPO　→　クライアント

したがって，ドナーにとっては，会費なり寄付金に見合った活動が行われているかどうか知らなければなりません。クライアント側も，享受するサービスによって問題が改善されなければ，NPOが活動する意味がありません。営利企業のマネジメントでは顧客満足が重要な要素ですが，NPOの場合はドナーの満足度とクライアントの満足度を考えなければならないうえに，両者のベクトルが逆であることから，より高度なマネジメントが必要になります。
　なお，環境保護活動など，クライアントが存在しない分野もあります。基本財産の運用益で事業を行う財団もありますし，下記のように会員相互の互助的な活動を行っているNPOも存在し，上記のフローは普遍的なものではありません。

会員　⇄　NPO

NPO のマネジメントについてはアメリカを中心にいろいろと提唱されていますが，基本的には常勤職員が勤める事務局があって，理事会が指揮監督を行っている NPO を対象としています。互助的な NPO や，日本の NPO 法人に多い小規模で理事会と事務局が未分離な NPO は，そうした NPO のガバナンスやマネジメントとは違う手法が必要です。また，公益法人の一部を占める政府部門の外郭団体には，純粋な民間組織とは異なったガバナンス，マネジメントが求められます。

　営利企業との違いとして，ボランティアの存在もあります。NPO はボランティアの参加によって成立していることが多く，労働に見合った対価の支払われないことがほとんどであるボランティアは，従業員とは別の活かし方が求められます。ボランティアの**モチベーション**（動機）を高める手法というのは，営利企業でも従業員の動機を高めることにつながる面もあり，経営学の人的資源管理理論の応用になります。さらに NPO 特有の事情として，有給の職員と無給のボランティアが一緒に働くこともあります。この場合，職員とボランティアのそれぞれに配慮した人材の活かし方を考える必要があります。

　なお，資金調達の問題はマネジメントのなかでも重要ですので，次章で取り上げます。

NPO マネジメントの基本

　図 7.1 は NPO の基本構造です。財団は別ですが，会員が支えるタイプの NPO は，**理事会**が意思決定を行い，**事務局**が実務を行います。営利企業の取締役会と従業員に対比できます。理事は通常，会員が年次総会などで選びます。日本の NPO では理事を会員のなかから選ぶことが多いのですが，そうしなければならないのではありません。欧米の大きな NPO では，経営能力を買って外部から理事を呼ぶこともあります。

　したがって，理事の選び方がまず重要です。NPO のミッションを理解できていることだけでなく，組織を導く手腕，将来構想力など，マネジメント能力が求められます。ただし理事は複数名を選ぶのが通常ですから，1 人ひとりの理事がスーパーマンである必要はなく，理事会全体に能力があればよいのです。名誉職のようなお飾り理事や，理事会に出てこない幽霊理事，理想ばかり唱え

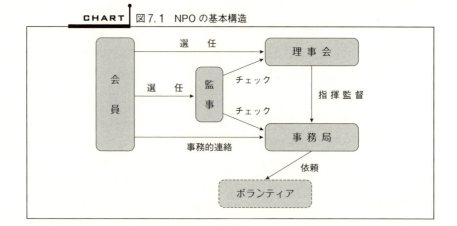

図7.1 NPOの基本構造

る青い鳥理事……，そうした理事ばかりだと，事務局が暴走したり，NPO全体の方向性を見失ったりします。そこまで踏み外さなくても，ミッションを効率的に実現できないでしょう。それは会員の支払う会費を無駄にすることですから，避けなければなりません。

　次に重要なのが，理事会が事務局を指揮監督できるかです。これは冒頭で説明したガバナンスの1つともいえます。事務局はいわばNPOの顔です。会員，ドナー，クライアントそして社会と接するのは事務局だからです。事務局の対応が悪ければ，そのNPOのイメージも悪くなります。また日常的に金銭や物資を扱いますから，厳正に作業を行わなければなりません。欧米の巨大なNPOでスキャンダルが明るみに出た事例の多くは，事務局内で不正が行われていて，理事会も監事も気づかなかったというパターンです（ただし，理事がNPOの資金を流用したり，一部の理事と事務局が結託して横領を働いたという事例も少なくありません）。

　ほとんどのNPOで理事は非常勤です。常勤の理事で理事会を構成できるほどの大きなNPOは少なく，規模の大きい公益法人でも常勤の理事が若干名で，非常勤の理事も含めて理事会を構成しています。非常勤が多い理事会を頻繁に開催するのは難しいでしょう。日常的に業務を遂行している事務局に対して，ときどきしか集まらない理事会が十分にコントロールするには限界があります。

　理事会や事務局が不正を働かないようにチェックする役として任命されているのが，**監事**です。営利企業の監査役と同じ役割なのですが，しばしばマスコ

ミを賑わす大企業の不祥事を監査役が防げないように，NPOの監事も存在感があまりないようです。多くのNPOでは，年度末の会計報告書をチェックするだけではないでしょうか。

理事会，事務局，そして会員も監事も含めて，そのNPOがミッションを実現するために必要なのは，「ミッションの共有」です。営利企業でも「経営理念の共有」がしばしば重要視されています。その共有のためと従業員の一体感をつくるために，朝礼で社歌を歌ったり社是を唱えたりします。NPOの場合はそこまでのことは行いませんが，成長して組織が大きくなり，さまざまな人々が集まってくるようになると，ミッションの共有を改めて意識する必要が出てきます。

 NPOの戦略

小さなNPOのマネジメント

日本のNPOで理事会と事務局が分離した形で実在しているのは，年間数億円の財政規模をもつような大きなNPO法人と公益法人ぐらいです。NPO法人の過半を占める会員数20人以下の小さなNPOは，形としては理事が選任されていても，その理事が同時に事務局の仕事をボランティアで行っています。

市民運動が長期化し，継続的な活動になったために法人格が必要となり，NPO法人や一般社団法人になったNPOでは，活動の中心メンバーがそのまま理事となり，事務局として必要な作業を分担しています。会員のなかのコア・メンバーがNPOを切り盛りして運営しているのです（図7.2）。大きなNPOも，政府や企業が出資して設立する組織を除けば，最初は小さなNPOから出発して，成長して大きくなります。小さなNPOの時代には，やはり理事会と事務局は未分離で，コア・メンバーが運営しています。すでに大きくなっているNPOも，最初は小さなNPOから出発しますから，小さなNPOのマネジメントを考えることは重要です。以下では，こうした小さなNPOのマネジメントについて説明します。

図7.2 小さなNPOの構成

　小さな組織を立ち上げて大きくしていくためのマネジメントとして，営利企業の世界であれば，**エントリー戦略**，**定着戦略**，**成長戦略**と段階的に異なった戦略をとります。これをNPOに当てはめてみましょう（田尾［2004］167頁以降参照）。

　エントリー戦略というのは市場への参入を図ることです。NPOの場合であれば，クライアントとの信頼関係を築くことと，ドナーを探しあて，継続的な活動を始めることになります。起業ともいえ，その観点からの議論は第**6**章で触れました。ただ，市民運動がNPOになる場合は少し異なっていて，運動を続けるうえで組織をつくる必要が生じ，NPOになるのですから，すでにエントリーは済んでいるともいえるでしょう。

　定着戦略では，営利企業では市場に定着することをめざすのですが，NPOの場合は，地域社会に受け入れられ，存在を知られることをめざします。たとえば国際協力のNPO，いわゆるNGOの場合，活動する地域で受け入れられることと，支援する先進国でも受け入れられることの両方を実現しないと「定着した」とはいえません。市民運動から生成したNPOの場合，NPOとして存続できる見通しが立つことが定着になります。大切なのは，経営資源の安定的確保です。長期的に支援してくれる会員の十分な確保，クライアントの信用，ボランティアなど働く人の確保の3点が基本で，活動内容によっては，さらに収益の見込める事業の実現など，プラスアルファの要素が必要になります。

　成長戦略というのは，営利企業の場合は売上を伸ばし市場シェアを増やし，さらに他の分野にも進出できるようになっていくことです。そのためには参入した市場で競争相手に勝ち，体力をつけて新しい市場をめざします。NPOの

場合は事情が異なります。まず成長する必要があるとは限りません。また参入した世界に競争相手がいるとは限りません。これは活動分野に大きく依存しますが，有給の職員を雇う事務局をつくると，その職員の雇用を守るために成長せざるをえないという事情が発生します。成長戦略に乗っていると判断できるNPOには大きく2つのタイプがあります。1つは自主事業を展開して成長するタイプ。このタイプのNPOのとる成長戦略は営利企業と変わりません。もう1つは政府部門からの補助金を受けて活動するタイプです。このタイプはある程度で成長は止まることが多いようです。

日本のNPO法人のほぼ半数は，会員数20人未満，有給の従業員ゼロ，年間の財政規模が400万円以下にとどまります（第1章参照）。これらの小さなNPOのほとんどは成長戦略に行き着かないでしょう。成長せずに活動を続けるうえで重要なのは「初心を忘れないこと」，すなわちミッションを忘れないことです。活動のマンネリ化は危険です。慣れているつもりで手を抜いてしまい，結果が思わしくなくなる可能性があります。とくに福祉分野のNPOはクライアントの生命に関わることもありますから，緊張感を失わないようにする必要があります。それは「何のために活動しているのか」を意識することであり，ミッションに立ち返るということです。それができない場合は，活動停止も視野に入れることになります。

解散，転進と撤退

NPOの活動は大きなジレンマを抱えていることもあります。それは，ミッションを実現したらどうなるのか，ということです。たとえば環境保護活動を行うNPOの究極の目標は，環境保護活動を行うNPOが存在しなくても良い世界の実現です。ミッションが実現するのとは逆に，ミッションに意味がなくなることも起こります。ミッションの社会的意義の喪失です。たとえば今の日本では「日本人の体格向上」などというミッションに意味はないでしょう。

あるいは，NPOが開始した社会貢献活動に対し，政府部門が必要性を認めて政策をつくり，政策的に問題が解決することもありえます。NPOが開いた市場に営利企業が参入し，NPOと競争関係になり，営利企業のほうが勝つこともあるでしょう。これらの場合，NPOが存在しなくてもよくなります。存

在意義を失ったNPOは，潔く解散すべきなのでしょうか。

それは，イエスでもあり，ノーでもあります。解散すべきだとするのは，もはや経営資源を注ぎ込む必要はなくなるのだから，資金にせよ人材にせよ，ほかに必要とする分野に向けたほうが社会的に望ましい，という考え方です。解散すべきでないというのは，そのNPOが活動を通じて蓄積した活動ノウハウを尊重すべきだ，という考え方です。

後者の解散すべきでないという考えに立ったときには，使命を終えたNPOは，新たなミッションを立てて，その実現をめざす活動に転進することになります。まったく異なった分野に移るのは難しいですから，同じ分野，同じビジョンのなかでの新しいミッションを構築するということです。有給職員を雇用している組織の場合，解散すると職員は失業するという問題もあり，新たな目標を設定して活動を継続せざるをえません。ミッションを再構築した例としては，第2章CASEの札幌チャレンジドがあります。

発展途上国の支援を行っているNPOの場合，現地で紛争が起こったために撤退せざるをえないという事態がしばしば生じます。これは地理的な撤退ですが，発展途上国の貧困対策の場合，クライアントを支援することから始めても，彼らが自立・自活できるようにしてNPOが引き払えるようにする，幸せな撤退もありえます。前述の「NPOが存在しなくても良い世界の実現」の別パターンです。

成長戦略に至ったNPOの場合は，一般論として，活動分野を広げて成長しようとしても，結果として進出しようとした分野から撤退することもありえます。後述するように，NPOにも「選択と集中」は求められますから，NPOにも事業の撤退という現象が起こるのです。

なお，営利企業が倒産するように，NPOも活動を停止することもあります。活動資金や人材などの資源の枯渇や，クライアントの消滅が起こります。たとえば福祉NPOのように，クライアントが存在するのに資源がショートして活動できなくなるのは困りますから，上述の定着戦略が重要になります。

NPOのマーケティング──選択と集中，SWOT分析とME分析

企業にせよNPOにせよ，組織の目的を実現するために活動し，また顧客な

いしドナーやクライアントの満足を追求します。そのためにはさまざまな市場活動を行うことになりますが、それらを総称して**マーケティング**と呼びます。基本的なレベルでは、Product（製品）、Price（価格）、Promotion（販売促進またはコミュニケーション）、Place（流通または場所）の4つの頭文字Pをとって、4Pと呼ばれる要素をどう組み合わせるか、という戦略です。これらは企業でもNPOでも無意識に何らかの方策はとっているのですが、それを意識してどういう製品（NPOであれば無形のサービスであることが多いです）にはどういう価格設定をし、どういうプロモーションをとり、どこを主たる市場とすれば良いのか、という組み合わせを考えようというのがマーケティングです。

現在の社会は、ヒトもモノもカネもありあまっているようですが、それを企業などが奪い合っていて、実のところどの資源も希少になっています。とくにNPOの場合、資金調達力が営利企業に比べて弱く、人々の善意に頼らなければなりませんから、カネだけでなくヒトやモノの調達もより困難です。

そのため、マーケティングを考えるうえで、資源を効率的に使って効果を上げるために、資源を投下する分野や事業を絞り込む必要があります。それが経営学でいう「**選択と集中**」です。資源を投下する分野・事業を「選択」し、それに「集中」するということです。会費や寄付というドナーの善意を無駄にしないという観点からも、「選択と集中」が必要なのです。

では何を基準に選択するのか。本章冒頭で紹介したKKD、すなわち勘と経験、度胸では駄目です。企業にせよNPOにせよ、自身の内部で強い分野、弱い分野は当然考えなければなりませんが、同時に組織を取り巻く環境を考えなければなりません。企業でいえば、顧客がいるかどうか、また競争相手はどうなのか、つまり「マーケット」です。マーケットという外部環境でチャンスがある分野と、他社が強くて脅威となっている分野があるでしょう。

この内部要因の2つと外部要因の2つをマトリックスにして考えるのが、**SWOT分析**です。内部の2要因、強み（Strength）、弱み（Weakness）と、外部の2要因、機会（Opportunity）、脅威（Threat）を列挙して検討する分析方法です。さまざまな分析方法がありますが、一例としては図7.3のように縦横にとったマトリックスを描き、強みがありチャンスである事業は力を入れ、弱くて外部には競争相手など脅威が存在する分野は撤退も視野に入れる、というよう

CHART 図7.3 SWOT分析

		内部環境	
		強み (Strength)	弱み (Weakness)
外部環境	機会 (Opportunity)	積極的に展開	差別化で機会を生かせるか？
	脅威 (Threat)	強みを生かして対抗？	撤退？

に分析します。

　もちろん，そのためには内部の強み・弱みについてわかっている必要がありますし，外部すなわちマーケットの情報も十分に把握しておかなければなりません。また，強み・弱みというのは何をもって分けるのかは微妙な判断ですし，機会と脅威というのも裏腹なことです。

　NPOの場合，単純にSWOTという分類だけでは話を進められません。というのは，本来行うべきであるミッションに即した仕事だけで続けていけるところはいいのですが，そういうNPOは少ないでしょう。本来事業だけでは組織を維持できず，付帯的な収益事業も行って本来事業の赤字を補わなければなりません。そこまでの規模でない小さなNPOでも，地域社会から依頼されて断れない仕事を抱えがちです。

　ミッション実現のために必要な業務と，NPOを存続させていくために必要な経済面，この2つ，MissionとEconomyの頭文字を取って**MEマトリックス**が提案されています（島田[2005]160～162頁）。縦軸にミッションを，横軸に経済を，それぞれの尺度で見て高い・低いで4区分し，NPOの抱える事業が，どこに入るかを考えるというものです（図7.4）。

　ミッションとして重要で経済的にも高収益な「花形」がいいのでしょうが，当然ながら，この分野はNPO・営利企業を問わず競争相手が存在する可能性があります。次に大切にすべきはミッション度は高いけれども収益にならない「理想主義者」であり，NPOが担うことを期待されているのはこの分野です。ただし，ここを続けるためには，右下の「乳牛」部分も行わないと維持できませんが，ここは営利企業との競争が予想されます。「落ちこぼれ」は切り捨て

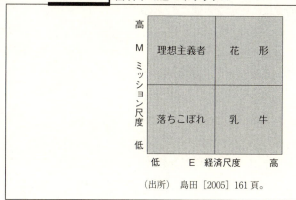

図7.4 ME マトリックス

(出所) 島田［2005］161頁。

るべきである，ということは一目瞭然なのですが，往々にして，しがらみやこだわりで，ここを引きずっている NPO を見かけます。

　ME マトリックスで考えて，「花形」や「理想主義者」であれば，それらの事業を推進すればいいのかというと，必ずしもそうではありません。人的資源も資金力も限られている NPO の場合，優先順位を付けて取り組まないと「虻蜂取らず」になるでしょう。ME マトリックスで浮かび上がってくる事業のなかから，何を優先するかは，SWOT 分析によって弱み・強みや外部環境を考慮し，手がける事業を絞り込む必要があります。

3 NPO の意思決定

NPO による意思決定の問題点

　市民運動やボランティア団体が組織化した NPO が意思決定をするときに見られる問題点は，「スピード感の欠如」と「集団浅慮」です。理事会と事務局が未分離でコア・メンバーが意思決定を行う NPO では，何か決めなければならない場合でも，会合を頻繁に開けません。会って議論しても，メンバーの対等性を重んじ，全員が同意するまで話し合い続けることも往々にしてあります。

　市民運動に携わる人のなかには，民主主義とは全員合意のことであると主張

する人もいます。団塊の世代に属する人は，かつて革新派の東京都知事だった美濃部亮吉が公共事業について「一人でも反対があれば橋はかけない」と述べたことを覚えていて，そのような思想こそ市民運動の原点だと考えていたりします（原典は，美濃部都知事が引いたような意味ではなく，植民地独立後の社会をどう築くかというテーマのなかで，たとえば橋をつくる事業でも市民が主体になるように，文明を市民のものにしなければならないという主張をしています。Fanon／鈴木・浦野訳［2015］113～114頁参照）。が，全員合意には時間がかかります。NPOが対応しなければならない問題のなかには，急いで対処すべきこともあります。

　第2章で触れましたが，社会問題の解決に対して政府への期待とは異なる期待がNPOに寄せられています。その1つは不測の事態が起きても，NPOは迅速かつ柔軟に対応できるという特質です。政府の場合，状況を把握し，それに対して必要な措置を検討し，誰が実施するかを考慮し，物品を確保し，そして実働に入ります。そうしないと公平な対策がとれませんし，税金を無駄にしてしまいます。しかし，NPOの場合はとりあえず動き，できる人々でできることをできるところで手がけられます。この場合に必要なのは「スピード感」です。

　営利企業でも意思決定のスピード感は重要視されています。日本の電機産業が21世紀に入って失速し，韓国のサムスン電子や台湾の鴻海精密工業などに追いつかれ追い抜かれるようになった理由の1つに，日本の企業の意思決定の遅さがあげられます（ただし日本の電機産業が韓国や台湾に追い上げられ，分野によっては追い抜かれたのは，企業の意思決定の遅さ以外に，円高やソフトウェアとハードウェアのバランスなど，さまざまな要因があげられています）。多くの日本企業では取締役は，従業員が出世して就任することが多く，営業担当，製造担当などと業務を分担します。各部門を代表するサラリーマン取締役が取締役会で議論しても，それぞれの部門の利益を考えるために企業全体としての意思決定が進みません。赤字の部門から撤退しようという意思決定は，その部門の取締役が反対して即座に行動に移せないのです。それに対し，サムスンなどは一族経営でトップダウンで決めるために意思決定が速い，とされています。

　法人格を取得するさいは，基本的に議事決定の方法について定款に記載することが求められます。ほとんどの法人が多数決としているはずで，議論がまと

まらない場合は多数決という規定を行使する必要がありますし，法人格をもたないNPOでも意思決定にスピード感を意識することは重要です。

　法人格を有し，理事会と事務局が分離しているNPOでも，理事のほとんどは非常勤であり，定例理事会は多くても月に一度です。緊急を要する案件が発生したときに緊急理事会を開くのも限度があります。そういう事態が予期される分野で活動するNPOであるなら，いざというときには誰がどのように意思決定し，その後に理事会でどう追認するかのルールをつくっておく必要があります。

　もう1点の「集団浅慮」は，話し合って出した結論が間違っている，という事態です。政治史の世界で代表的な事例は，アメリカのケネディ大統領による「ピッグス湾事件」です。これは，カストロ革命後のキューバを資本主義陣営に戻そうと，アメリカに亡命しているキューバ人を米軍支援の下，キューバに上陸させようとして大失敗した事件です。有能なはずのメンバーで協議したのに，反対しにくい雰囲気であったり，他の可能性を無視してしまう，いわば「空気」に支配されて失敗するのが集団浅慮です。

　集団浅慮はNPOに限らずどのような集団でも起こりうるのですが，市民運動系のNPO特有の現象として，先鋭派に引っ張られて予期せぬ事態に至ることがあります。市民運動は社会問題の解決をめざすさい，往々にして行政や企業と対峙します。問題解決のためには，どこかで妥協点を見出したほうが100パーセント満足な結果でなくとも早く終結します。が，100パーセントの解決でないと満足しない，自らの主張をすべて受け入れられないと終わらせない，そういう意見をもつメンバーも存在します。そうした原理主義的な声が出たときに，現実的な妥協策を選ぼうという意見は，あたかもミッション実現をめざしていないかのように思われがちです。かつての学生運動が意見の違いから分裂して過激派同士の内ゲバに陥ったように，原理原則にこだわることとミッションの実現は別のことで，妥協を繰り返しながらでも一歩一歩現実的な解決を積み重ねていくほうが，組織外の支持の拡大にもつながります。先鋭的な意見に引っ張られてしまうのも，集団浅慮の一種といえます。

リーダーシップ

　組織や集団の意思決定にあたり，最終判断を下すのがリーダーであり，その能力や権限のことを「リーダーシップ」と呼びます。NPO の場合，リーダーシップを発揮するのは理事会であり，そのなかの理事長ないし代表理事と呼ばれるトップです。また従業員やボランティアを雇っている事務局がある場合には，その事務局を統括する事務局長が事務局内のリーダーシップをもつことになります。事務局の下に事業ごとの部署を設置するほどの大 NPO であれば，それらの部署やセクションごとにリーダーがいるでしょう。企業でいえば中間管理職です。

　従来のリーダーシップ論から敷衍して，NPO を含め組織内でのリーダーシップについて，以下のの3点が指摘されています（田尾［2004］120～121頁）。
(1)　相手がある（リーダーシップに対するフォロワーシップ）
(2)　個人的能力ではなく，必ず存在する
(3)　勝手に発揮することではない

　リーダーの決定や指示に従う相手がいるから，リーダーシップが成立します。この「相手が従うこと」をフォロワーシップと呼びます。次に，リーダーシップは基本的に属人的な能力によるのではなく，組織にはリーダーシップが必要だからリーダーを決める，ということです。例外的にカリスマ的リーダーの存在がありますが，これについては後述します。最後に，リーダーシップというのは独裁・独善的行為ではなく，何らかの規範や基準に基づいて発揮されるものである，ということです。

　フォロワーシップとは，リーダーに絶対服従しなければならないということではありません。いったん決定されたことでも，状況が変われば柔軟に見直すことも十分ありえます。ですが，リーダーの決断には基本的に従い，たとえ反対意見をもっていても，それを表明するには TPO を考えるというのが，フォロワーシップです。

　上記の(2)(3)の点で例外的なのが，**カリスマ・リーダー**の存在です。カリスマとは語源としては新約聖書で「神の贈り物」を意味する宗教用語でしたが，マックス・ウェーバーが社会学用語として，人並み外れた能力や神秘性，あるい

はそれらを有する人物のことをカリスマと呼びました。それが，今日では用語として一般化しています。カリスマが創設するNPOという事例もしばしば目にします。カリスマの能力は個人的なものであり，それに惹かれた人々がフォロワーとして従うのであり，カリスマ・リーダーはしばしば独断的・独善的な振る舞いをし，場合によってはハラスメントとなることがあります。

　カリスマというのは個人的な属性ですから，そのカリスマが引退するか死去すれば，そうしたリーダーシップの継承はできません。また組織の成長によって，カリスマ創業者が引き続きリーダーを務めるのがいいとはいえないこともあります。

　「創業は易く守成は難し」という言葉があるように，何かを始めるよりも，それを守って続けるほうが難しいということはよくいわれます。NPOにせよ営利企業にせよ，リーダーシップの継承は難しい問題で，P. F. ドラッカーも後継リーダーの指名について紙幅を費やしています（Drucker［1990］／上田・田代訳［1991］195～196頁）。ウェーバーがカリスマを社会学の概念としたのは，支配の類型化のために，カリスマ的支配以外に，伝統的支配と合法的支配を想定していました。伝統的支配とは王や家父長によるような支配で，合法的支配とは法令等の手続きに則って権限をもつ人による支配です。ウェーバーが重要視したのは合法的支配であり，近代社会においては官僚制（公務員制度ではありません。後述します）がその最たるものとしています。ただウェーバーの時代は，ドイツをはじめ各国に皇帝や王侯貴族がいましたから，政治家や首長を合法的支配者とは言い難かったのです。またウェーバー自身は政治家をカリスマ的支配者と見ていた部分もあります。今日では，公選によって選ばれる政治家や首長も合法的支配に含めていいでしょう。

　NPOのリーダーを考える場合，個人が始めた家業のようなNPOであれば伝統的支配によってリーダーシップも相続されるかもしれませんが，例外的な存在でしょう。ほとんどのNPOは定款や会則に基づいて会員が総会を開いて理事を選任することになっていますから，明文化され共有されたルールに則って選ばれるリーダーは，合法的支配に含められます（もちろん，カリスマ性や家柄の結果，選任されるケースもありえますが，それでも合法的に選ばれたことになります）。手続きを踏まえて選ばれたリーダーによる合法的支配では，上記で紹介

したリーダーシップの3点が当てはまります。

ウェーバーの考えた支配の類型によるリーダー論から離れるとして、カリスマ性をもたない人間がリーダーとなったときにどう振る舞うべきでしょうか。リーダーシップ論にはさまざまな主張がありますが、日本のNPOリーダー向けの1つとして、サーバント・リーダーシップがあります。

サーバント・リーダーは1973年に提唱された概念で（Greenleaf［1970］）、日本では21世紀になって知られるようになりました。リーダーとは「大声で強引に人びとを引っ張っていくというタイプではなく、まず最初に人びとに尽くす（serve）人」という考え方です（金井［2001］）。サーバント・リーダーはフォロワーに尽くすだけでなく、その組織の理念への奉仕者であり、その忠実な実行者です。

ただし、サーバント・リーダーになれば誰でもリーダーシップを発揮できるかというと、そうではありません。市民運動系のNPOでときどき起こることとして、回り持ちでリーダーを決めようとします。民主的で平等だと思っているのでしょう。が、決断力のない人を選ぶと、何か想定外の事態が起こったときに対応できず、NPOだけでなくクライアントにも被害が及びかねません。

4. 事務局の確立と官僚制

▎官僚制の必要性と問題点 ▎

小さくスタートしたNPOも、クライアントの増加や、補助金・助成金などの取得によって事業を拡大し、成長していくこともあります。そのさい、組織として1つの転換点となるのが事務局の確立です。コア・メンバーが手弁当で集まって分業しているうちは、事務局は誰かの自宅やオフィスに間借りしていたり、NPOサポートセンターに置いているでしょう。それが一段階成長して、どこか事務所を借り、職員を雇うようになれば、事務局が確立したことになります。

事務局の確立は「官僚制の開始」と呼ばれる現象です。この「官僚制」とは

役所のことではなく，あらゆる組織に見られる合理的組織形態のことです。これもウェーバーの提唱で，以下の6つの要素からなります（Weber／世良訳［1960］60～62頁）。

(1) 官僚制的規則（職務上の義務，職務権限の分配，任命の規則）
(2) 官僚制的階層
(3) 書類や文書に基づく職務遂行
(4) 専門的訓練を前提とした職務活動
(5) 専従職員
(6) 学習可能な諸規則に従う職務

ボランティア団体というNPOのイメージとはほど遠く感じられるでしょうが，いくら「市民が行う自由な社会貢献活動」であっても，無責任は困ります。とくに福祉の分野では生死に関わりかねません。**By the way ❼-1**のような事態を考えてみましょう。

By the way ❼-1　Dさんのケース

　Dさんは認知症の母親と同居しています。介護保険のヘルパーを週2回使っていますが，それ以上のケアが必要なときは，老人介護ボランティア団体に依頼しています。ある日，仕事のために泊まりがけで外出しなければならず，留守中のことをボランティア団体代表者のEに依頼しました。ところが，頼んだその日のその時間になっても誰も来ません。待ちきれずにEに電話したら「それはボランティアのFさんが行くことになっている，行くことになっているFさんに聞いてくれ」という返事。そのFさんの電話番号を聞き出し電話したら，今日は都合が悪くなったから行けないといいます。結局Dさんは仕事をキャンセルしなければなりませんでした（1999年4月以降，『毎日新聞』日曜版連載コラムの小笠原京著「いっしょに生きませんか？　私の老老介護」のなか，5月9日の記事から翻案）。

　このようなケースで，きちんとした対応をするには，事務局が手配したボランティアと連絡を取り合い，もしも急に駄目になったなら代わりの人を手配する，依頼元にもその旨を連絡する，という体制をとっていなければなりません。

そして，そうした体制が，事務局の担当者や現場のボランティアが別の人に変わっても引き継がれるようになっている。それを突き詰めると，ウェーバーの定義する官僚制になるのです。

担当者が交代しようと，あるいはトップが変わろうと，場合によってはスタッフが総入れ替えになっても，仕事は継続される，それが本来の組織であり，その永続性を「ゴーイング・コンサーン」（going concern）と呼びます。ゴーイング・コンサーンという言葉を用いる理由は，ある組織の成果を図ろうとしても，永続していては結果がわからないため1年など期間を限って決算を行い，定期的に事業成果を確認する必要があるからです。

役所や企業の窓口と接していて，担当者が変わるたびに一から説明し直さなければならないとか，出てくる人によって言うことが違ったりして，困ったという事態は誰しも経験があるでしょう。「そんなこと，誰が言いましたか？」と言われても，出てくる担当者の名前をいちいち覚えてはいません。そして，言った言わないのトラブル。誰が責任者かわからない。

そうしたトラブルを防ぐために，ルールを明確にし（官僚制的規則），責任分担を分け（官僚制的階層），文書で連絡する（書類や文書に基づく職務遂行）……といったことが必要になります。こうした体制を整えることが「官僚制」です。特定の職員やボランティアが引退しても困らないように，誰でも学習すれば仕事ができるようにする必要もあります（学習可能な諸規則）。

ボランティアが活動するNPOであっても，人によって仕方が違うとか，あるボランティアに頼んだことが別のボランティアに伝わっていない，ということが生じると，クライアントは困ります。そういう属人性を払拭するために官僚制が必要になるのですが，徹底してしまうと「お役所」と変わらなくなってしまう危険性もあります。そのバランスがNPOには大切です。

事務局長の孤独

複数の職員が勤めるような大きなNPOになると，その事務局を統括する**事務局長**という職位が誕生します。事務局の職員が1人であっても，そのNPOでボランティアが働いているならば，その事務局職員は事務局長と同じ立場になります。

事務局長は事務局のマネジメントを遂行します。理事会（あるいはリーダー）の方針や戦略に沿って、効率的に結果を出せるよう日常業務を差配し、職員やボランティアを指揮監督します。時には誰も行いたがらない仕事を指示するか自ら遂行しなければなりません。事務局内で問題が見つかれば、理事会に報告し、解決を求めなければなりません。

　NPOの事務局長特有の課題としては、有給の職員と無給のボランティアが一緒に働くNPOの問題があります。一緒に仕事をしているのに、給料をもらう人ともらわない人がいます。立場が違うと理解していても、やがて不平不満の種になります。それを溜めさせない解決策、あるいはそもそも不平感を感じさせない予防策を講じられるかは、事務局長次第です。事務局長のような職務にも、前述のサーバント・リーダーは求められるでしょう。

　一方、ドナーやクライアントから、あるいは職員やボランティアからの要望やクレームを適切に判断し、必要に応じて理事会に報告しなければなりません。おそらく理事会にとって「寝耳に水」といった事態もあるでしょうし、反発されるような報告もありえます。

　NPOをはじめ組織は人間の集団であり、仕事の効率性にも多かれ少なかれ人間関係に影響される部分はつきものです。人間関係に配慮して嫌われそうなことを伝えずにいると後々のトラブルにつながります。職員やボランティア、ドナーやクライアント、そして理事会の三者の間をつなぐポジションである事務局長は、立場の異なる人たちの間に位置するため、その微妙な人間関係に配慮しつつも、伝えるべきことは伝え、断るべきことは断らなければなりません。反感を買うこともある、孤独な仕事といえます。

情報の共有と情報の公開

　言った言わないのトラブルを防ぐための文書主義が、官僚制の要素の1つであるということを説明しました。これは「情報の共有」の一部です。あらゆる組織で構成員のなかでの「情報の共有」は必須であり、営利企業や政府部門の多くで新採職員にまず「ほう・れん・そう（報告・連絡・相談の略）」を教え込みます。これはNPOでも変わりません。

　ITが発達するまでは紙に書いた文書が最も確実な情報共有手段でしたから，

文書主義とならざるをえなかったのですが，今日ならメールなどデジタルな手段でもかまいません。留意点は，立場によって共有すべき情報が異なることです。職員の間で共有していれば済むこと，ボランティアにも知らせておくべきこと，理事会にも報告しておくべきこと，理事の間でのみ共有しておかなければならないこと……さまざまな情報がありえます。個人情報など秘密にしなければならない情報もあり，何でも関係者全員が知っておくべきではありません。情報を共有すべき相手には，伝えるべきことは伝え，余分なことは伝えないという，過不足ない情報を共有する必要があります。これは実務上，難しいことですが，近年はメーリング・リストやSNSを使うことなど技術面の進歩が見られます。

　NPOと情報の関係で重要なもう1点として，**情報公開**の問題があります。情報の共有は組織内の課題であり，情報の公開は組織外に向けての課題です。営利企業にせよNPOにせよ，組織の所有者である株主や会員に対して，活動の成果を伝えることは義務です。出資や会費，寄付を受けているのですから，その結果がどうなったかを報告しなければなりません。その結果の評価いかんで，さらに支援し続けてくれるかどうかが決まります。組織の所有者に情報公開するのは当然として，彼ら以外の人々には見せるべきでしょうか。営利企業の場合，株主以外には積極的に見せないのが通例です。営業上の秘密があったり，経理の中身を知られることで無用な貸借を迫られたりしてリスクはあってもメリットがなさそうだからです。

　NPOの場合はどうでしょうか。NPOのなかでもNPO法人と公益法人は，法律によって情報公開が義務づけられています。所轄庁に事業報告書を提出することとされており，それらは誰でも閲覧できます。これを怠ると認証や認定の取消処分を受けます。NPO法人については，情報を公開することによって市民の信頼をえて育っていくべきという趣旨で，公益法人は税制優遇を受けるのですから，その優遇にふさわしい活動であるか，市民が判断するためです。

　情報公開義務のない任意団体のNPOはどうでしょうか。ここで考えなければならないのは，それぞれのNPOのステークホルダーは誰なのか，という点です。ステークホルダーは「利害関係者」ともいわれますが，当初はそれぞれの組織の所有者を意味し，営利企業の株主やNPOの会員を指していました。

が，営利企業にとっては顧客や従業員も大切な存在であり，彼らもステークホルダーであるとして，**マルチ・ステークホルダー**といわれるようになっています。

NPOのステークホルダーは会員といっても，ドナーとクライアントという性格の違う関係者がいます（ドナーとクライアントが営利企業の株主と顧客とに対応するとは限りません）。活動する地域社会もNPOのステークホルダーといえます。したがってNPOは，営利企業よりも多様なマルチ・ステークホルダーを抱えていることになります。

こうした多様なマルチ・ステークホルダーたちに対しても，できるだけ情報を開示することが望まれます。それはさらに支持を拡大することにもつながります。したがって，法律で義務づけられていない法人格のNPOであっても，あるいは任意団体であっても，可能な限り情報公開すべきです。逆にいえば，大きなNPOであるのに事業報告書などを公開していない組織は，何か社会的に見せたくない事実があると疑われても仕方ないということになります。

By the way ❼-2　NPOのコンプライアンス

NPOにはさまざまな法人種別や活動内容がありますが，なかにはミッション実現という目的から踏み外し，不正行為や違法行為を犯してしまう事例も後を絶ちません。公益法人や社会福祉法人などの旧来型NPOによる横領や補助金の不正使用などが，しばしば報道されていますし，NPO法人でも事例があります（澤村［2006］第4章補論を参照）。2014年2月にも東日本大震災被災地支援の現場で，自治体の補助金を不正に使用していたNPO法人の代表者が逮捕されました。

このようにマスコミに取り上げられるまでいかなくとも，NPOの経営者が法令に対して理解不足なために，結果として不法な事態が起こってしまうことも少なくありません。近年，問題視されているのは，NPO法人で働く職員が，超過勤務を強いられたのに残業代が出ないという労働基準法に触れる実態が見られることです。社会を良くしようとしているのだからボランティアで，と無償労働の残業を強い，最低賃金を下回るような給与実態になっていたり，ボランティアを「好きで従事しているのだから」と長時間働かせているということを耳にします。また，インターンシップの学生を，長期に

わたって職場体験と称して働かせ，労働基準監督署から「インターンシップの範囲を超えている」と注意されたNPOもあります。

「ブラック企業」の代表としてあげられる「和民」も，創業者は，自分の夢を実現するためには24時間働くのが当たり前，と思っていたようです（小説ですが，高杉［2002］参照）。いくら良いことを行っているつもりのNPOに勤める仲間とはいえ，他人に無理強いをしていては「ブラックNPO」と非難されることになるでしょう。

〔参考文献〕

澤村明［2006］『草の根NPO運営術』ひつじ書房．

高杉良［2002］『青年社長（上・下）』角川文庫．

人的資源管理

雇用者をどう管理するかという問題，一言でいうなら，支払う給与等に見合った結果を出させるにはどうしたらいいのかということは，マネジメントの重要なテーマです。そもそも科学的なマネジメントの最初の1つと呼ばれる「ホーソン実験」も，工場労働者の作業効率は何に左右されるかの解明でした（後述します）。人事制度設計や労働組合対策などの労務管理という色合いが濃かった時代もありますが，近年では，人間を戦略的資源と考え，組織の目標を達成するためにどのように能力を発揮させたらいいのか，という考え方に変化してきました。この考えを**人的資源管理**（human resource management，HRM）と呼びます。

NPO固有の問題は，ボランティアの存在です。ボランティアのマネジメントは大きく3つの分野があります。**ボランティアの育成，ボランティア・コーディネーション**，そして**有給職員とボランティアの関係**です。

ボランティアの育成とは，参加者を募り，活動を継続させ，成長を促すことです。基本はモチベーション（動機）を高め維持することにあります。ボランティアに参加するモチベーションについての理論では，利己的動機，利他的動機が考えられており，さらにこの2つの複合的な動機もあげられます。利己的

動機とは，新しい技能の修得につながることの期待や，仲間づくりなど，ボランティアに参加することが自分のためになる，という理由です。利他的動機は，困っている人を放っておけないなど，他人のために働きたいという理由です。ボランティア参加者へのアンケート調査などで見ると，利己的動機も利他的動機ももっている回答が多く，個人レベルではどちらかのほうが強いこともあるでしょうが，あわせもっている人が多いようです。

　ボランティアに参加するきっかけと，継続する理由とに共通する大きな要因は一緒に働く人間関係，いわば「ボランティア仲間」の存在です。上述のホーソン実験では，工場労働者の生産性は照明に左右されるのではないかという仮説に基づいて実験したものの，結果として，作業効率を左右するのは一緒に働く同僚の人間関係だったと判明しました。ボランティアの場合，基本的に労働の対価は受け取りませんから，働いた結果が本人にとって満足できるかどうかと，一緒に汗をかく仲間との関係が，続けるモチベーションになっているのでしょう。

　ボランティア・コーディネーションとは，行政や企業，地域社会とボランティアとを調整することです。ショートストーリー3で触れた災害の現場など，ボランティアを必要とする側と，ボランティアに行こうとする側とで行き違いが生じないように調整する行為をボランティア・コーディネーションと呼び，そういう働きを行う人をボランティア・コーディネーターと呼びます。日本で誕生したきっかけは，病院や福祉施設で，ボランティアと利用者，職員の間で調整する必要が生じたことといわれています。その後，阪神・淡路大震災などで大きく注目されるようになりました。現在では，（特非）日本ボランティアコーディネーター協会が行う，ボランティアコーディネーション力検定制度など，学習する仕組みもつくられています（日本ボランティアコーディネーター協会，http://www.jvca2001.org/）。

　最後の有給職員とボランティアの関係については，事務局や事務局長の節でも触れました。営利企業でも近年は正規雇用社員と派遣社員の関係が課題になっていますし，公務員でもキャリアとノンキャリ（総合職と一般職），ホワイトカラーとブルーカラーなど立場の違う職員の関係には微妙なものがあります。ただ，ボランティアは無償労働であることがほとんどであるため，企業や行政

とは異なります。NPOのボランティアと職員とは立場が異なっても同じNPOの一員であり、ミッション実現のために共同作業を行う「仲間」であることに違いはありません。ボランティア参加者のモチベーションを下げないような人間関係を築くことが基本です。

　ボランティアをどうマネジメントすればいいかという課題は、NPOにとどまりません。先進国を中心に情報化社会、知識社会となった現代において社会の中心をなすのは知識労働者です。その知識労働者についてドラッカーは「知識労働者はボランティアとして取り扱わねばならない」と主張しています（Drucker／上田訳［1999］23頁）。金銭的対価ではなく、仕事からの満足、挑戦の機会などボランティアのモチベーションをどう維持するかは、知識労働者の雇用にもつながるのです。

By the way ❼-3　NPOにおけるキャリア形成

　NPOが知られるようになってから、大学生から「NPOで働きたい」という相談を受けることが増えました。NPOへの就職、NPOに勤めてからのキャリアについて考えてみましょう。

　まず現実として、既存のNPOで働いている人のほとんどは企業からスピンアウトしたり、国際的な大組織のNGOで働いてキャリアを築いてきました。有名なNPOのなかには、大学生が起業セミナーの勉強会から始めてNPO法人になった、（特非）ETIC.（第6章By the way ❻-2参照）のような組織もありますが、例外的な存在です。本章第2節のNPOの段階的な戦略の箇所で紹介したように、事務局を確立し専従職員を雇えるようになった段階でNPOが必要とするのは、オールラウンドに業務を遂行できる人材です。したがって、すでにどこかで働いた実績のある人を中途採用することになります。

　成長軌道に乗ったNPOでは、新卒の学生を雇用する事例もみられます。多くは人脈に頼って雇っていたようですが、2014年2月には東京でNPOの合同就職説明会が開催されるようになっています（『日本経済新聞』2014年3月13日）。

　日本のNPOでも、組織内で新人を育成する体力がついた、と評価できます。冒頭で示したような希望をもっている学生には途が開けたといえますが、

問題は NPO に就職したあとのことです。まず給与が営利企業より低いことを覚悟しなければなりません。また NPO で身につく技能は一般的・専門的なものと，その NPO 特有で他の組織では役に立たないものがあります（専門用語で「文脈的技能」と呼びます）。長く勤められる幸せな就職であればいいのですが，転職を考えると，その NPO 内で身につく技能以外に，職員のキャリア形成に資するような勉強や研修を有効に実施できるかが，個人にも NPO にも求められます。

　ある県庁所在地の NPO 法人で働いた経験のある人たちへのインタビュー調査を，ショートストーリー 4 にまとめていますので，参考にしてください。

 互助的な NPO と外郭団体のマネジメント

　マネジメントに関しての議論の最後に，会員同士で助け合うことを目的とする互助的な NPO と，政府部門や営利企業の**外郭団体**として設立される NPO について簡単に触れます。

　互助的な NPO で考えなければならないのは，組織としての継続性，あるいは持続可能性です。参加している会員は高齢化等の理由で，やがて退会していきます。助け合うためには，ある程度の会員数を維持しなければなりません。互助的な組織は会員の視線が内向きになりがちであり，組織外からは活動内容がわかりにくいととらえられることにつながります。新しい参加者を集めるための方策が必要になります。

　また助ける側と助けられる側が固定的になると，会員同士で助け合うことが望ましいのか再検討することも必要になるでしょう。NPO のままでも利用料をとりヘルパーに対価を支払って派遣するようにするとか，そのビジネス・スタイルで採算が成り立つならば新たに営利企業を設立することも考えられます。

　行政や営利企業が出資して公益法人や NPO 法人，一般非営利法人を設立することも少なくありません。これらのいわゆる外郭団体のマネジメントで求められるのは，情報公開に基づくアカウンタビリティ（説明責任），設立者からの

独立性，活動の柔軟性の3点です。

　政府部門の外郭団体の場合は，設立時の原資が税金であり，さらに年々補助金が支給されています。また往々にして天下り先という疑いで見られています。納税者あるいは市民に対して，そのミッションに意義があり，活動内容が補助金や寄付に見合っていることを納得してもらわなければなりません。営利企業の外郭団体の場合も，株主や顧客に黒字隠しの受け皿ではないかと疑われないよう，説明を行う責任があります。

　次の設立者からの独立性という問題は，なぜ本体の一部署ではなく独立した組織にしたのかという，組織のレゾン・デートル（存在理由）に関わる問題です。第1章で説明したNPOの要素である自己統治や自発性にも関係します。設立当初は独立性を認識していても，年数を経るうちに職員が入れ替わり，やがて「親会社と子会社」になってしまい，補助金を出す設立者の顔色をうかがうようになり，何のために活動しているのかミッションを見失うことが起こりかねません。

　最後に，活動の柔軟性は，とくに行政の外郭団体に求められます。政府部門は単年度予算主義で法令に基づく活動を行わなければなりませんが，NPOはいずれの法人格にせよ民法に基づいて設立する，民間の組織なのです。民間ならではの柔軟さとスピード感を発揮できなければ，わざわざ政府部門から独立している意味がなくなります。

EXERCISE ●チャレンジ課題

① 冒頭のCASEについて，次の3点を考えてみましょう。
  (1) ホールのダブル・ブッキングが起きた理由と，その防止策。
  (2) Aさんと事務局長，理事会の対応について，このNPOの組織としての問題点と改善策。
  (3) このケースで，この先に考えられる解決策。
② NPOの1つである私立学校では，危ないとささやかれている学校法人ほどウェブサイトでの情報公開はおろそかになっている傾向にあるといわれています。そういう学校と人気校のホームページを調べ，事業報告書に書かれている内容を比べてみましょう。

CHAPTER

第 8 章

どのように資金調達するのか

KEY WORDS

● 本章で学ぶキーワード

- □ 会　費
- □ 事業収入
- □ 寄付金
- □ 一般寄付
- □ 指定寄付
- □ 遺　贈
- □ 補助金
- □ 助成金
- □ 助成財団
- □ 委託費
- □ 指定管理者制度
- □ 借り入れ
- □ 債券発行
- □ 公益信託
- □ 正会員
- □ 賛助会員
- □ 活動計算書
- □ NPO法人会計基準
- □ 公益法人会計基準
- □ みなし寄付金
- □ 自己評価
- □ 第三者評価

CASE
● プラン・インターナショナル・ジャパン

　（公財）プラン・インターナショナル・ジャパンは世界各地の恵まれない子どもたちを支援するNGOで、1983年にフォスター・プラン日本事務局として設立されました。1986年に財団法人となり、2006年に名称をプラン・ジャパンに変え、11年に公益財団法人として認定されました。2016年に現在のプラン・インターナショナル・ジャパンに組織名を変更しました（以下、プラン・ジャパンと表記）。もともとは、1937年、スペイン内戦のときにイギリス人のジャーナリストたちが「スペインの子どものためのフォスター・ペアレンツ・プラン委員会」をつくり、戦災孤児のための施設を開設したのが始まりです。

　現在は会員をスポンサーと呼んでいますが、以前はフォスター・ペアレントといいました。（財）フォスター・プラン協会の会員は発展途上国の恵まれない子どもの疑似的な里親になるというユニークな会員制度でした。このフォスター・ペアレント会費は月に5000円で、年額にすれば6万円になります。決して安いとはいえない会費ですが、日本国内だけで一時は約5万人のフォスター・ペアレントが存在していたそうです。その金額に見合う満足があると感じさせるだけの事業を行っていたといえます。

　このフォスター・ペアレントは、実際に里親になるのではありません。集まった会費は、発展途上国で小学校の建設や、上下水道を作るなど発展途上国の子育て環境の改善や地域開発に使われます。すると、その小学校が建った村の子どもから会員の1人ひとりに宛てて、「日本のお父さんお母さん、ありがとう。おかげで小学校ができて、毎日勉強できるようになりました」というような手紙が届きます。それが会員に満足感を与えていたのです。もし、ストレートに発展途上国の開発援助を訴える会員募集であったなら、日本国内で約5万人が年間6万円も払ったでしょうか。

　フォスター・ペアレントという英語は里親を意味するため、誤解がないように「里親制度ではありません」という解説もありました。現在では、法人名称がプラン・ジャパンに変更となり（国際組織は1970年代にPlan Internationalに変わっています）、会員制度も、支援者名がスポンサーに変わり、会費

を月々3000円，4000円，5000円から選べるほか，マンスリー・サポーターという月1000円でプランのNGO活動を支援するサポーター制度もつくられています（こちらは子どもからの手紙は届きません）。2016年6月末現在，スポンサーは約3万6000人，マンスリー・サポーターが約1万4000人となっています。それらの人々が支払う寄付金は，スポンサーが約18億6000万円，マンスリー・サポーターが約4億7000万円にのぼります。

　プラン・ジャパンは個人会員の善意に支えられているだけではありません。たとえば2008年から森永製菓が「1チョコfor 1スマイル」キャンペーンを実施しており，ダースチョコなど森永チョコの売上からプラン・ジャパンともう1団体に寄付金が渡されています。これはチョコレートの原料カカオの産地である発展途上国の子どもたちが教育を受けられるように，という趣旨の支援です。他の企業や労働組合などからもさまざまな支援を集め，プラン・ジャパンはミッションを実現しているのです（プラン・ジャパンについては同財団ウェブサイト，http://www.plan-international.jp/。森永製菓の「1チョコfor 1スマイル」キャンペーンについては，http://www.morinaga.co.jp/1choco-1smile/）。

1　NPOの資金調達

NPOの財源構成

「もしも心がすべてなら／いとしいお金は何になる」（寺山［1966］296頁）という言葉があります。市民運動やボランティアに携わる人たちのなかにも，「お金」より心が大事と考える人も少なくありません。しかしNPOが必要とする経営資源，ヒト，モノ，カネのうち，最も深刻なのがカネの問題です。

　営利企業の場合，設立時に出資者を募り，その後は株式市場を通しての増資と，売上からの内部留保によって資金調達を行います。が，一般にNPOの資金調達は以下のような財源から構成されます。

（1）会費収入

(2) 事業収入
(3) 寄付金
(4) 補助金・助成金
(5) 委託費

　この並び順には意味があります。(1)に近づくほうが，収入を上げるのがより困難であるものの使途の自由度が高く，(5)に近づくほうが，容易に入金できるが使途の自由度が低くなります。以下，それぞれの財源の特徴と，その資金調達時にNPOが陥りやすい陥穽（かんせい）を説明します。またこの5財源以外にも借り入れるという資金調達の方法があります。

会費収入

　会員やサポーターによる**会費**は，勧誘しなければ入金されません。活動する地域が限られたNPOの場合，その地域でNPOのミッションを理解して入会する会員を一定数以上に増やすのは難しいことです。そうかといって，会費を高く設定することは会員数を減らすことになります。ただし，この会費はNPOの維持運営の何に使うのも自由です。

　他の資金源と比べ，会費には特別な意味があります。このことは後述します。

事業収入

　事業収入も，努力しなければ収益は上がらないものの，その収入の使途は自由です。組織として継続的に事業を行うためには，分野によっては営利企業と同等の戦略をもたないと売上につながりません。市民感覚だけでなく，プロフェッショナルなマーケティングを行うことが必要です。たとえばホームレス支援のNPOが，炊き出している豚汁がホームレスの人たちに評判だからといって，フリーマーケットの場などで「ホームレス豚汁，1杯200円」と売り出したとしても，売れるでしょうか。

　また，事業収入の課題として，継続的に事業収入を得られるようになった場合，その事業が法人税法上の収益事業に該当すると法人税を支払う義務が生じます。これはNPOの本来事業であっても納税しなければならず，ほとんどの事業が当てはまります。第3節「税務」のところで後述します。

寄付金

寄付金は，会員になるという継続的関係ではなく一度きりのことなので，寄付する側にとっては気楽であるといわれています。逆に，会費のような対価がない一方的な支出であるため，会員よりも募集は困難という指摘もあります。

寄付金は2種類に分けられます。「NPOに寄付する」という使途を限定しない**一般寄付**と，「○○事業のため」と使途を定めた**指定寄付**です。前者については会費や事業の収入と同じく使途の自由度は高いのですが，後者は，指定された使途に費やさなければなりません。たとえば野生動物の保護活動をミッションとするNPOが「パンダ保護のために」と受けた寄付金を，絶滅危惧種だからといってコビトカバ保護の事業に使うのは背信行為になります。

ただし一般寄付にしてもまったく使途が自由ということではなく，そのNPOのミッションに共鳴して渡される性格のものですから，NPOの運営に関する一般管理費ではなく，本来事業に使わなければ，モラルを問われかねません。会費の場合は，会費に対する会員サービスなどの対価がある場合が多いことと，組織の維持運営を望んで会員となるのですから，この問題はあまり問われません。

日本のNPO制度では，寄付金収入に大きく頼っているNPOは，特定非営利活動法人なら認定NPO法人に，一般非営利法人なら公益法人になることで，寄付した側が税制優遇が受けられるようになり，寄付を集めやすくなります。

寄付の1つに**遺贈**による寄付があります。遺贈とは遺言によって財産を贈与することで，当然の権利として受け取る相続と区別する言葉です。相続税で国家に取られるぐらいならNPOに使ってほしい，とか，生前に世話になったNPOに渡したい，という遺志の実行です。認定NPO法人や公益法人への遺贈は相続税がかかりません。

By the way ❽-1　寄付の新しい形

近年，ICT技術の進歩によってさまざまな新しい形の寄付形態が登場するようになりました。ここではそれらのなかから，寄付付き商品，クリック募金，クラウド・ファンディング，不要品寄付を紹介します。

寄付き商品は，企業などが販売する商品の売上から一定割合の金額をNPOや社会運動などに寄付するという仕組みです。本章のCASE末尾で紹介した森永のダースチョコもその一例です。

　クリック募金は，スポンサー付きのウェブサイトで募金の趣旨を呼びかけ，募金への賛同ボタンをクリックすると，そのクリック回数に応じた寄付をスポンサー企業が支払うという仕組みです。最近はTwitterやFacebookといったSNSと連動したクリック募金も増えています。

　クラウド・ファンディングは寄付を集めようとするNPO自身や，そうしたNPOを支援するインターミディアリ（中間支援組織）がウェブサイトを立ち上げ，そこで不特定多数の個人や法人から寄付を集める仕組みです。寄付だけでなく起業や新製品などのアイデア実現の資金集めにも使われています。

　不要品寄付は，未使用切手，プリペイド・カード，衣料品，図書などを集めて換金することで資金調達するもので，上記ICTに関わる仕組みに比べると伝統的な仕組みです。

　これらはどれも現代的な資金調達方法ですが，NPOにとっても寄付しようとする側にとっても気をつけなければならない課題があります。まずICTに関わる仕組みはまだまだ構築に費用と手間がかかり，弱小NPOには縁遠いですし，寄付する市民の側にとっては真っ当な寄付なのか詐欺なのかを見抜くリテラシーが求められます。

　また不要品寄付は，自治体や町内会のリサイクル活動への妨害になることもありえ，引き取るチャネルによっては闇社会の資金源につながっていることもないとはいえません。

〔参考文献〕
　日本ファンドレイジング協会編［2013］『寄付白書2013』日本ファンドレイジング協会．

補助金・助成金

　行政からの**補助金**や財団などからの**助成金**は，申請書類を提出すれば受け取ることができるものもあります。極端な場合は，紙切れ1枚でお金を手にできます。その意味では入手しやすい資金ですが，使途は限られています。補助

金・助成金の多くは，設立時や何かの事業に必要な費用を申請し，そのなかで補助・助成に値すると審査された部分のみが対象となります。また総必要経費に対して何分の1までとか総枠でいくらなど，上限金額も決まっています。原則として，申請した事業以外に流用はできません。

　補助金も助成金も，その使った結果を報告する必要があります。申請書類にせよ報告書にせよ，書類作成の手間がかかりますから，事務能力を備えたNPOでないと資金として使えません。

　なお，NPOや市民運動，研究教育などに助成金を支給することを目的とした財団法人を**助成財団**と呼びます。いわばNPOのためのNPO，中間支援組織の1つです（ショートストーリー**3**の**By the way 1**参照）。

委託費

　委託費とは，行政や企業が何かの事業を外注に出すさい，必要な経費を受託者に支払うものです。したがって，その委託費を目的外の使途に流用することはできません。

　委託費として実態が多いのは，第**4**章でも紹介した**指定管理者制度**です。自治体の所有する公民館や美術館など「公の施設」の管理を民間団体に委託する制度で，NPOも多く受託しています。この施設の管理に必要な費用が委託費として，NPOに支払われます。この委託費は公の施設の管理のためで，受託したNPOの他の用途に流用できませんし，NPOが施設の事務室内でNPOの他の事業を行ったり，委託費で購入した機器類をNPOの運営のために使うのは趣旨に外れます。

　行政が委託業務を発注するときは，価格競争入札や提案制など，競争的な選考方法で行われます。税金を無駄にせず良い結果を出すためですが，エントリーしようというNPOには，そうした競争を勝ち抜く能力が必要になります。

借り入れと債券発行

　なお，資金調達には**借り入れ**という方法もあります。以前はNPOにとって，金融機関からの借り入れは困難でした。これは，日本の社会にNPOが登場したのが1995年以降と新しい存在で知名度がなかったことや，金融機関の多く

が融資するさいに，相手方の担保能力など経済的な信用に応じて貸し出していたため（コーポレート・ファイナンス），不動産などの資産を所有していないNPOでは信用されなかったからです。

　しかし近年は，事業の採算性をチェックして融資する方式が増えてきたことと（プロジェクト・ファイナンス），NPOそのものが知られるようになってきたことから，信用金庫や労働金庫といった協同組合系の地域金融機関によるNPO事業支援ローンなどの融資システムが登場してきました。

　ただし，これらはNPOだからという理由で融資するのではなく，あくまでも事業計画の中身を厳しく審査して返済能力を確認します。融資する側の判断基準は中小企業やベンチャー・ビジネス相手のときと変わるものではなく，NPO側の事業計画の立案能力，提案能力が問われます。

　とはいえ，ある信用金庫の事例では，NPOに融資した200件のうちデフォルト（返済不能）は1件のみだったそうで，実はNPOへの融資はリスクが低いのです。理由は，NPOの事業の多くが社会に必要な事業であり需要が確実だからではないかと考えられています（共助社会づくり懇談会第5回資料3「資金面の課題に関するWGのこれまでの議論について（深尾主査）」，https://www.npo-homepage.go.jp/uploads/report33_5_03.pdf，2017年3月2日閲覧）。

　また各地で，NPOなど市民運動に融資するための金融機関，コミュニティ・バンクやNPOバンク，市民ファンドもつくられるようになってきました。これはNPOや市民運動を支援したいという市民や企業が出資してつくられます。財源別の説明の助成金のところで紹介した助成財団の市民版ともいえます。

　そのほかに，NPOが，会員などを対象に**債券発行**をして資金調達を行う事例も見られます。新潟県三条市のNPO法人，（特非）地域たすけあいネットワークでは，デイケア施設用に不動産を取得するのに，会員から一口50万円で借り入れを行い，総額2500万円を集めて目的を達しました。大口の申し出もあったそうですが，少数から多額を借りるよりも，多くの会員から広く薄く集めたい，ということと，必要金額以上に集める必要はないという理由で，大口の申し出は断ったそうです。その結果，不動産を入手できただけでなく，そのバリアフリー化などのリフォーム工事も済ませて，無事に「デイサービスかじまちの家」をオープンさせています（地域たすけあいネットワークはhttp://

tasukeai.sakura.ne.jp/html/）。

　2016年末に「民間公益活動を促進するための休眠預金等に係る資金の活用に関する法律」が成立しました。これは10年以上放置された銀行預金等が毎年500億円にのぼるため，これをNPOなど民間で公益活動を行う団体の助成・貸付・出資に使えるようにする，という趣旨の法律です。実施のための細目はまだ決まっていませんが，要注目です。なお，休眠預金は所有者が気づいて銀行に払い戻しや解約等を請求すれば，全額が返されます。そのため銀行が預かっているという処理になっています（「休眠口座について考えるための情報サイト」http://kyumin.jp/ および「休眠預金活用推進議員連盟」http://www.kyuminyokin.net/ 参照）。

　また，「**公益信託**」という制度があります。これは，個人や企業が財産の一部を，慈善事業など社会貢献のため，銀行等に信託して運用するものです。現在は信託銀行等しか受託できないのですが，これをNPO法人も受託できるようにし，信託できる財産も金銭だけから不動産も対象とすることが検討されています。早ければ，2018年に公益信託法改正案を国会に出すことになるそうです（『日本経済新聞』2016年12月24日）。

 資金調達の課題

　NPOの資金調達は，上記5つの多様な財源のどれか1つに頼るのではなく，財源を組み合わせることが安定につながります。ただし，スタートするさいは会員からの会費が最も重要です。会員を増やすことは，収入源であるという以上に，NPOの存在が広く受け入れられている，期待されている，ということの証明につながるからです。また会員はスタッフやボランティアの供給源でもあり，事業などを手がけるにしても，何をどうすべきかの情報源にもなるからです。会員はヒト，モノ，カネ，情報といった経営資源の供給源であるといえます。

　会費には寄付的な性格と，対価的な性格があります。後者は会費に見合った満足感を得られるか，という経済学でいえば効用の問題です。もちろん寄付と

して支払ってくれる会員に対しても，会費をどう使ったかを説明する責任がありますから，事業報告書や会報によって説明責任を十分に果たすことが求められます。また会員制度を2つに分け，法人法で定める社員，すなわちNPOの経営権をもつ会員と，経営に関与しない会員とにして，会費と対価を区別するという方法も一般的です。たとえば前者は**正会員**として年会費は高めにし，後者は**賛助会員**として会費は低くし，薄く広く支持を集めるやり方です。なお本章冒頭のCASEで紹介した（公財）プラン・インターナショナル・ジャパンを含め，財団法人では法律上の社員としての会員は存在せず，会員と名づけていても，ここでいう賛助会員と同じ位置づけになります。

　NPOの資金源についての内閣府調査によれば，財政規模の小さなNPOは総収入に占める会費の割合が大きく，逆に，財政規模の大きなNPOになると事業収入の割合が高くなります。2013年度の調査では，年間収入が5000万円を超えるNPOは，ほぼ収入の半分が事業収入です（内閣府［2014a］）。

　また認定NPO法人や公益法人は，寄付金収入の割合が高くなります。認定NPO法人の場合，会費の一部を寄付金として払ってもらうことで，会員が所得税控除を受けられるようにするという工夫も行われています。たとえば年間1万円の会費を，年会費は5000円に下げ，5000円は寄付金として，総金額としては変わらず1万円を受け取る，と変更するのです。寄付については，ミッションをわかりやすく，また共鳴してもらえるように効果的にPRするとか，イベントと組み合わせて寄付をしやすくするなど，工夫が求められます。

　事業収入についての課題は，上述のように営利企業と変わりはありません。採算可能性を見極めることが重要で，経営分野でフィージビリティ・スタディと呼ばれている収益性に関する調査を行うべきです。その能力が身につけば，事業で収入が上がるようになりますし，金融機関からの借り入れにもつながります。

3 NPOの会計税務

会計業務

　「会計は経営の羅針盤」という言葉は，NPOにも当てはまります。むしろ会員の会費や寄付で事業を行うのですから，営利企業以上に大切な業務といえます。英語で会計を意味するaccountingと説明責任のaccountabilityは同じ語源です（古いフランス語で「数える，物語る」を意味するconterに由来します）。

　会計業務では，日々の入出金を管理する会計業務を行い，最終的に報告書類を作成し，会員などのステークホルダーに経営の結果を報告します。そのさいに作成する書類を営利企業との対比で記すと，表8.1のようになります（ほかにNPOの場合は財産目録，営利企業の場合はキャッシュフロー計算書などがあります）。

　活動計算書とは聞き慣れない用語ですが，内容は営利企業の損益計算書と類似しています。非営利であるから損益という言葉を使わないのです。これらの書類の作成方法を含め，どのように会計を行うか，**NPO法人会計基準**や**公益法人会計基準**が定められています。前者は「NPOのことはNPOで」という考えで，NPO関係者が集まってつくった基準で，後者は内閣府が定めたものです。どちらも拘束力はありませんし，NPOも公益法人も活動内容はさまざまなので一律に利用できないところもあるのですが，これらの基準に沿って会計処理を行ったほうが，社会的には理解されやすくなります。また一般法人向けの会計基準はありませんが，公益的な活動を行うならば公益法人会計基準かNPO法人会計基準，そうでないならば企業会計原則に従ったほうが，やはり社会的な認知につながります。組織固有の論理でつくった会計書類は，その組織の内容を知っていないと理解できないことがあります。

　日々の会計業務では，簿記の規則に従わなければなりません。簿記には単式簿記と複式簿記があります。単式簿記とは家計簿やお小遣い帳のように現金・預金の入出金を記録する方式で，複式簿記とは現金・預金の動きを「仕訳」して記録する方式です。複式簿記は，その技術を勉強して習得しなければ手がけ

CHART 表8.1 企業とNPOの報告書類

営 利 企 業	Ｎ Ｐ Ｏ
貸借対照表	貸借対照表
損益計算書	活動計算書*

（注） 2012年にNPO法が改正され，以前の「収支計算書」が「活動計算書」に変わりました。また公益法人の場合は「正味財産増減計算書」になります。一般法人は定められていません。

られず，その能力度合いを資格として問うのが簿記検定試験です。

小さなNPOで，取引はすべて現金支払いか預金の振り込みで済み，取引量も少なく，固定資産ももたないのであれば，単式簿記で対応できます。上記のNPO法人会計基準では，単式簿記からでも決算書類が作成できるようになっています。

ただし未収金や未払金が出る場合や，現金預金以外の財産をもつ場合，借入金や貸付金がある場合は，複式簿記に移行しないと記録できなくなります。そういう会計がないように思えても，実際には発生しているものです。たとえば，小さな年会費制のNPOが年度末近くになると次年度分の会費を受け取った場合，それは会費としてその期の収入に入れるのは間違いで，前受け会費という預り金にしなければなりません。そして期末決算で，その年度の会費収入はいくらで，次年度の前受け会費はいくら，と処理しないと，次年度の会計時に「前年度ほど会費が入らない」という勘違いを起こすことになります。したがって，可能であれば早い時期から複式簿記を導入しておくことが望ましいともいえます。法人格をもたない任意団体でも同じです。

税務処理

NPOも税金を支払う義務があります。任意団体であっても所得が発生した年度は納税義務が生じます（会費収入以外の事業収入で黒字になった場合という意味です）。ほとんどの任意団体は税務署に捕捉されていないため，所得があっても納税していないだけで，法律上は納税義務があります。それに対して特定非営利活動法人（NPO法人）など法人格をもつと，税務署に100パーセント捕

CHART 図 8.1　NPO の事業の課税対象

	法人税法	
	収益事業	非収益事業
NPO 法　本来事業	■■■	
収益事業	■■■	

捉されます。事業所得が発生すると法人税が課せられますし，赤字でも法人住民税の均等割分，最低で 7 万円（都道府県 2 万円，市町村 5 万円）を毎年支払う義務が基本的に生じます。ただし NPO 法人の場合は，収益事業を行わなければ法人住民税の減免措置がありますし，一般非営利法人の場合も非営利性が徹底していれば事業所得以外は課税対象とならないなど，営利企業とは異なる扱いになります。

　法人税法では，「これらの事業は課税対象にします」という業種が 34 種類列挙されています。NPO のミッション実現をめざす本来事業であっても，税法上の 34 業種に入ると，課税対象となる可能性があります。たとえば 34 業種には「出版業」が含まれています。子育て NPO が，子育てのノウハウをテキストブックにして販売し黒字になったら，その所得は課税対象でしょうか。

　子育て NPO がテキストを出版した場合，税務上，① 34 業種に該当する事業，②事業場を有し，③継続して行う，という 3 条件を満たすと課税対象とされます。この子育て NPO のテキストであれば，③に該当しなければ課税対象とはならないはずです。が，このような種類の所得が課税対象となるかどうかの解釈が税務署のさじ加減で決められてしまい，管轄の税務署によって解釈が異なることもあります。

　法人税以外にも，職員やアルバイトを雇っていれば所得税の源泉徴収を行わなければなりませんし，事業が拡大すれば消費税も支払うようになります。また一定以上の資産を所有すれば，固定資産税も課せられることがあります。

　公益法人や認定 NPO 法人には，税務上の優遇措置もあります。たとえば公益事業の赤字を収益事業で補塡することが認められます。この内部補塡は「みなし寄付金」と呼び，収益事業の所得の 2 割まで公益事業の赤字補塡に使うことが認められています。学校法人は不動産への固定資産税の減免措置があるな

ど，さまざまな優遇税制が存在します。また公益法人や認定NPO法人へ寄付した場合，寄付した人への減税制度もあります（第**3**章参照）。

日本の税制は複雑です。会計も知識と技術が必要です。NPOの場合，熱意と善意で活動するにしても，ステークホルダーへの説明責任としての会計報告，社会的責任としての納税は当然果たさなければなりません。納税義務があると知らずに法人格をとって，税務署から連絡を受けて驚くという事例がありますが，それは勉強不足といわざるをえません。早いうちに税理士など専門家と相談しておくことが求められます。

なお特定非営利活動法人の場合，所轄庁に会計報告が求められており，そこでは本来事業（特定非営利活動に係る事業）と収益事業（その他の事業）を区分しなければなりません。これと法人税法上の収益事業は異なります。図8.1の網掛けの範囲が課税対象となります。

NPOの評価

自己評価と第三者評価

会計報告は会員などステークホルダーへの説明責任だと説明しました。説明を受けた人々が，その説明をもとに活動を評価し，そして支持し続けるか見放すか，何か改善を提案することになります。

営利企業は評価が下がれば市場から退出するのが当然とされます。政府も行政評価を行うことが求められるようになった今日，NPOだけが評価を受けずにいることはできません。評価には**自己評価**（内部評価）と**第三者評価**（外部評価）とがあります。組織内部で自ら評価を行わなくても，たとえば政府部門は選挙という外部評価を受けるし，営利企業の場合は商品市場や株式市場で外部評価されます。では，NPOの場合は，どうでしょうか。

たとえばアメリカでは，NPOの自己評価用の基準を公表し，その基準に合致したNPOのみが参加できるネットワーク団体があります。インター・アクション（Inter Action）という団体で，次の8つの基準を掲げています（http://

www.interaction.org/)。①ガバナンス，②組織の誠実性，③財政，④社会とのコミュニケーション，⑤運営と人材，⑥プログラム，⑦公共政策，⑧実現，です。団体に加盟することが，この基準を満たしているという証明になり，一定以上のレベルのNPOであると評価されることになります。

またアメリカでの第三者評価の例としては，AIP（American Institute of Philanthropy）があります。そのウェブサイトでは，寄付金を募集しているNPOを評価した格付け結果が事業分野別に掲載され，同じ分野のNPO同士の比較ができるようになっています（http://www.charitywatch.org/）。AIPでは，NPOから提出された年度報告書，会計監査を受けた財務諸表をもとに，「事業への支出割合」「100ドルの寄付を募るための費用」「利用可能な資産規模」の評価項目から総合的に評価し，6段階の格付けを行っています。AIPでは財務面の評価が中心ですが，寄付をしたい人への参考資料となっています。

日本ではNPOの評価に関しては歴史が浅いこともあって，有用かつ定着している評価法はあまりありません。自己評価用の枠組みとしては，1999年から（特非）コミュニティ・シンクタンク評価みえが事業評価システムを開発し公表していたぐらいですが，その内容の改善は停滞気味です（評価みえは2011年に解散）。ほかには大阪府NPO活動促進検討委員会が2003年9月にNPO向けの「自己点検シート」「活動分析シート」を作成・発表しましたが，「所轄庁による管理強化の手段ではないか」「お役所のつくったもんなんか使えへん」と大阪人らしい警戒をされて，ほとんど使用されなかったそうです。近年注目されているのは，エクセレントNPO大賞で，これは社会の課題に挑戦して成果を出しているNPOを外部評価によって表彰しようという活動です（http://www.excellent-npo.net/index.php/ja/）。

また2016年4月には，国内のいくつかのNPOサポートセンターや助成財団などが連携して，一般財団法人非営利組織評価センターが設立されています。ここは，NPO（一般社団，一般財団なども含む）を外部評価し，そのNPOが資金集めをしやすくなるなど，社会的な信頼を得られるよう支援する組織です（http://jcne.or.jp/）。評価を求めるNPOは，まず，このセンターの手引書に従って自己評価を行い，それから外部評価を受けることになります。

そもそもNPOはどのような指標で評価すればよいのでしょうか。営利企業

ならば決算で評価できますが，NPOにはそのような明確な成果指標がないことが多いでしょう。たとえば高齢者介護のNPOが今年は100人の高齢者を介護したとして，翌年は，200人介護すれば成果が上がったといえるでしょうか。80人しか介護できなかったけれど満足度は前年より高かったというケースは，評価できないのでしょうか。

　営利企業や政府に比べ，NPOは個々の特色が強く，一般的な基準による外部評価は困難です。また外部評価を受ける場合も，上記の非営利組織評価センターのように，まず自己評価を実施してから外部評価という順序であることが多いようです。つまり，NPOにとっては外部評価を受けるよりも自己評価を行うことが重要となります。NPOが自らの成果を自己評価し，次のサイクルに活かすことが，さまざまなステークホルダーに支持され続け，成長していくことにつながります。

ドラッカーによる自己評価手法

　ドラッカーはNPOの自己評価手法について記しています。ドラッカーによれば，NPOの自己評価は以下の5点が基準となります（Drucker［1993］／田中訳［1995］21頁を改変）。

(1)　ミッションは何か？
(2)　顧客は誰か？
(3)　顧客は何を価値あるものと考えるか？
(4)　成果は何か？
(5)　計画は何か？

　ドラッカーは，NPOの自己評価プロセスによって，絶えずミッションと行動の見直しを行うことを重視しています。まず当たり前ですが，組織設立時のミッションが失われているならば解散するか，次のミッションを掲げなければ，組織を維持していく意味はありません。これは前章でも触れました。

　次の顧客ですが，ドナー・会員，クライアント，ボランティア，そして地域社会というマルチ・ステークホルダーに満足を与えていなければ，組織を存続する意義はありません。そして成果が出ていなければ，そのNPOは，組織として何らかの問題があるか，そもそものミッションに存在価値がないか，いず

れにしてもそのまま存続する意味はありません。最後に将来をどう描いているのか，描くためにはミッションの再定義を行うことになり，再び(1)に戻ることになります（田中［2005］第8章参照）。

なお，評価はその組織のために行われるものです。その自覚のある NPO であれば，事業報告書にその年度の活動結果について自己評価も記載してあります。

EXERCISE ●チャレンジ課題

① 寄付金を解説した箇所で，「一度きりのことなので，寄付する側にとっては気楽である」という説と，逆に「会費のように対価がない一方的な支出であるため，会員よりも募集は困難」という説をあげました。どのような寄付ならやりやすく，逆にどのような寄付は難しいか，考えてみましょう。

② エクセレント NPO のウェブサイト等で，どのような団体がどういう理由で受賞しているのか分析してみましょう。

③ さまざまな NPO や公益法人のウェブサイト等で，自己評価を発表している事例，あるいは事業報告書に記載されている事例を探してみましょう。

CHAPTER 9

第9章

NPO をつくってみよう

CONTENTS

- ● 本章で学ぶ内容
- 1 ワークショップ開催の手順
- 2 受講者数が50人を超える大クラス
  - (1) 0回：ガイダンス
  - (2) 初回：ミッション選びグループワーク
  - (3) 2回目（場合によっては3回目まで）：グループワーク
  - (4) 発表会
- 3 受講生が20人を超え50人以下の中クラス
  - (1) 0回：ガイダンス
  - (2) 初回：ミッション選びグループワーク
  - (3) 2回目（場合によっては3回目まで）：グループワーク
  - (4) 発表会
- 4 受講生が20人以下の小クラス
  - (1) 0回：ガイダンス
  - (2) 初回：ミッション選びグループワーク
  - (3) 2回目（場合によっては3回目まで）：グループワーク
  - (4) 発表会

1 ワークショップ開催の手順

ワークショップ開催にあたって

　本章では，大学のNPO論などの講義で，「NPOをつくってみよう」というワークショップを開催するさいの手順を解説します。ボランティア団体にせよNPOにせよ，あるいは社会的企業にせよ，どのように仲間あるいは同志を集め継続していくかは難しいことです。それを体験型学習で身をもって学ぼうという趣旨です。

　学生が行うことを主体としていますが，教員がアドバイスしたほうがよいポイントなども記載してあります。したがって実施にあたっては，学生・教員どちらの方々も下記の「教員が行うこと」「学生が行うこと」の両方を読んだうえで実施してください。

　参加人数によって進め方が異なるので，以下では人数別に，①50人を超える大クラス，②20人を超え50人以下の中クラス，③20人以下の小クラスの3パターンで説明します。ただし30人以上であれば①の大クラス方式も可能ですし，15人以上で②の中クラス方式を実施することも可能です。②③で実施する場合も①の部分を読んでください（説明の性格上，それぞれの手順の説明が繰り返しになっているところもあります）。

　このワークショップでは架空のNPO法人を設立することにします。NPO法人とは，第3章で説明したように，本章末By the way ❾-1 特定非営利活動促進法別表第二に記載された活動分野で「ボランティア活動をはじめとする市民が行う自由な社会貢献活動」（NPO法第1条）を行う法人組織です。設立要件は会員（法でいう社員）が10人以上と定められているため，会員を10人以上集められるかどうかがメルクマールになります。一般社団法人は2人で設立できるなど，設立が容易な法人格もありますが，1人でも多くの共感・支持を集められる呼びかけをつくることを学ぶため，NPO法人を想定します。

　多くのNPO法人では法でいう社員にあたる「正会員」と，議決権をもたな

いかわりに会費の安い準会員制度を設けるなど，支持を広げるための工夫をしています。ミッションとする社会問題の解決内容や解決方法だけでなく，会員制度の工夫なども含め，席を並べる受講生に共感できるアピールを行わなければなりません。このワークショップでは，そうしたアピールのための「参加呼びかけ文」を作成します。

ここでは，NPOについての解説，NPO法人制度（特定非営利活動法人制度）の概要についての講義は終わっていることを前提としています。多少の事例紹介を行ってもいいのですが，過去の講義で紹介した事例に影響されがちとなりますので，このワークショップでNPOを想定するさいには注意が必要です。

市民参加型のワークショップの場合は，知らない同士が集まった団体であることが多く，ワークショップの本番に入る前に，アイス・ブレーク，ウォーミング・アップなどと称する事前ゲームを行うことがあります。本章では，上述のようにすでに何回か開講された講義中での実施を想定しているので，アイス・ブレーク等については記載しません。

ワークショップは基本的に以下の流れで進めます。3〜4週での実施を想定しています。

(1) ワークショップに入る前のガイダンス
↓
(2) ミッション選びグループワーク
↓
(3) 「参加呼びかけ文」（後述）作成グループワーク
↓
(4) 発表と評価，講評

このワークショップでつくる「参加呼びかけ文」とは

作成する「参加呼びかけ文」は以下の内容になります。

NPO法人設立のためには，NPO法人設立の目的，法人の概要，当面の事業計画などを説明し，支持を呼びかけなければなりません。このワークショップで作成する「参加呼びかけ文」では，NPO法で法人設立のために求められる書類のうち下記3点と，会員集めのPRを作成します。

(1) 設立趣旨書：法人を設立しようとするに至った経緯，設立目的，事業内容
(2) 定款の抜粋：法で定める定款内容の一部のみ
(3) 事業計画書：法では設立当初の事業年度と翌年度のものとしていますが，このワークショップでは「当面のもの」

（なおNPO法第10条で定められた法人設立時に必要な書類には，上記のほかに，役員名簿，社員のうち10名以上の名簿，禁止事項に触れないことの確認，設立総会の記録，予算書があります）

(4) 会員集めのPR：様式は任意

なお，上記のいずれかに会員制度や会費額を明記します。4つの文書は独立させなくてもかまいません。たとえばA4で3～4ページ程度のパンフレット形式にすると，実在のNPO法人が作成したかのような説得力が出るでしょう。

受講者数が50人を超える大クラス

50人を超えるクラスを想定していますが，30人以上でも催行可能です。

(1) 0回：ガイダンス

ワークショップを行うための予告です。
【教員が行うこと】
　次回から3～4回で「NPOをつくってみよう」というワークショップを行うことを伝えて，全体の流れを説明し，準備として「自分が解決したい，解決すべきだと思う社会問題」を考えてくるように予告してください。1つでなく複数考えてきてもかまいませんが，人数の多いクラスだと時間中に全員が発表しきれませんので，次回以降，採用されるのは一部であることも予告してください。
　また，NPO法人制度について復習すべき箇所などを指示してください。
【学生が行うこと】
　次回までに，「自分が解決したい，解決すべきだと思う社会問題」を考えて

きます。また，NPO法人制度について復習しておきましょう。

(2) 初回：ミッション選びグループワーク

どのようなNPOが考えられるか，ミッションの選択から始めます。

【教員が行うこと】

① 学生に，考えてきた「自分が解決したい，解決すべきだと思う社会問題」を順次発表させます。人数は5人から10人程度。発表時間は1人3分まで。発表のつど，出席者に興味があるかどうかを尋ねます。挙手でもクリッカーでもかまいません。

② 発表したテーマのなかで，興味度が高いものから4～6テーマを選んでください。ただし学生の身近な問題ばかりにならないように配慮してください。最大6つとする理由は，心理学的に一目で区別がつくのは7つまでとされていることと，1回90分の授業時間での進行管理を考えると，6つ程度が妥当だからです。

　人数が集まらなくても興味深い事例が出てきたら，2人以上で設立できる一般社団法人の存在についても触れるとよいでしょう。

③ 各テーマの解決をめざすNPOを設立する準備作業を行う，発起人グループを編成します。各グループ，4～5人程度を学生から募ります。6人以上にすると，フリーライダーが発生する可能性が高くなります。

④ 次回以降の学習内容を指示します。発起人グループは，「参加呼びかけ文」をつくり，それらに基づいたプレゼンテーション資料を準備します。設立趣意書等は後日，教員に提出させ，プレゼンテーション資料は発表形式に応じて指示してください（後述のように順次発表か，ポスターセッションか，など）。

なお，次回以降の正規の講義時間中に作業を行わせるのであれば，発起人グループに参加しない受講生対象の別の課題を設定する必要があります。

【学生が行うこと】

次回，「参加呼びかけ文」をつくる作業を行うので，類似ミッションのNPO法人を探し，その設立趣旨書，定款，事業計画書などの事例を探しておきましょう。

(3) 2回目（場合によっては3回目まで）：グループワーク

グループワークを行います。

【教員が行うこと】

① 発起人グループに参加しない学生については，別の課題を与えます。また，グループワークの進度によっては1回で終わらない可能性もありますが，その場合は次回の正課中に続けるか，課外で自習してくるかになります。その場合は，1週間ではなく，もう少し長めに作業時間をとったほうが無難です。

② 「参加呼びかけ文」は発表会当日までに提出させ，発表の際に講評できるよう準備しておきます。

③ 最終回では，各発起人グループの発表ないしポスター・セッションに対し，受講生全員が評価を行います。教室形態に自由度があれば，ポスター・セッション形式のほうが多くの学生の興味を惹きます。発表の場合はグループ数に応じ，あらかじめ発表時間等を指示してください。

④ 各グループの発表に対する評価方法を決め，事前に受講生に伝えておく必要があります。評価は発起人グループ参加者も含め受講者全員で行います。評価は投票方式でもいいですが，仮想通貨による会費ないし寄付の金額で評価する，いわば市場評価も学生に頭を使わせることになります。この場合，日本の家計の年間寄付額が3000円を少し下回る金額で推移していることを教え，最終回には会費や寄付の金額で評価することを指示しておきます。

【学生が行うこと】

① 選んだミッションに沿った，設立趣意書，定款の抜粋の作成，会費の決定，事業計画の作成，会員集めのPRを作成します。

② 定款はNPO法11条に定めるすべてを書かなくてもかまわないので「定款の抜粋」になります（章末の **By the way** ❾-1 に掲げている条文のうちカッコ内は省いてもかまいません）。事前に集めた事例を参考にしてもいいのですが，独自の工夫，表現をすることが会員集めのポイントになります。とくに，自治体によっては定款のひな形を用意しているところもあり

ますが，そうしたものに依拠すると面白いものはつくれません。
③　最終回でプレゼンテーションをすることになるので，教員への提出物（参加呼びかけ文）と，PRのプレゼンテーション資料とを用意します。プレゼンテーションは，パワーポイントないしポスター，配布物ですが，教員の指示によります。

(4) 発表会

【教員が行うこと】

①　事前準備がいくつかあります。投票の場合は，1人1票とするか，複数投票を可能とするか，事前に決めておきます。1人2票か3票でもいいですが，4票以上は選びにくくなります。発表グループ数が3グループ以下ならば2票，4グループ以上あるようでしたら2〜3票とするといいでしょう。数に応じて投票用紙を準備してください。

　　仮想通貨で評価する場合は，全員に木の葉のお金を渡せるよう準備しておきます。学生に渡す仮想通貨は，1000円札で各自5000円分ぐらいにするといいでしょう。

　　ポスター・セッションの場合は，各発表者のところに入会申込み・会費支払い，寄付受付の箱などを置けるよう準備します。

②　投票の場合，1NPOには1票しか投票できないことと，手持ちの票をすべて投票する必要はないことを周知します。

③　仮想通貨の使い方は，全額をバラバラと複数のNPOに寄付してもいいですし，あるNPOの会員になって会費を支払い，残額は他のNPOに寄付しても，手元に残しておいてもかまいません（無理に全額使う必要はありません。NPO以外の一般消費に回せることに触れてください）。

④　発表の場合は，すべての発表が終わってから投票ないし仮想通貨の支払いを行います。ポスター・セッションの場合は，各発表者のところに入会申込み・会費支払い，寄付受付の箱などを置いておきます。

⑤　受講生による数的評価を確認します。10人以上の多くの会員を確保できたNPOが合格となります。会員数が多いところほど学生の支持を集めたということになりますが，会員が少ないけれども寄付が多いNPOもあ

りえます。また数的評価以外に，発表内容，設立趣意書や定款，事業計画，プレゼンテーション内容についての評価を行ってください。

【学生が行うこと】
① 発起人グループは，発表ないしポスター・セッションで，考えてきたNPO設立についてアピールします。目標は10人以上の会員を確保することです。
② 受講生全員が，どのNPOを応援するかを決めます。投票による場合は，会員になりたいNPOに対して投票します（1NPOには1票しか投票できません）。仮想通貨で評価する場合は，手持ちの仮想通貨から，どのNPOの会員になって会費を支払うか，あるいはどこかへ任意の額を寄付するかを考えます。全額をバラバラと複数のNPOに寄付してもいいですし，手元に残してもかまいません（無理に全額使う必要はありません）。

3 受講生が20人を超え50人以下の中クラス

20人から50人のクラスを想定していますが，15人以上で実施可能です。また30人以上の場合は大クラス方式も可能です。

(1) 0回：ガイダンス

ワークショップを行うための予告です。

【教員が行うこと】
次回から3・4回で「NPOをつくってみよう」というワークショップを行うと伝えて，全体の流れを説明し，準備として「自分が解決したい，解決すべきだと思う社会問題」を考えてくるよう予告してください。1つでなく複数考えてきてもらってかまいません。
また，NPO法人制度について復習すべき箇所などを指示してください。

【学生が行うこと】
次回までに，「自分が解決したい，解決すべきだと思う社会問題」を考えてきます。また，NPO法人制度について復習しておきましょう。

(2) 初回：ミッション選びグループワーク

どのようなNPOが考えられるか、ミッションの選択から始めます。

【教員が行うこと】

考えてきた「解決すべきだと思う社会問題」をグループワークで話し合わせます。

① 1グループは3人以上5人までのサイズが望ましい（2人だと意見が合わずにまとまらない可能性があり、6人以上にするとフリーライダーが現れるからです）。ただし受講者数に応じて、グループ数が2から6になるよう調整してください（その結果、10人というグループができるかもしれませんが）。最大6つとする理由は、心理学的に一目で区別がつくのは7つまでとされていることと、1回90分の授業時間での進行管理を考えると、6つ程度が妥当だからです。

　グループ編成は学籍番号順でも五十音順でも、座っている近辺でもかまいませんが、仲のよい学生だけで組ませると雑談に流れる可能性があります。

② 以下、「学生が行うこと」に記した手順でワークショップを行わせ、進行を管理します。最終的にNPOをつくるグループも、2から6が望ましく、学生数や選ばれるテーマの数によって調整してください。

③ 次回以降の学習内容を指示します。各グループで、「参加呼びかけ文」（以下で説明）をつくり、それらに基づいたプレゼンテーション資料を準備します。設立趣意書等は後日教員に提出させ、プレゼンテーションはパワーポイント等で発表させる通例の形でもかまいませんし、学生の独自性に任せてもいいですが、発表時間等はグループ数に応じて調整してください。

【学生が行うこと】

下記の手順でワークショップを行います。

① グループに分かれ、解決したい社会問題は何か、案を出し合います。1つにまとめず、複数案を出してもかまいません。グループ内で司会役と記録者、発表者を決めます（1人で兼ねてもよい）。時間の目安は20分。

② グループごとに、出された「解決したい社会問題」を発表し、それをク

ラス全体で集約してリストアップします。出された内容によりますが，おおむね10以内にまとめることが望ましいです。通常の教室形態であれば，黒板に板書します。そのさい，縦書きで少しずつ離して板書すると，次の行動を容易にします。時間の目安は45分。

③　リストに載った問題解決に参加したい学生が集まります。上記のように黒板に並べられているなら，その問題のところに並ぶ，という方法が簡単です。あるいは挙手でグルーピングするのでもかまいません。人数が集まった問題の解決をミッションとして選びます。グループ数が2～6になるよう調整します。時間の目安は15分。

④　次回，「参加呼びかけ文」をつくる作業を行うことになりますから，類似ミッションのNPO法人を探し，その設立趣旨書，定款，事業計画書などの事例を探しておきましょう。

(3) 2回目（場合によっては3回目まで）：グループワーク

グループワークを行います。
【教員が行うこと】
①　グループワークの進度によっては1回で終わらない可能性もありますが，その場合は次回の正課中に続けるか，課外で自習してくるかになります。後者の場合は，1週間ではなく，もう少し長めに作業時間をとったほうが無難です。スケジュールは講義全体の都合で調整してください。
②　「参加呼びかけ文」は発表会当日までに提出させ，発表の際に講評できるよう準備しておきます。
③　最終回では各グループの発表に対し，全学生が評価を行います。グループ数に応じ，発表時間等を指示してください。

【学生が行うこと】
①　選んだミッションに沿った，設立趣意書，定款の抜粋の作成，会費の決定，事業計画の作成，会員集めのPRを作成します。
②　定款はNPO法第11条に定めるすべてを書かなくてもかまわないので，「定款の抜粋」になります（章末の **By the way** ❾-1 に掲げている条文のうちカッコ内は省いてもかまいません）。事前に集めた事例を参考にしてもい

いのですが，独自の工夫，表現をすることが会員集めのポイントになります。とくに，自治体によっては定款のひな形を用意しているところもありますが，そうしたものに依拠すると面白いものはつくれません。

③　最終回でプレゼンテーションをすることになるので，教員への提出物（参加呼びかけ文）と，PRのプレゼンテーション資料とを用意します。プレゼンテーション内容は，教員の指示によります。

(4) 発表会

【教員が行うこと】

① 事前準備として投票用紙を用意します。全員がどこかのNPO設立に携わっていますから，1人2票まで投票できることとします。なお1人3票でもいいですが，4票以上は選びにくくなります。発表グループ数が3グループ以下ならば2票，4グループ以上あるようでしたら2〜3票とするといいでしょう。数に応じて投票用紙を準備してください。

　なおこのクラス・サイズでは，仮想通貨による評価は良い結果が出ない可能性があります。

② 各グループの発表に対して応援したくなったNPOに投票させます。すべての発表が終わってから投票します。1NPOには1票しか投票できないことと，手持ちの票をすべて投票する必要はないことを周知します。

③ 受講生による数的評価を確認します。会員数が多いところほど学生の支持を集めたことになります。数的評価以外に，発表内容，設立趣意書や定款の抜粋，事業計画，プレゼンテーション内容についての評価を行ってください。

【学生が行うこと】

① 考えてきたNPO設立についてアピールします。目標はできるだけ多くの会員を確保することです。

② それに対して，学生は自分たちの考えてきたNPOも含め，どのNPOを応援するかを決め，会員になりたいNPOに対して投票します。必ずしも自分が考えてきたNPOに投票しなくてもかまいませんし，2票以上をもつ場合は，他のNPOに投票できます（1NPOには1票しか投票できません。

また手持ちの票を使い切る必要はありません）。

4 受講生が20人以下の小クラス

20人以下のクラスを想定していますが，15人以上の場合は，中クラス方式での実施も可能です。

(1) 0回：ガイダンス

ワークショップを行うための予告です。
【教員が行うこと】
次回から3・4回で「NPOをつくってみよう」というワークショップを行うことを伝えて，準備として「自分が解決したい，解決すべきだと思う社会問題」を考えてくるよう予告してください。1つでなく複数考えてきてもかまいません。
またNPO法人制度について復習すべき箇所などを指示してください。
【学生が行うこと】
次回までに，「自分が解決したい，解決すべきだと思う社会問題」を考えてきます。またNPO法人制度について復習しておきましょう。

(2) 初回：ミッション選びグループワーク

どのようなNPOが考えられるか，ミッションの選択から始めます。
【教員が行うこと】
考えてきた「解決すべきだと思う社会問題」をグループワークで話し合わせます。
① 1グループは3人以上5人まで。2人だと意見が合わずにまとまらない可能性があり，6人以上にするとフリーライダーが現れます。グループ数が2から6になるよう人数調整を行ってください。最大6つとする理由は，心理学的に一目で区別がつくのは7つまでとされていることと，進行管理を考えると，6つ程度が妥当だからです。

グループ編成は学籍番号順でも五十音順でも，席が近い者同士でもかまいませんが，仲のよい学生だけで組ませると雑談に流れる可能性があります。

② 受講生が5人以下の場合は，教員が司会・書記として1グループで議論することも考えられます。

③ 以下の「学生が行うこと」に記した手順でワークショップを行わせ，進行を管理します。最終的にNPOをつくるグループも，2から6が望ましく，また1グループ当たりの人数は3人から5人程度が望ましいのですが，学生数や選ばれるテーマの数によって調整してください。上記②のように1グループでも進められます。

【学生が行うこと】

下記の手順でワークショップを行います。

① グループに分かれ，解決したい社会問題は何か，案を出し合います。1つにまとめず，複数案を出してもかまいません。グループ内で司会役と記録者，発表者を決めます（1人で兼ねてもよい）。時間の目安は20分。

② グループごとに，出された「解決したい社会問題」を発表し，それをクラス全体で集約してリストアップします。出された内容によりますが，おおむね10以内にまとめることが望ましいです。通常の教室形態であれば，黒板に板書します（数が少なければ，まとめずすべて板書します）。そのさい，縦書きで少しずつ離してリスト化すると，次の行動をスムーズにします。時間の目安は45分。

③ リストに載った問題解決に参加したい学生が集まります。上記のように黒板に並べられているならば，その問題のところに並ぶ，という方法が簡単です。あるいは挙手でグルーピングするのでもかまいません。支持者が少ないテーマは採用できません。採用できないテーマを選んだ学生はほかのテーマを選び直し，最終的に6グループ以下に編成します。時間の目安は15分。

④ 次回，グループ単位で「参加呼びかけ文」をつくる作業を行うことになるので，類似ミッションのNPO法人を探し，その設立趣旨書，定款，事業計画書などの事例を探しておきましょう。

(3) 2回目（場合によっては3回目まで）：グループワーク

グループワークを行います。

【教員が行うこと】グループワークを作業させます。

① グループワークの進度によっては1回で終わらない可能性もありますが，その場合は次回の正課中に続けるか，課外で自習してくるかになります。後者の場合は，1週間ではなく，もう少し長めに作業時間をとったほうが無難です。スケジュールは講義全体の都合で調整してください。

② 「参加呼びかけ文」は発表会当日までに提出させ，発表の際に講評できるよう準備しておきます。

③ 最終回では各グループの発表に対し，全受講生が評価を行います。グループ数に応じ，発表時間等を指示してください。

なお，1グループになった場合は，成果物を成績評価のための提出物とし，とくにプレゼンテーションを行わせないという選択肢もあります。この場合は，参加学生がそれぞれどの作業を担当したかを記載させ，個人成績に反映させるといいでしょう。

ただ，この場合でもプレゼンテーションを行わせて，いくつか質問をしたうえで講評したほうが，学生も学ぶものが増えるはずです。

【学生が行うこと】

① 選んだミッションに沿った，設立趣意書，定款の抜粋の作成，会費の決定，事業計画の作成，会員集めのPRを作成します。

② 定款はNPO法第11条に定めるすべてを書かなくてもかまわないので「定款の抜粋」になります（章末の **By the way** ❾−1に掲げている条文のうちカッコ内は省いてもかまいません）。事前に集めた事例を参考にしてもいいのですが，独自の工夫，表現をすることが会員集めのポイントになります。とくに，自治体によっては定款のひな形を用意しているところもありますが，そうしたものに依拠すると面白いものはつくれません。

③ 最終回でプレゼンテーションをすることになるため，教員への提出物（参加呼びかけ文）と，PRのプレゼンテーション資料とを用意します。プレゼンテーションのやり方は，教員の指示によります。

(4) 発表会

【教員が行うこと】

① 事前準備として投票用紙を用意します。全員がどこかのNPO設立に携わっていますから，1人2票まで投票できることとします。なお1人3票でもいいですが，4票以上は選びにくくなります。発表グループ数が3グループ以下ならば2票，4グループ以上あるようでしたら2〜3票とするといいでしょう。数に応じて投票用紙を準備してください。

なおこのクラス・サイズでは，仮想通貨による評価は良い結果が出ない可能性があります。

② 各グループの発表に対して応援したくなったNPOに投票させます。すべての発表が終わってから投票します。1NPOには1票しか投票できないことと，手持ちの票をすべて投票する必要はないことを周知します。

③ 受講生による数的評価を確認します。会員数が多いところほど学生の支持を集めたことになります。数的評価以外に，発表内容，設立趣意書や定款の抜粋，事業計画，プレゼンテーション内容についての評価を行ってください。

【学生が行うこと】

① 考えてきたNPO設立についてアピールします。目標はできるだけ多くの会員を確保することです。

② それに対して，受講生は自分たちの考えてきたNPOも含め，どのNPOを応援するかを決め，会員になりたいNPOに対して投票します。必ずしも自分が考えてきたNPOに投票しなくてもかまいませんし，2票以上をもつ場合は，他のNPOに投票できます（1NPOには1票しか投票できません。また手持ちの票を使い切る必要はありません）。

By the way ❾-1　NPO法人の定款に書かなければならない内容（NPO法第11条）と，特定非営利活動分野（NPO法別表2）

特定非営利活動促進法

第11条　特定非営利活動法人の定款には，次に掲げる事項を記載しなければならない。

1　目的
2　名称
3　その行う特定非営利活動の種類及び当該特定非営利活動に係る事業の種類（注：下記の別表からどの特定非営利活動を行うのかを選び，さらに具体的な事業を記載します）
(4　主たる事務所及びその他の事務所の所在地)
5　社員の資格の得喪に関する事項（注：会員になるための資格，辞めるための条件です。不当な条件を付けることは禁じられています）
(6　役員に関する事項)
(7　会議に関する事項)
(8　資産に関する事項)
(9　会計に関する事項)
(10　事業年度)
11　その他の事業を行う場合には，その種類その他当該その他の事業に関する事項（注：その他の事業とは，特定非営利活動を支えるための収益事業のことです）
12　解散に関する事項
(13　定款の変更に関する事項)
(14　公告の方法)
(2　設立当初の役員は，定款で定めなければならない。)
3　第一項第十二号に掲げる事項中に残余財産の帰属すべき者に関する規定を設ける場合には，その者は，特定非営利活動法人その他次に掲げる者のうちから選定されるようにしなければならない。
1　国又は地方公共団体
2　公益社団法人又は公益財団法人
3　私立学校法第3条に規定する学校法人

4　社会福祉法第22条に規定する社会福祉法人
5　更生保護事業法第2条第6項に規定する更生保護法人

別表　（第2条関係）
1　保健，医療又は福祉の増進を図る活動
2　社会教育の推進を図る活動
3　まちづくりの推進を図る活動
4　観光の振興を図る活動
5　農山漁村又は中山間地域の振興を図る活動
6　学術，文化，芸術又はスポーツの振興を図る活動
7　環境の保全を図る活動
8　災害救援活動
9　地域安全活動
10　人権の擁護又は平和の推進を図る活動
11　国際協力の活動
12　男女共同参画社会の形成の促進を図る活動
13　子どもの健全育成を図る活動
14　情報化社会の発展を図る活動
15　科学技術の振興を図る活動
16　経済活動の活性化を図る活動
17　職業能力の開発又は雇用機会の拡充を支援する活動
18　消費者の保護を図る活動
19　前各号に掲げる活動を行う団体の運営又は活動に関する連絡，助言又は援助の活動
20　前各号に掲げる活動に準ずる活動として都道府県又は指定都市の条例で定める活動

SHORTSTORY

ショートストーリー4

NPOで働くということ

はじめに

　この本では「NPOとは何か」を説明してきましたが，読者の周りにNPOで働いている知り合いというのは，そういないのではないでしょうか。そこで，ある地方都市の中規模NPO法人で働いて退職した3人から，その経験談を聞いてみました。

　働いていたNPO法人は，その地方の中間支援組織（インターミディアリ）なのですが，自らも自治体等からの委託事業を受けて活動しています。話を聞いたのは2010年前後で，当時のNPO法人の規模は，正会員（NPO法上の社員）は，個人会員が約50，団体会員が約40，年間収支が約5000万円，事務局は事務局長を含め常勤3名，それにアルバイトやボランティアが数名でした。

　話してくれた人たちをAさん，Bさん，Cさんとします。それぞれ名前の後に記してあるのが，当時の年齢と性別です。まず各人がNPOに勤めることになった経緯，勤めてみての体験談を紹介します。その後，NPOに勤めたいという人へのアドバイスがあります。

1　Aさん（当時40代，女性）

　もともとは当市でインテリア関係の会社に勤めていて，コーディネーターと

しての仕事が長かったのですが，夫の転勤のために仕事を辞めて他県で4年間暮らしました。そこではチェルノブイリの子どもたちを支援する活動を行っていました。そのときには自分が市民活動やNPOを行っているという意識はまったくありませんでした。その活動がひとまず目標を達したときに，今度はNPOにしたほうがいいと周囲から言われて，NPOとは何だろうと思っているときに，当市に戻ることになったのです。

　私たち夫婦が戻ったことを知った以前からの知人が，NPOで職員を募集していることを教えてくれました。じつは3日後から仕事が決まっていたのですが，興味があったので話を聞きに行き，NPOに勤めることにしたのです。ですからNPOに勤めることになったときは，NPOがどういうものか，なんとなくわかっていました。行ってきたことが活かせるかもしれないという思いもありました。

　友人は「何なのそれ」という調子でした。給料はきちんと出るという話はしましたが，うまく説明できない部分もありました。夫は理解もありましたし，協力的でした。チェルノブイリの活動の経験があったからだと思います。

　勤めた当初はどんな仕事をするのかわからなかったし，何でもできなくてはいけないというイメージがありました。でも，今までの経験，接客業務やコーディネーターとしてのニーズの取り出しと，それにふさわしい方法の提供という部分が似ていたので，根本的なところは一緒だったと思います。ただ，誰かに教えてもらって仕事をするという状況ではなかったので，戸惑いました。研修もなく，現場で学んでいくしかありませんでした。今から思えば，やり方次第で自分の可能性も広がったのでしょうが，そのときは戸惑いが大きかったのです。

　NPOは以前の会社と違って上下関係があまりありませんでした。上からの命令で絶対に行わなければいけないということはないですし，会議もワークショップ形式で，自由にアイデアを出せました。1人の責任が大きい部分はありますが，お互いに行っていることを共有して自由な発想で作り上げていく感じがありました。自由度が高く，助け合って仕事をしていけるというのは普通の会社にはないことだと思います。

　1年ほど勤めたころ，市で市民活動を支援する施設が開設されることになり

ました。話を聞くと，支援施設は出会いや交流の場で，活動の拠点となって市民活動をつなげていく場として機能するものだということでした。私はそういう仕事をやりたいと思い，開設のための臨時職員募集に応募したいと事務局長に話しました。その後面接に合格したので，NPOを辞めて臨時職員となりました。辞めるときも壮行会のようなかたちで応援してもらえたので，幸せな退職だったと思っています。施設の開設後は正式に採用されて今に至っています。

　思い返すと，当時は企画から司会まで全部マネジメントしなければならず，本当に何でも行わなくてはいけなかったのですが，もっと積極的にチャレンジすればよかったなとは思います。20代ではなかったので失敗が怖かったり，自信がなかったりもしました。でも，行ってみて失敗しても，そこを前向きに捉えてどうすればいいか考えればよかったのですから，その辺の積極性が足りなかったと思います。

　忙しかったのは事実で，あまりの大変さに新たに雇ったスタッフが3カ月で辞めてしまうほどでした。私は事務局長とペアで仕事をしていたのですが，事務局長も忙しくて私を育てている余裕がないのです。かといって，私に自信がないからできないなら他の人に回す，という余裕はありませんから，自信がなくても現場に出るしかないという状況でした。こなしていくだけで精一杯で，振り返ったり深く考えたりという余裕はありませんでした。自分の能力なのでしょうけれど。

Bさん（当時20代，女性）

　家族の事情で，東京での仕事を辞めて故郷に戻ってきたのですが，こちらですぐに仕事を始められるかどうかがわからない状態でしたので，昔から興味があったボランティア関係の仕事をしようと思いました。インターネットで探してヒットしたのがNPOでした。NPOがどういうものなのかは明確には知らず，人助けをしている団体のボランティアを行うくらいの感覚でアルバイトとして入ったのが，NPOに勤めるきっかけです。家庭の事情で勤務時間に拘束されずに働きたかったので，その点も都合がよかったのです。初めはコピー取

りなどをしました。1日4,5時間働いてお弁当代も出るという感じでした。スタッフの人たちも気さくで、気持ちよくボランティアができました。

　以前の職場では接客をする部署で働いていました。常に人目にさらされて緊張感がありましたし、上司も厳しかった。それに比べてNPOの職場は緩いというか、悪くいうと緊張感がないのです。お茶を飲みながらお菓子を食べながら気楽にやっているという空気で、訪問客も多くいつも談笑していました。普通の企業とは違うと感じました。

　仕事は電話の受け答えがメインになったのですが、以前の職場でのような応対をしていたところNPOの同僚に感心され、これくらい普通ではないかと思ったこともあります。しばらくしてウェブの仕事も担当しました。アルバイトなのにいいのかなと思いましたが、NPOの仕事に魅力を感じるようになっていました。以前勤めていた会社とはまったく違う業種だったので、もう少し踏み込んで仕事をしようという気持ちがありました。

　勤めて半年ほど経ったとき、私のほうの事情が変わってフルタイムの仕事でもできるようになりました。それで、きちんと就職し直し、元の職業に戻ろうかと思い、元の業種の会社の面接を受けました。そのときにNPOから正社員にならないかという話があったのです。

　もし会社の面接試験に受からなければ、運命だと思ってNPOの正社員になろうと決めていました。けれども本心では元の業種に戻りたかったのだと思います。緊張感のある職場で働きたかったのです。

　家族にも相談していました。家族は心配して、NPOではどんな仕事をしているのか、給料はどれくらいもらえるのか、安定しているのかなど、具体的なことを聞かれましたが、うまく説明できませんでした。家族は私がNPOの正社員になることに賛成ではありませんでした。結局、面接試験に受かったので、転職したのです。NPOを辞めたことは後悔していません。辞めてもつながりはもてるので、1度だけですがボランティアに行ったこともありました。行きたい気持ちはあっても時間がなくてなかなか行けないのですが。

　NPOの同僚の人たちは好きでした。変わっていて興味深いですし、職場で会える方たちも気さくで、私も「あなたはNPOの人だね」と言われました。自分ではそう思ったことはありませんが、たぶん変わっているということなの

でしょう。そう言われるのは嬉しかったです。なので，NPOにどっぷり漬かってみるのも悪くないかなと思ったこともあります。人とのつながりがとても深い仕事ですから，人好きな私には向いているのではないかと本気で考えてもいました。

一方で少人数の職場でしたので，性格が合わない人同士のぶつかり合いが表面化するのは気になりました。もう1つ気になったのは，理事が通常は事務所におらず現場を見ていないのに，指図したり口を出したりしてくることです。現場の人たちがいちばんわかっているので，相談して決めればいいことなのに，たまにしか顔を出さない理事に決められてしまうのは納得がいきませんでした。それに，理事はあれこれ指示するのですが，現場は1人がいくつもの仕事を抱えていて手一杯の状態でした。理事にはもっと現場を見てほしいし，会議など現場とのコミュニケーションが必要だったと思います。これはNPOだけでなく，どこの会社にでもあることかもしれませんが。

NPOの経営についても存続には少し不安がありました。行政からの受託事業がメインでしたから，それが打ち切られたときにどうするのかという問題がありました。それはずっと課題になっていたのですが，解決策はなかったようです。

3 Cさん（当時20代，男性）

大学を卒業してホームセンターでアルバイトをしていたのですが，半年ほどしてNPOの職員募集に応募して受かりました。学生時代にボランティア・サークルのようなことをしていて，そのときに知り合ったNさんに募集があるから受けたらどうかと勧められたのです。他にも何人か応募があったようですが，面接を受けて数日して採用の連絡をいただきました。

大学を卒業したときは，今考えると生意気ですが，企業で働くことはイコール第三世界の問題に悪く関与することというイメージがあり，それは嫌だという漠然とした感覚があったので，アルバイトをしていました。NPOに転職したときも，とくにどういうところに就職したいというような希望があったわけ

ではありませんでした。

　NPOについてはなんとなく理解していたと思います。Nさんも国際協力関係のNPOに関わっていましたし、学生ボランティア・サークル時代に国際ボランティア・サークルの人たちと知り合いになったりしていて、NPOというと国際系のイメージがありました。私が行っていたサークル自体は、県内のNPO活動に参加して、どのような団体なのかをホームページで学生に紹介するという中間支援組織に近いものでした。

　当時は親元にいたのですが、NPOに就職するとき何か言われた記憶はありません。もともと親とあまり話をしませんでしたし、そもそも当時はフリーターでしたから、そういうところに就職して大丈夫かという反応はありませんでした。親しい友だちもとくにいなくて、就職の話をしたかどうかもあまり覚えていません。

　NPOには5年間勤めました。3年間は非正規採用で、時給いくらで何時間という契約で、その後は正規採用でした。2年目には少し離れたS市の業務担当になったのですが、時給数百円の非正規採用が1000万円単位の仕事の責任者をしていたのですから、今考えると恐ろしい話です。

　それまでやっていたホームセンターの仕事は100パーセント指示のある仕事でしたので、NPOでは正反対に、「すべて自分でやってね」という感じなのには驚きました。自分で調べたり、役員に聞いたりしましたが、事務局長に聞いても、「それを考えるのが君の仕事だ」と言われて戸惑いました。事務局長のそういうやり方は評価していません。「自分でやって」と言われてきちんとできる人もいるでしょうけれども、それでは苦しい場合もありますから、放任主義であっても要所要所できちんと確認をとる必要があると思います。それがあまりできていなかったように思います。

　NPOに勤めて良かったことは、いろいろな人と知り合いになれたことです。他の仕事に比べて人脈が広がったと思います。また、企業と行政の関係、仕組みが理解できました。一般企業ではそれが理解できるセクションとできないセクションがあるのでしょうけれど。

　これは規模の違いでしょうが、ホームセンターでは自分と同じような年代のフリーター、高校生や大学生のアルバイト、主婦などがいて年齢層が広く人数

も多く，働いている人同士がわりと仲良くしていた感じでした。NPOの事務局は5，6人で同年代の男性もいなかったため，横のつながりという部分ではホームセンターのほうがあって，気が楽な部分がありました。

　就業時間なども，出勤時間はもちろん決まっていますが，昼休みなどはNPOでは時間が決まっているような，いないような感じでした。というのは，ホームセンターは1つの業務を回すためにチームというかきちんとした組織があって，時間をずらして店内に必ず最低限の人数が入っている形になっています。NPOは一人親方のような形ですから，そこまできちんとする必要もないということがあるのだとは思います。

　時給と精神的肉体的負担を考えると，コスト・パフォーマンスはホームセンターのほうが良かったと思います。NPOの非正規採用の時給はホームセンターとあまり変わりませんでしたし。もちろん仕事から得られる経験はNPOのほうが豊富でした。ただ，ホームセンターには半年しかいなかったのですが，長いアルバイトの人は1つの棚の担当になって仕入れまでしていましたから，そこまでいけばまた違ったのかもしれません。

　NPOには5年勤めました。辞めた理由は1つには絞れませんが，あえて言うと精神的に疲れたということです。客観的にはどうかわかりませんが，辞める半年ほど前に一区切りがついて，そこで退職するのがベストだったのですけれども，事務局に戻って半年延命のような形でだらだら勤めていました。でもだんだんつらくなり，これ以上無理というタイミングで辞めました。私がそうなのか，職場がそうだったのか，NPOというセクターがそうなのかはわかりませんが，妙に余裕がありませんでした。

　最近ボランティア・グループで活動している方々と交流があるのですが，その方々はそれぞれ仕事があり，勤務以外の時間を使って活動しています。NPOに勤めていた頃の私と違って，活気も元気もあり，この差は何なんだろうと思います。あの頃は休みの時間にもう1つボランティアをやろうという気にはなれなかったと思います。他のNPOの活動やイベントの案内を見る機会もありましたが，それらに参加する気力もなかったし，当時，面識があった関係者の方々とも，辞めてからのほうが親しくなれたような気がします。

　私が言うのも無責任なのですが，いま1つ組織の方向性がよく見えないとい

うこともありました。とくに辞める頃はあまり活気がなかったように思います。それは私以外のスタッフも疲れていたからかもしれませんが，人を助ける立場にある人や場が活気がないというのはあまりよくないことでしょう。

　こういうことがあればありがたかったと思うことがあります。それは，NPO は企業のように年齢層があって同期がいたりという組織になっていませんし，そもそも人を雇っている NPO は少ないのが現状です。ですから業界全体で交流というか，酒を飲んで上司や役員の愚痴を言うようなことができればいいという気はしました。離れた S 市で仕事をしていたときは，そこの NPO の方で 30 代半ばの方と親しくさせてもらい，仕事に関する悩みも相談に乗ってもらえたのですが，事務局ではそういうことができなかったのです。

4　NPO で働きたい人へ

　以前からボランティア活動をしていた A さんと C さん，興味はあったけれども初めて飛び込んだのが B さん。また A さん B さんは職歴があり，C さんは新卒に近い就職でした。それぞれに，「これから NPO で働きたい人」へのメッセージも話してもらいました。

A さんから：
　なぜ NPO で働きたいのかをよく考えてほしいと思います。NPO で働くことが目的になると煮詰まってしまいます。自分が将来どんな人間になりたいかというイメージがあって，NPO で働くことによってそれが実現されるのかをよく考えてみるべきではないでしょうか。

B さんから：
　NPO を普通の会社だと思って就職するのは違うと感じます。たとえば，NPO で働いた後に普通の会社に転職するなら，NPO とは何かをきちんと説明できなければ経験値にはなりません。その会社が NPO についてよく知っているとは限りませんから。

普通の企業からNPOに転職するのは問題ないと思います。私が働いていたNPOにもそういう人が何人もいました。普通の企業での経験，私の場合は電話応対，インターネット，パソコン，英語などは活かすことができました。

Cさんから：
　企業に勤めることとNPOに勤めることにはっきりした違いはないと思います。利潤追求の企業だから駄目ということはなく，きちんと目的をもって企業で働いている人もいます。私もNPOで働くなかでそうした人に出会いました。NPOの人は視野が狭くなりがちだということには気をつけたほうがいいと思います。活動に賭けている人，またそうした空気が一般的だというある種の風潮があるような気がするのです。
　NPOの方に，きちんと休むのも仕事のうちだと言われたことがありますが，そう言われたら自分の人生が仕事ばかりになってしまう気になります。つまり，おっしゃった方は気分転換も必要だという意味で言ってくださったのかもしれませんが，私としては体力を補給する期間を設けろと言われたような気がしたのです。
　ある程度自分の領域を残しながら活動していかないといけないと思います。その活動が本当にイコール自分であれば良いですが，そこに食い違いが出てきたときに，自分の領域がきちんとないときつくなると思います。志はもちろん必要ですが，だからと言って100パーセント仕事だけになってしまわないほうが長く続けられるのではないかと感じます。S市にいた頃お世話になった企業の社長さんが，自分の属するところを1つに絞らないほうがいい，絞ってしまうとそこが崩れたときにどうにもならなくなるので，軸足をいくつかもっていたほうがいいとうことをおっしゃっていました。その話に近いと思います。

おわりに
　NPOといっても分野・業種も規模もさまざまです。小さなところは個人商店に近く，大きなところは「組織」になります。その点，これらのNPO法人は良くも悪くも「組織」を感じさせないのではないでしょうか。良く言えば自

由度が高く，悪く言えば職員を教育・訓練する体制ができていない，というところが，勤めたいと思ったときに評価が分かれるところでしょう。

なお，大都市部では大学生をインターンシップで受け入れたり，新卒者でも研修を行うだけの体力があるNPOも少なくありません。また3人の話のなかには，NPO経営上の課題も入っています。それらについては第**7**～**8**章と読み合わせるといいでしょう。

そして，高学歴の女性が民間企業等を退職してNPOで働く事例が増えているそうですが，そうした女性へのインタビューをまとめた一冊として，中村［2016］があります。また，企業などで働きながら，二足のわらじをはいて，NPOを設立したり働いたりする人も増えています。

学習ガイド

　ここでは，本書に続けて読むことを薦める書籍，NPOについて学ぶうえで見るべきインターネット・サイトなど参考リンクを紹介します。書籍のうち専門書については，参考リンクに紹介した日本NPO学会の学会賞に過去の受賞作品が紹介されていますので，そこを見ることを薦めます（以下のリストにも，一部，学会賞受賞作を含めています）。

(1) 入門書
- 乙武洋匡・佐藤大吾［2015］『NPOの教科書――初歩的な疑問から答える』日経BP社。
    - ▶著者に驚かれるかもしれませんが，NPO法人のみに絞った，本書よりも初歩的な内容です。
- 雨森孝悦［2012］『テキストブックNPO――非営利組織の制度・活動・マネジメント』第2版，東洋経済新報社。
    - ▶NPOに関する歴史，法制度や活動事例，マネジメントについての概説書で，本書よりやや高レベルです。

(2) 市民社会論
　市民社会論と銘打つ書籍は多いのですが，新しいもので，NPOと関係して薦められるのが下記です。
- 植村邦彦［2010］『市民社会とは何か――基本概念の系譜』平凡社（平凡社新書）。
    - ▶新書ですが，本格的な研究書です。市民社会という概念の発生と変遷を西欧思想史から現代まで追っています。日本での変遷も丁寧に記述されています。
- 今田忠（岡本仁宏補訂）［2014］『概説市民社会論』関西学院大学出版会。
    - ▶日本NPO学会の会長を務めた重鎮による大部な一冊。詳細にわたる内容は，辞書としても読めます。
- 坂本治也編［2017］『市民社会論――理論と実証の最前線』法律文化社。
    - ▶最新の一冊ですが，広く網羅的な内容です。

(3) ソーシャル・キャピタル
- 稲葉陽二・大守隆・金光淳・近藤克則・辻中豊・露口健司・山内直人・吉野諒三［2014］『ソーシャル・キャピタル――「きずな」の科学とは何か』ミネルヴァ書房。
    - ▶ソーシャル・キャピタルの概念に関する批判，本質について議論し，健康，教育，経営，経済，計測，政治，市民社会等の領域別に研究の到達点や課題を探っています。
- 稲葉陽二・吉野諒三［2016］『ソーシャル・キャピタルの世界――学術的有効性・政策的含意と統計・解析手法の検証』ミネルヴァ書房。
    - ▶全7巻で刊行予定の「叢書ソーシャル・キャピタル」シリーズの第1巻で，学術的な有効性や政策との関係，統計解析手法の解説が主な内容です。

(4) 災害とNPO，ボランティア
- 大橋雄介［2011］『3・11被災地子ども白書』明石書店。
  ▶東日本大震災直後に教育支援のNPO法人アスイクを設立した著者が，被災地の子どもたちと家族が直面した状況を聞き取り調査とデータから明らかにし，子どもへの支援策を探っています。

以下の書籍も，お薦めします。
- 桜井政成編著［2013］『東日本大震災とNPO・ボランティア──市民の力はいかにして立ち現れたか』ミネルヴァ書房。
- 中原一歩［2011］『奇跡の災害ボランティア「石巻モデル」』朝日新聞出版（朝日新書）。
- レベッカ・ソルニット／高月園子訳［2010］『災害ユートピア──なぜそのとき特別な共同体が立ち上がるのか』亜紀書房。
- 「つなプロ」報告書編集委員会［2012］『つないで支える。災害への新たな取り組み』亜紀書房。

(5) 社会的起業家・社会的企業
- レスリー・R. クラッチフィールド，ヘザー・マクラウド・グラント／服部優子訳［2012］『世界を変える偉大なNPOの条件──圧倒的な影響力を発揮している組織が実践する6つの原則』ダイヤモンド社。
  ▶社会的影響力を与え社会のしくみを変えてきた12のNPOを事例に取り上げ，これらの組織が実践してきた社会を変える6つの行動原理を抽出した研究書です。
- デービッド・ボーンステイン，スーザン・デイヴィス／有賀裕子訳，井上英之監修［2012］『社会起業家になりたいと思ったら読む本──未来に何ができるのか，いまなぜ必要なのか』ダイヤモンド社。
  ▶社会的起業家の基礎知識，可能性と課題を網羅したうえで，社会起業家になるためのマインドやステップを提示。企業，政府，教育，メディア，一個人など，さまざまな立場で具体的にできることも紹介しています。

(6) NPOのマネジメント
- 田尾雅夫・吉田忠彦［2009］『非営利組織論』有斐閣。
  ▶NPOのマネジメントに関して，ミクロ・マクロの両面から平明に解説した入門テキストです。
- 岩崎保道編著［2014］『非営利法人経営論』大学教育出版。
  ▶NPO法人，学校法人，医療法人，社会福祉法人，宗教法人，社団・財団法人，独立行政法人など，多様な非営利法人とそれらの経営を概観することができる解説書です。
- P. F. ドラッカー／上田惇生訳［2007］『非営利組織の経営（ドラッカー名著集4）』ダイヤモンド社。
  ▶病院，学校，教会，美術館など，さまざまなNPOの事例を交えながら，NPOにおけるミッション，マーケティング，リーダーシップ，成果など，NPO経営の理論と原則を論じています。

(7) 英語書籍

- H. Anheier and R. List [2005] *A Dictionary of Civil Society, Philanthropy and the Non-Profit Sector*, Routledge.
  - ▶国際共同研究による一冊。NPO全般や各国固有の用語も収録しています。
- D. Smith, R. Stebbins and M. Dover [2006] *A Dictionary of Nonprofit Terms and Concepts*, Indiana University Press.
  - ▶アメリカ中心に用語や概念を10のコア・グループに分類しています（以下，数値は項目数）。市民社会など一般的な概念34，市民グループや政党など政治的側面35，クラブや会費などアソーシエーション34，ボランティア27，寄付や補助金などフィランソロピー31，NPOマネジメント23，ボランティアの動機づけなどボランティア管理18，非公式な文化活動など余暇27，宗教31，法制度31。

(8) 日本のNPO等についての英語書籍

- Y. Nishide [2009] *Social Capital and Civil Society in Japan*, Tohoku University Press.
  - ▶日本におけるソーシャル・キャピタルの概念や動向について，NPO・自治会を中心とする市民社会の視点から論じています。災害時におけるNPOと行政との協働についての事例や海外におけるソーシャル・キャピタル関連政策も紹介しています。
- F. Schwartz and S. Pharr eds. [2003] *The State of Civil Society in Japan*, Cambridge University Press.
  - ▶米日の執筆者による共著本で，日本の市民社会について，背景から今日まで，幅広く論じています。

(9) データブック

- 日本ファンドレイジング協会編 [2015]『寄付白書2015』日本ファンドレイジング協会。
  - ▶寄付という行為もNPOの世界では重要なテーマです。日本の寄付について唯一の網羅的な調査報告です。2010年から継続して刊行されていますので，時系列的な変化も追うことができます。

以下の3冊は，大阪大学大学院国際公共政策研究科NPO研究情報センターが刊行していました。一般の書店等では入手しづらいのですが，オンライン中古書店にありますし，図書館等で閲覧できますので，紹介しておきます。

- 山内直人・田中敬文編 [2015]『NPO・NGOデータブック2015』日本公共政策研究機構NPO研究情報センター。
  - ▶NPO，NGO，寄付，ボランティア，ソーシャル・キャピタルなど，市民社会セクターのさまざまな側面を，図表と文章で解説したものです。本書は，『NPOデータブック』有斐閣（1999年）の新版としての役割も担っており，両書を比較すれば，16年間で日本と世界の市民社会がいかに大きく変わったかが改めて実感できます。
- 山内直人・田中敬文・奥山尚子編 [2013]『NPO白書2013』大阪大学大学院国際公共政策研究科NPO研究情報センター。
  - ▶全体は4部25章からなり，1章当たり7～10頁で，非営利法人が市民社会に果たす役

割やソーシャル・キャピタルとのかかわりについて，わかりやすくまとめています。
- 山内直人・田中敬文・奥山尚子編［2012］『NPO NGO 事典──市民社会の最新情報とキーワード』大阪大学大学院国際公共政策研究科 NPO 研究情報センター。
  - ▶第Ⅰ部は，事典（encyclopedia）として，「特定非営利活動法人」などの大項目 78 を 9 章に整理し，各々 2 ページでコンパクトに解説しています。第Ⅱ部は，用語辞典（dictionary）として，「オンライン寄付」など 600 余りのキーワードを簡潔に解説しています。

NPO について役立つインターネット・サイト
(1) NPO に関する主な学会・学術誌
- 日本 NPO 学会　http://janpora.org/
  - ▶1999 年に設立。NPO，NGO，ボランティア，フィランソロピーなどに関する研究・活動の成果発表と交流を行っています。
- The Association for Research on Nonprofit Organizations and Voluntary Action（ARNOVA）http://www.arnova.org/
  - ▶1971 年にアメリカで設立した国際学会。NPO・ボランティア研究に関して最も歴史と実績があります。毎年アメリカで年次大会を開催しています。
- The International Society for Third-Sector Research（ISTR）http://www.istr.org/
  - ▶1992 年に設立された国際学会。フィランソロピーや非営利セクター，市民社会に関する学会。隔年（奇数年）に世界大会，隔年（偶数年）にアジア大会などの地域大会を開催しています。

(2) NPO に関する主なジャーナル（学術誌・学会機関誌）
- The Nonprofit Review オンラインジャーナル（日本 NPO 学会）
  https://www.jstage.jst.go.jp/browse/janpora/-char/ja
- Nonprofit and Voluntary Sector Quarterly（NVSQ）（ARNOVA）
  http://journals.sagepub.com/home/nvs
- VOLUNTAS（ISTR）
  http://www.springer.com/social+sciences/journal/11266

(3) 参考リンク
- 内閣府 NPO ホームページ　http://www.npo-homepage.go.jp/
  - ▶NPO 関連の法律や NPO 法人認証数，NPO 関連調査報告書などが閲覧可能です。
- NPO 法人データベース NPO ヒロバ　http://www.npo-hiroba.or.jp/
  - ▶全国の NPO 法人を地域別や活動分野別等で検索可能です。
- CANPAN FIELDS　http://fields.canpan.info/
  - ▶NPO が主催するイベント情報や活動内容のブログ，事業成果物など，最新情報が閲覧可能です。

引用・参考文献一覧

秋葉武［2014］「韓国の社会的企業」山本隆編著『社会的企業論——もうひとつの経済』法律文化社．
アジア・太平洋人権情報センター［2014］『人を大切に——人権から考えるCSRガイドブック』改訂版，アジア・太平洋人権情報センター．
雨森孝悦［2012］『テキストブックNPO——非営利組織の制度・活動・マネジメント』第2版，東洋経済新報社．
荒木昭次郎［1990］『参加と協働——新しい市民＝行政関係の創造』ぎょうせい．
石原武政・西村幸夫編［2010］『まちづくりを学ぶ——地域再生の見取り図』有斐閣．
猪瀬直樹［1997］『日本国の研究』文藝春秋．
今田忠編著［2006］『日本のNPO史——NPOの歴史を読む，現在・過去・未来』ぎょうせい．
岩崎信彦・上田惟一・広原盛明・鰺坂学・高木正朗・吉原直樹編［2013］『町内会の研究』増補版，御茶の水書房．
NGOと企業の連携推進ネットワーク［2013］「地球規模の課題解決に向けた企業とNGOの連携ガイドライン」Ver. 3, 国際協力NGOセンター（http://www.janic.org/ngo_network/PartnershipGuideline.ver3.pdf, 2014年10月4日閲覧）．
NPO法人アスイク（ウェブサイト）（http://asuiku.org/, 2017年2月26日閲覧）．
大久保規子［2004］「市民参加・協働条例の現状と課題」『公共政策研究』第4号，24-37頁．
大住莊四郎［2003］『NPMによる行政革命——経営改革モデルの構築と実践』日本評論社．
大住莊四郎・上山信一・玉村雅敏・永田潤子［2003］『日本型NPM——行政の経営改革への挑戦』ぎょうせい．
大橋雄介［2011］『3・11被災地子ども白書』明石書店．
小倉昌男［2003］『福祉を変える経営——障害者の月給一万円からの脱出』日経BP社．
金井壽宏［2001］「サーバント・リーダーであれ——いま問われる，人事部と指導者の役割」『経営者』第55巻第2号，53-55頁．
金山喜昭［2012］『公立博物館をNPOに任せたら——市民・自治体・地域の連携』同成社．
川口清史・田尾雅夫・新川達郎編［2005］『よくわかるNPO・ボランティア』ミネルヴァ書房．
菊池遼・西出優子・高浦康有［2014］「専門家集団が牽引する地域デザイン・イノベーション」地域発イノベーション事例調査研究プロジェクト編著『地域発イノベーションⅢ　震災からの復興・東北の底力』河北新報出版センター．
功刀達朗・野村彰男編著［2008］『社会的責任の時代——企業・市民社会・国連のシナジー』東信堂．
経済企画庁国民生活局編［1999］『海外におけるNPOの法人制度・租税制度と運用実態調査』大蔵省印刷局．
公益法人協会［2013］『公益法人制度の国際比較概略——英米独仏を中心にして』（https://www.koeki-info.go.jp/pictis_portal/other/kokusai_hikaku.html, 2016年3月31日閲覧）．
公益法人協会［2015］「社会的企業」『2006年英国チャリティ改革後の変容調査報告書』193-204頁．
公益法人協会編［2015］『英国チャリティ——その変容と日本への示唆』弘文堂．

駒崎弘樹［2007］『「社会を変える」を仕事にする——社会起業家という生き方』英治出版。
坂本光司［2008］『日本でいちばん大切にしたい会社』あさ出版。
澤村明・有元知史［2014］「日本における社会的起業家のさきがけ——その財務的成果と社会的成果」『新潟大学経済論集』第 96 号，67-80 頁。
島田恒［2005］『NPO という生き方』PHP 研究所。
菅磨志保・山下祐介・渥美公秀編［2008］『災害ボランティア論入門』弘文堂。
鈴木良隆編［2014］『ソーシャル・エンタプライズ論——自立をめざす事業の核心』有斐閣。
全国社会福祉協議会［2012］『東日本大震災　災害ボランティアセンター報告書』全国社会福祉協議会。
全国社会福祉協議会（ウェブサイト）(http://www.saigaivc.com/%E3%83%9C%E3%83%A9%E3%83%B3%E3%83%86%E3%82%A3%E3%82%A2%E6%B4%BB%E5%8B%95%E8%80%85%E6%95%B0%E3%81%AE%E6%8E%A8%E7%A7%BB/，2017 年 2 月 24 日閲覧)。
田尾雅夫［2004］『実践 NPO マネジメント——経営管理のための理念と技法』ミネルヴァ書房。
高浦康有・西出優子・中尾公一［2015］「被災地の NPO」東北大学大学院経済学研究科地域産業復興調査研究プロジェクト編『東日本大震災復興研究Ⅳ　新しいフェーズを迎える東北復興への提言——「創造的復興」は果たせるか，4 年目のレビュー』河北新報出版センター。
高浦康有・西出優子・中尾公一・佐藤勝典・横田靖之［2013］「NPO 活動——NPO はいかに被災地を支援したか」東北大学大学院経済学研究科地域産業復興調査研究プロジェクト編『東日本大震災復興研究Ⅱ　東北地域の産業・社会の復興と再生への提言——復興過程の現実に向き合い，地域の可能性を探る』河北新報出版センター。
高田昭彦［1998］「現代市民社会における市民運動の変容」青井和夫・高橋徹・庄司興吉編『現代市民社会とアイデンティティ——21 世紀の市民社会と共同性：理論と展望』梓出版社。
高橋征仁［2014］「若者は本当に政治に無関心なのか？——私生活主義モデルから齢間分業モデルへ」田辺俊介編著『民主主義の「危機」——国際比較調査からみる市民意識』勁草書房。
田中敬文［2002］「NPO と行政とのパートナーシップ」山本啓・雨宮孝子・新川達郎編著『NPO と法・行政』ミネルヴァ書房。
田中弥生［1990］「コミュニティ開発とパートナーシップ——活動主体とコーポレートシチズンシップを結ぶもの」『地域開発』第 315 号，39-43 頁。
田中弥生［2005］『NPO と社会をつなぐ——NPO を変える評価とインターメディアリ』東京大学出版会。
谷本寛治編著［2006］『ソーシャル・エンタープライズ——社会的企業の台頭』中央経済社。
陳穎・杉万俊夫［2010］「四川大地震被災地における中国 NGO の救援活動——『NGO 備災センター』の事例」『集団力学』第 27 巻，131-157 頁 (https://www.jstage.jst.go.jp/article/jjgd/27/0/27_131/_pdf，2017 年 2 月 24 日閲覧)。
塚本一郎［2004］「NPO の経済・政治理論」塚本一郎・古川俊一・雨宮孝子編著『NPO と新しい社会デザイン』同文舘出版。
塚本一郎・金子郁容［2016］『ソーシャルインパクト・ボンドとは何か——ファイナンスによる社会イノベーションの可能性』ミネルヴァ書房。
塚本一郎・山岸秀雄編著［2008］『ソーシャル・エンタープライズ——社会貢献をビジネスにする』丸善。
寺山修司［1966］『あゝ，荒野』現代評論社。

東北大学東日本大震災学生ボランティア支援室［2016］『ボランティアへの挑戦──東北大学学生ボランティア活動5年の記録』東北大学東日本大震災学生ボランティア支援室。
富永一夫・永井祐子［2015］『NPO の後継者──僕らが主役になれる場所』水曜社。
富永一夫・中庭光彦［2012］『市民ベンチャー NPO の底力──まちを変えた「ぽんぽこ」の挑戦』増補新版，水曜社。
内閣府「地域の『受援力』を高めるために」(http://www.bousai-vol.go.jp/juenryoku/, 2017年2月24日閲覧)。
内閣府［2012］『平成23年度 特定非営利活動法人の実態及び認定特定非営利活動法人制度の利用状況に関する調査報告書』(https://www.npo-homepage.go.jp/data/report32.html, 2013年11月10日閲覧)。
内閣府［2013］『平成25年度 特定非営利活動法人に関する実態調査』(https://www.npo-homepage.go.jp/data/report36.html, 2014年7月24日閲覧)。
内閣府［2014a］『平成25年度 特定非営利活動法人に関する実態調査（NPO 法人実態調査25年度版）』(https://www.npo-homepage.go.jp/data/report35.html)。
内閣府［2014b］『平成26年度 特定非営利活動法人の実態及び認定特定非営利活動法人制度の利用状況に関する調査』。
内閣府［2014c］『防災白書』平成26年版，日経印刷。
内閣府国民生活局編［2001］『市民活動レポート 市民活動団体等基本調査』財務省印刷局。
内閣府大臣官房公益法人行政担当室編［2009］『平成21年度 特例民法人白書』全国公益法人協会。
内閣府大臣官房市民活動促進課［2011］『平成22年度 特定非営利活動法人の実態及び認定特定非営利活動法人制度の利用状況に関する調査報告書』(https://www.npo-homepage.go.jp/data/report29.html, 2013年11月10日閲覧)。
内閣府 NPO ホームページ［2003］『平成14年度 ソーシャル・キャピタル──豊かな人間関係と市民活動の好循環を求めて』(https://www.npo-homepage.go.jp/toukei/2009izen-chousa/2009izen-sonota/2002social-capital, 2016年12月9日閲覧)。
　(＊なお，内閣府の NPO 関係調査報告書は，ときどき URL が変わります。上記は本書執筆における閲覧時のもので，ダウンロードする際は，内閣 NPO ウェブサイトを見てください〔https://www.npo-homepage.go.jp/〕。)
中村安希［2016］『N 女の研究』フィルムアート社。
西出優子・中尾公一［2013］「災害ボランティア」山内直人・田中敬文・奥山尚子編『NPO 白書2013』大阪大学大学院国際公共政策研究科 NPO 研究情報センター。
西出優子・本山敬祐・坂上英和・渡辺翔太・佐藤勝典・髙浦康有［2014］「NPO/CB プロジェクト──震災以降の宮城，福島を中心とする NPO 活動の現状と政策課題」東北大学大学院経済学研究科地域産業復興調査研究プロジェクト編『東日本大震災復興研究Ⅲ 震災復興政策の検証と新産業創出への提言──広域的かつ多様な課題を見据えながら「新たな地域モデル」を目指す』河北新報出版センター。
日本家政学会編［2004］『家政学事典』新版，朝倉書店。
根本祐二［2010］「新しい公共と PPP」東洋大学 PPP 研究センター編著『公民連携白書2010～2011』時事通信出版局。
長谷川公一［1993］「環境問題と社会運動」飯島伸子編『環境社会学』有斐閣。
久塚純一・岡沢憲美編［2006］『世界の NPO──人と人との新しいつながり』早稲田大学出版

部。

ひょうご震災記念21世紀研究機構人と防災未来センター［2010］「2010年1月ハイチ大地震災害に関する復旧・復興状況調査報告」『DRI Survey Report』No. 27（http://www.dri.ne.jp/wordpress/wp-content/uploads/no27_2010_1st-ht.pdf#search='NGO+%E3%83%8F%E3%82%A4%E3%83%81+%E7%81%BD%E5%AE%B3，2017年2月24日閲覧）。

藤田和芳［2005］『ダイコン一本からの革命──環境NGOが歩んだ30年』工作舎。

細内信孝［1999］『コミュニティ・ビジネス』中央大学出版部。

Porter, M. and M. Kramer, "Creating Shared Value"／編集部訳［2011］「(特集 マイケルE.ポーター 戦略と競争優位) 経済的価値と社会的価値を同時実現する 共通価値の戦略」『DIAMONDハーバード・ビジネス・レビュー』2011年6月号，14-24頁。

町田洋次［2000］『社会起業家──「よい社会」をつくる人たち』PHP研究所。

松本恒雄監修，企業社会責任フォーラム・オルタナ・日本財団編［2014］『新CSR検定3級公式テキスト』ウィズワークス。

みやぎ連携復興センター［2012］「みやぎ連携復興センター 平成23年度事業報告（2011年7月1日〜2012年6月30日）」せんだい・みやぎNPOセンター。

みやぎ連携復興センター（ウェブサイト）「みやぎ連携復興センターホームページ」http://www.renpuku.org/，2017年2月24日閲覧）。

山内直人［2012］「震災と非営利活動① NPOなど災害時に重要な役割」『日本経済新聞』2012年1月4日朝刊。

山内直人・田中敬文・奥山尚子編［2013］『NPO白書2013』大阪大学大学院国際公共政策研究科NPO研究情報センター。

山本隆編著［2014］『社会的企業論──もうひとつの経済』法律文化社。

矢守克也・渥美公秀編著，近藤誠司・宮本匠［2011］『防災・減災の人間科学──いのちを支える，現場に寄り添う』新曜社。

ユニセフ［2014］「子どもの権利とビジネス原則」（http://www.unicef.or.jp/csr/pdf/csr.pdf，2014年10月4日閲覧）。

李妍焱［2012］『中国の市民社会──動き出す草の根NGO』岩波書店。

若杉英治［2009］「『市民と行政との協働概念』の展開──市民参加論とガバナンス論の視点から」日本地方自治研究学会『地方自治研究』第24巻第1号，86-97頁。

渡邊奈々［2005］『チェンジ・メーカー──社会起業家が世の中を変える』日経BP社。

Anheier, H.［2005］*Nonprofit Organizations: Theory, Management, Policy*, Routledge.

Anheier, H. and A. Ben-Ner eds.［2003］*The Study of the Nonprofit Enterprise: Theories and Approaches*, Kluwer Academic/ Plenum Publishers.

Austin, J.［2000］*The Collaboration Challenge: How Nonprofits and Businesses Succeed Through Strategic Alliances*, Jossey-Bass.

Benioff, M. and C. Adler［2006］*The Business of Changing the World: Twenty Great Leaders on Strategic Corporate Philanthropy*, McGraw-Hill Education／齊藤英孝訳［2008］『世界を変えるビジネス──戦略的な社会貢献活動を実践する20人の偉大な経営者たち』ダイヤモンド社。

Defourny, J., L. Hulgård and V. Pestoff eds.［2014］*Social Enterprise and the Third Sector: Changing European Landscapes in a Comparative Perspective*, Routledge.

Drucker, P. [1990] *Managing the Nonprofit Organization: Principles and Practices*, Harper Collins／上田惇生・田代正美訳［1991］『非営利組織の経営——原理と実践』ダイヤモンド社．

Drucker, P. [1993] *The Drucker Foundation Self-Assessment Tool for Nonprofit Organizations*, Jossey-Bass／田中弥生訳［1995］『非営利組織の「自己評価手法」——参加型マネジメントへのワークブック』ダイヤモンド社．

Drucker, P. [1999] *Management Challenges for the 21st Century*, HarperBusiness／上田惇生訳［1999］『明日を支配するもの——21世紀のマネジメント革命』ダイヤモンド社．

European Commission [2011] "Communication from the Commission to the European Parliament, the Council, the European Economic and Social Committee and the Committee of the Regions – A renewed EU strategy 2011-2014 for Corporate Social Responsibility," European Commission (http://ec.europa.eu/enterprise/policies/sustainable-business/files/csr/new-csr/act_en.pdf, 2014年9月30日閲覧)．

Fanon, F. [1961] *Les Damnés De La Terre*, François Maspero／鈴木道彦・浦野衣子訳［2015］『地に呪われたる者』新装版，みすず書房．

Frumkin, P. [2002] *On Being Nonprofit: A Conceptual and Policy Primer*, Harvard University Press.

Greenleaf, R. [1970] *The Servant as Leader* (https://greenleaf.org/products-page/the-servant-as-leader/, 2017年2月24日閲覧)．

Hansmann, H. [1987] "Economic Theories of Nonprofit Organization," W. Powell ed., *The Nonprofit Sector: A Research Handbook*, Yale University Press.

Heap, S. [2000] *NGOs Engaging with Business: A World of Difference and a Difference to the World*, (INTRAC NGO Management & Policy, No. 11), INTRAC.

James, E. and S. Rose-Ackerman [1986] *The Nonprofit Enterprise in Market Economies*, Harwood Academic Publishers／田中敬文訳［1993］『非営利団体の経済分析——学校，病院，美術館，フィランソロピー』多賀出版．

Johns Hopkins Center for Civil Society Studies [2010] "Nonprofit Organizations in Brazil: A Pilot Satellite Account with International Comparisons 2002," *Johns Hopkins Center for Civil Society Studies* (http://ccss.jhu.edu/wp-content/uploads/downloads/2011/11/UN_Handbook_Brazil_2010.pdf, 2013年11月26日閲覧)．

Kopp, W. [2001] *One Day, All Children...: The Unlikely Triumph of Teach for America, and What I Learned along the Way*, Public Affairs／東方雅美訳［2009］『いつか，すべての子供たちに——「ティーチ・フォー・アメリカ」とそこで私が学んだこと』英治出版．

Kotler, P. and N. Lee [2004] *Corporate Social Responsibility: Doing the Most Good for Your Company and Your Cause*, Wiley／恩藏直人監訳，早稲田大学大学院恩藏研究室訳［2007］『社会的責任のマーケティング——「事業の成功」と「CSR」を両立する』東洋経済新報社．

Lipnack, J. and J. Stamps [1982] *Networking: The First Report and Directory*, Doubleday／正村公宏監修，社会開発統計研究所訳［1984］『ネットワーキング——ヨコ型情報社会への潮流』プレジデント社．

McKeever, B. and S. Pettijohn [2014] "The Nonprofit Sector in Brief 2014," Urban Institute (http://www.urban.org/sites/default/files/alfresco/publication-pdfs/413277-The-Nonprofit-Sector-in-Brief-.PDF, 2016年3月31日閲覧)．

Mair, J. [2011] "Social Entrepreneurship: On Origins and Future of a Concept,"（世界を変えるソーシャル・エンタープライズとソーシャル・アントレプレナー）『計画行政』第34巻第3号，31-37頁．
Oxfam [2013] "Business and Human Rights: An Oxfam Perspective on the UN Guiding Principles," *Oxfam Technical Briefing*, June 2013 (https://www.oxfam.org/sites/www.oxfam.org/files/file_attachments/tb-business-human-rights-oxfam-perspective-un-guiding-principles-130613-en_2.pdf, 2014年10月4日閲覧).
Pekkanen, R. [2006] *Japan's Dual Civil Society: Members without Advocates*, Stanford University Press／佐々田博教訳 [2008]『日本における市民社会の二重構造——政策提言なきメンバー達』木鐸社.
Powell, W. and R. Steinberg eds. [2006] *The Nonprofit Sector: A Research Handbook*, 2nd ed., Yale University Press.
Putnam, R. [1993] *Making Democracy Work: Civic Traditions in Modern Italy*, Princeton University Press／河田潤一訳 [2001]『哲学する民主主義——伝統と改革の市民的構造』NTT出版.
Putnam, R. [2000] *Bowling Alone: The Collapse and Revival of American Community*, Simon & Schuster／柴内康文訳 [2006]『孤独なボウリング——米国コミュニティの崩壊と再生』柏書房.
Salamon, L. [1995] *Partnership in Public Service*, Institute for Policy Studies, Johns Hopkins University Press.
Salamon, L. [2010] "Putting the Civil Society Sector on the Economic Map of the World," *Annals of Public and Cooperative Economics*, 81(2), pp. 167-210 (http://ccss.jhu.edu/wp-content/uploads/downloads/2011/10/Annals-June-2010.pdf, 2013年11月26日閲覧).
Salamon, L. and H. Anheier [1994] *The Emerging Sector*, Johns Hopkins University／今田忠監訳 [1996]『台頭する非営利セクター——12カ国の規模・構成・制度・資金源の現状と展望』ダイヤモンド社.
Salamon, L., H. Anheier, R. List, S. Toepler, S. Sokolowski and Associates [1999] *Global Civil Society: Dimensions of the Nonprofit Sector*, Johns Hopkins Center for Civil Society Studies.
Salamon, L. et al. [2004] *Global Civil Society: Dimensions of the Nonprofit Sector*, Vol. 2, Kumarian Press.
Salamon, L., S. Sokolowski and M. Haddock [2011] "Measuring the Economic Value of Volunteer Work Globally: Concepts, Estimates, and a Roadmap to The Future," *Annals of Public and Cooperative Economics*, 82(3), pp. 217-252 (http://ccss.jhu.edu/wp-content/uploads/downloads/2011/10/Annals-Septmeber-2011.pdf, 2013年11月26日閲覧).
Seaman, B. and D. Young eds. [2010] *Handbook of Research on Nonprofit Economics and Management*, Edward Elgar.
Smith, D. [1997a] "The Rest of Nonprofit Sector: Grassroots Associations as the Dark Matter Ignored in Prevailing 'Flat Earth' Maps of the Sector," *Nonprofit and Voluntary Sector Quarterly*, 26(2), pp. 114-131.
Smith, D. [1997b] "Grassroots Associations Are Important: Some Theory and a Review of the Impact Literature," *Nonprofit and Voluntary Sector Quarterly*, 26(3), pp. 269-306.
Solnit, R. [2009] *A Paradise Bulit in Hell: The Extraordinary Communities That Arise in*

Disaster, Viking Adult／高月園子訳［2010］『災害ユートピア——なぜそのとき特別な共同体が立ち上がるのか』亜紀書房．
SOMO, CEDHA and Cividep India［2012］*How to Use the UN Guiding Principles on Business and Human Rights in Company Research and Advocacy: A Guide for Civil Society Organizations*, SOMO, CEDHA & Cividep.
Steinberg, R. ed.［2004］*The Economics of Nonprofit Enterprises: The International Library of Critical Writings in Economics 181*, Edward Elgar.
Tanaka, T.［2015］"Current State of NPOs and the 'New Public Commons'," Y. Adachi, S. Hosono and J. Iio eds., *Policy Analysis in Japan*, Policy Press.
Thomas, H. and C. Logan［1982］*Mondragon: An Economic Analysis*, HarperCollins／佐藤誠訳［1986］『モンドラゴン——現代生産協同組合の新展開』御茶の水書房．
Tocqueville, A. de［1840］*De la Démocratie en Amérique*, Charles Gosselin／松本礼二訳［2008］『アメリカのデモクラシー』第2巻（上），岩波書店．
Urban Institute［2014］*National Study of Nonprofit-Government Contracts and Grants 2013: State Profiles*, Urban Institute（http://www.urban.org/research/publication/national-study-nonprofit-government-contracts-and-grants-2013-state-profiles/view/full_report，2017年3月7日閲覧）．
Weber, M.［1956］Wirtschaft und Gesellschaft: Grundriss der verstehenden Soziologie, vierte, neu herausgegebene Auflage, besorgt von Johannes Winckelmann, Kapitel IX, Szoziologie der Herrschaft／世良晃志郎訳［1960］『支配の社会学』I，創文社．
Weisbrod, B.［1975］"Toward a Theory of the Voluntary Nonprofit Sector in a Three-sector Economy," E. Phelps ed., *Altruism, Morality, and Economic Theory*, Russell Sage Foundation.
Wei-Skillern, J., J. Austin, H. Leonard and H. Stevenson［2007］*Entrepreneurship in the Social Sector*, Sage Publications.
Young, D.［1986］"Entrepreneurship and the Behavior of Nonprofit Organizations: Elements of a Theory," S. Rose-Ackerman ed., *The Economics of Nonprofit Institutions: Studies in Structure and Policy*, Oxford University Press.

索　引

● アルファベット

ADRA Japan　　112
AIP　　187
AsOne　　114
BOP ビジネス　　103
CAFOD　　97
CRM　→コーズ・リレーテッド・マーケティング
CSR（企業の社会的責任）　94, 95, 98
　──基準　　97
CSR 調達行動規範　　97
CSV　　98
ESG 投資　　99
ETIC.　　127, 170
HARU　　114
IBM　　97
ILO　　96
IPO　　132
ISHINOMAKI2.0　　115
JV　→共同企業体
KIVA　　140
ME マトリックス　　156
NEC 社会企業塾　　128
NGO　　5, 49
NPM　　76
NPO
　──におけるキャリア形成　　170
　──のコンプライアンス　　167
　──の自己評価　　188
　──の収入構造　　31, 33
　──の商業化　　126, 138
NPO/NGO ネットワーク　　106
NPO 元年　　111
NPO 従業者の割合　　31, 32
NPO バンク　　180
NPO フォーラム　　107
NPO 法　→特定非営利活動促進法
NPO 法人　→特定非営利活動法人

OECD　　96
PFI　　76
PFI 法　　76
PPP　　71, 75
PST　→パブリック・サポート・テスト
ReRoots　　113
SOMO　　101
SRI　　99
SWOT 分析　　155
TOB　　133
VFM　　76

● あ 行

アウトカム　　76
アウトプット　　77
アカウンタビリティ　　97
アキュメンファンド　　140
アショカ財団　　139
アショカ・フェロー　　139
アスイク　　114, 116
アソシアシオン　　36
新しい公共　　71, 72, 77
アドボカシー　　49-51
アドボカシー・協働型　　94
アメリカン・エキスプレス　　103
荒木昭次郎　　80
アントレプレナー　　124
遺　贈　　177
委託費　　176, 179
一般寄付　　177
一般財団法人　　58, 61
一般社団法人　　10, 57, 61
一般法人　　60, 61, 66
一般法人法　　57, 60
イノベーション　　124
茨城 NPO センター・コモンズ　　106
医療法人　　56, 57
インセンティブ　　43
インター・アクション　　186

インターミディアリ →中間支援組織
インターンシップ　167
インパクト・インベストメント　140
インプット　77
ウェイースキラーン，J.　138
ウェーバー，M.　160-164
請　負　73
美しい店（韓国）　126
営利企業　8
えがおつなげて　105，139
エクセレントNPO大賞　187
エントリー戦略　152
大阪府NPO活動促進検討委員会　187
公の施設　77
小倉昌男　134
オースティン，J. E.　102
オストロム，V.　80
オックスファム　49，50，100

● か　行

外郭団体　171
海津歩　134
会　費　175，176
外部効果　44
賀川豊彦　25，129
学生ボランティア　113
家　計　41
カーゼイ，A.　92
学校法人　6，56
活動計算書　183，184
活動分析シート　187
ガバナンス　146，150
かみえちご山里ファン倶楽部　89
かものはし　128
借り入れ　179
カリスマ　146
カリスマ・リーダー　160
監　事　150
監視コスト　43
官民連帯　75
官僚制　161，162，164
企　業　8

企業家　124
起業家　124
企業組合　26
企業の社会的責任　→CSR
企業の人権尊重　100
寄付金　176，177
寄付付き商品　178
寄付の減税制度　186
休眠預金　181
行　政　73
行政機関　73
協　働　75，80
共同企業体（JV）　70
協同組合　25，36
クライアント　148
クラウド・ファンディング　178
グラミン銀行　138
クリック募金　178
グリーン・ウォッシュ　104
グリーン・ツーリズム　89
グローバル・コミュニティ　140
グローバルフェローズプログラム　140
経済優先度評議会　97
経団連（日本経済団体連合会）　3
契約の失敗　43
結束型　86
権利能力なき社団　24
ゴーイング・コンサーン　164
講　18
公益財団法人　10
公益社団（フランス）　36
公益社団法人　10
公益信託　181
公益認定基準　60
公益認定法　60
公益法人（制度）　6，20，24，60，63
　──への寄付　65
公益法人改革　66
公益法人会計基準　183
公　共　71
公共財　41-44
　準──　42-44

232

公共施設　77
更生保護法人　57
公設民営方式　76
公民連携　75
国際NGO連盟　101
国立大学法人　13
国連グローバル・コンパクト　96
国連責任投資原則　99
互助的なNPO　171
コーズ・リレーテッド・マーケティング
　　（CRM）　102, 103
子ども・子育て支援法　137
子どもの権利とビジネス原則　101
子どもの貧困問題　116
コープこうべ　25, 129
コーポレート・ファイナンス　180
駒崎弘樹　136
501(c)(3)団体　33
コミュニティ・バンク　180
コミュニティ・ビジネス　126
コミュニティ利益会社　35
コモン・グラウンド　139

● さ　行

災害ボランティア　109, 110
災害ボランティア・センター　112, 113
災害ユートピア　109, 110
債券発行　180
財産目録　183
財団医療法人　57
財団法人　6, 20
坂本光司　129
坂本義和　17
札幌チャレンジド　40
サーバント・リーダー　165
サーバント・リーダーシップ　162
サラモン, L.　13, 15, 45
　　――の共通定義　12
参　加　75
賛助会員　182
支援型　94
事業収入　176

事業所得　185
自己点検シート　187
自己評価（内部評価）　186
市場化テスト　76
市場の失敗　42
慈善（フィランソロピー）の段階　102
自治会　18, 55
自治基本条例　81
シティ・イヤー　92, 101
指定管理者（制度）　76-79, 179
指定寄付　177
私的財　41, 43
児童福祉施設　56
市　民　4, 6, 15
市民運動　16, 21, 22, 158, 159
市民活動　22
市民協働条例　81, 82
市民共同体指数　85
市民参加条例　81, 82
市民社会　16
市民セクター　15
市民ファンド　180
事務局　149, 150
　　――の確立　162
事務局長　160, 164
社会医療法人　57
社会関係資本　84
社会的企業　35, 46, 124, 126, 127, 129, 138
社会的企業育成法（韓国）　126
社会的起業家　124, 125, 138
　　――によるネットワーク　137
社会的起業家精神　138
社会的経済　36, 126
社会的責任投資　99
社会的排除　140
社会福祉法人　6, 55, 68
社団（ドイツ）　37
社団医療法人　57
社団法人　6, 20
ジャパン・プラットフォーム　112, 117
シャプラニール　22
収益事業　63, 130, 156, 186

索　引　● 233

宗教法人　55
集団浅慮　157, 159
シュワルツ, J.　92
準公共財　42-44
準則主義　60, 62
シュンペーター, J.　46, 124
情報公開　166
消防団　13
情報の共有　165
情報の非対称性　42, 43
正味財産増減計算書　184
助成金　176, 178
助成財団　179
所得控除　64
所得分布の不平等　42, 43
ジョンズ・ホプキンス大学　6
人格なき社団　24
人的資源管理　168
水道哲学　127
ステークホルダー　95, 98, 166
スピード感　158
　──の欠如　157
スポンサーシップ　102
スワン　133, 137
正会員　182
税額控除　63, 64
生活工房つばさ・游　105
生活困窮者自立支援法　127
成長戦略　152
政　府　8
政府の失敗　44
税務上の優遇措置　185
セーブ・ザ・チルドレン　101, 112
仙台青年会議所　117
せんだい・みやぎNPOセンター（せ・み）
　117
選択と集中　155
組　織　2
ソーシャル・アントレプレナーシップ
　138
ソーシャル・イノベーション　138
ソーシャル・インパクト　77

ソーシャル・キャピタル　84
　──の分類　86
ソーシャル・ビジネス　138
曽根原久司　139
損金算入　63

● た 行

大規模災害　110
第三者評価（外部評価）　186
対峙型　94
貸借対照表　184
大　地　131, 137
大地を守る市民の会　132
代表理事　160
第4の経済主体　41
耕せ！ふくしまプロジェクト　106
多・塩・七連絡会　117
ダースチョコ　175
多摩ニュータウン　88
地域円卓会議　107
地域たすけあいネットワーク　180
小さなNPOのマネジメント　151
地　縁　87, 88
チェンジ・メーカー　139
地縁団体　55
知識労働者　170
チャリティ　34, 35, 141
中位投票者　44, 45
中間支援組織（インターミディアリ）　111,
　178, 208
町内会　18, 55
ティーチ・フォー・アメリカ　2
定着戦略　152
ティンバーランド　92, 101
デモス　125
デル　97
統合（インテグレーティブ）の段階　102
登録社団（ドイツ）　37
登録チャリティ　35
トクヴィル, A.　34
特定公益増進法人　63
特定非営利活動促進法（NPO法）　6, 15,

24, 57, 58
　　――の改正　59
特定非営利活動法人（NPO法人）　10, 12, 24, 57
　　――に関する世論調査　4
　　――の数　27
　　――の活動分野　28, 29
　　――の規模　30
特定非営利活動法人会計基準　183
特定普通法人　60
独立行政法人　13
届出非営利社団（フランス）　36
ドナー　148
ドラッカー, P.　3, 6, 18, 124, 147, 161, 170, 188
取引（トランザクション）の段階　102
ドレイトン, B.　139
「飛んでけ！車いす」の会　54

● な 行

ナイキ　96
内国歳入法（アメリカ）　33
内部補塡　185
ナホトカ号海難・流出油災害　6, 110
新潟絵屋　70
新潟県中越地震　110
二宮尊徳　18, 19
日本理化学工業　129
任意団体　24, 27
認定特定非営利活動法人（認定NPO法人）　49, 58, 59
　　――への寄付　64
ネットワーキング　17, 22
ノヴォグラッツ, J.　140
納税義務　184

● は 行

ハガティ, R.　139
橋渡し型　86
パーソナルサポートセンター　117
パットナム, R.　84-87
パートナーシップ　74

パブリック・コメント　82
パブリック・サポート・テスト（PST）　59
バルネラブルな人々　101
ハンガー・フリー・ワールド　104
阪神・淡路大震災　5, 6, 18, 24, 58, 110, 111, 116, 169
非営利型法人　60
非営利組織　11
非営利組織評価センター　187
非営利の失敗　45
非営利法人制度　14
東日本大震災　7, 111, 112, 116
非競合性　43
被災者をNPOとつないで支える合同プロジェクト（つなプロ）　114, 117
ビジョン　123
ピースボート　112
ビッグ・イシュー　140
非排除性　43
ヒューレット・パッカード　97
評価みえ　187
フィージビリティ・スタディ　182
フェア・トレード　122
フォスター・ペアレント　174
フォロワーシップ　160
富士山クラブ　23
藤田和芳　132
負の外部効果　42-44
フュージョン長池　88
不要品寄付　178
フラネリー夫妻　140
ふらの演劇工房　26
フラムキン, P.　48, 49
プラン・インターナショナル・ジャパン　174, 182
プロジェクト・ファイナンス　180
プロボノ　102
フローレンス　10, 128, 131, 136, 137
文書主義　165
文脈的技能　171
ペッカネン, R.　55

べ平連（ベトナムに平和を！市民連合） 21
法人格 14
法人住民税の減免措置 185
法人税 185
法人税法 63
報徳社 18-20
ぽかぽか 114
補助金 176, 178
ポーター，M. E. 98
ボランタリー・セクター 34
ボランティア 3, 4, 6, 24, 149, 165
　——の育成 168
ボランティア元年 24, 110, 111
ボランティア・コーディネーション 168, 169
ボランティア団体 14, 15
ボランティア仲間 169
ボルヴィック 103
本来事業 63, 130, 156, 186

● ま 行

マイクロ・レンディング 140
マーケティング 155
マザーハウス 122
町田洋次 125
まちづくり 81
松下幸之助 127
マネジメント 146
マルチ・ステークホルダー 167
　——・プロセス 98, 106
ミズノ 97
ミッション 43, 92, 123, 153
　——の共有 151
みなし寄付金 63, 131, 185

みまもり隊 114
みやぎ連携復興センター（れんぷく） 117
ミレニアム開発目標 107
民間委託 76
民法 20
　——（旧）第34条 20, 60
無尽講 18
村おこし 89
モチベーション 149, 168
森永製菓 103, 175

● や 行

役所 73
ヤマト運輸 134
結 18
有給職員とボランティアの関係 168, 169
ユヌス，M. 138
夢未来くんま 88
4P 155

● ら 行

らでぃっしゅぼーや 133
利己的動機 168
理事 149
理事会 149, 150, 160
理事長 160
リソース 93
リーダーシップ 160
利他的動機 169
連携型 94
ロッチデール公正開拓者組合 25

● わ 行

ワーカーズ・コレクティブ 26
ワカツク 114

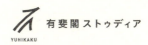

はじめての NPO 論
Introduction to Non-Profit Organizations

2017 年 4 月 20 日　初版第 1 刷発行
2023 年 12 月 30 日　初版第 5 刷発行

著者	澤村　明 （さわむら あきら）
	田中　敬文 （たなか たかふみ）
	黒田かをり （くろだ かをり）
	西出　優子 （にしで ゆうこ）

発行者　江草　貞治

発行所　株式会社　有斐閣
郵便番号 101-0051
東京都千代田区神田神保町 2-17
https://www.yuhikaku.co.jp/

印刷・株式会社理想社／製本・大口製本印刷株式会社
© 2017, A. Sawamura, T. Tanaka, K. Kuroda and Y. Nishide
Printed in Japan
落丁・乱丁本はお取替えいたします。
★定価はカバーに表示してあります。
ISBN 978-4-641-15041-6

JCOPY　本書の無断複写（コピー）は、著作権法上での例外を除き、禁じられています。複写される場合は、そのつど事前に（一社）出版者著作権管理機構（電話03-5244-5088, FAX03-5244-5089, e-mail:info@jcopy.or.jp）の許諾を得てください。